Schlachtschrift

Tim K.

ISBN-10: 1724997955
ISBN-13: 978-1724997951

Vorwort

Deutschland ist zu einem Land verkommen, in dem ein System Merkel die politische Meinung vorgibt und bestimmte Meinungen für unerwünscht, geächtet oder gar als „Hetze“ bezeichnet.

Dazu mehr als treffend bediene ich mich mal einer Definition von Wikipedia.

„Bedeutend für den politischen Repressionsapparat der DDR war der Straftatbestand der so genannten „Boykotthetze“ bzw. „staatsfeindlichen Hetze“. Er wurde jedoch nicht nur zur Bekämpfung tatsächlicher Hetze angewandt, sondern zu dem Zweck missbraucht, Meinungsfreiheit zu unterdrücken, indem opponierende Äußerungen jedweder Art gegenüber der Politik der SED-Diktatur als „Hetze“ kriminalisiert und mit schweren Strafen belegt wurden.

Jetzt muss man nur noch den Begriff „DDR“ mit „BRD“ und „SED-Diktatur“ mit „Merkel-Diktatur“ austauschen und man bekommt meiner Meinung nach ein mehr als zutreffendes Bild unserer heutigen Zeit.

In einer Zeit, in der in Deutschland eine Meinungsdiktatur herrscht.

In einer Zeit, in der nach Chemnitz die gleichgeschalteten Medien uns belügen, bewusst fehlinformieren und manipulieren.

In einer Zeit, in der jede systemabweichende Meinung als politisch inkorrekt, rechts, rassistisch und fremdenfeindlich gilt, in genau so einer Zeit muss man frontal dagegenhalten.

Nichts anderes ist „Schlachtschrift“.

Es ist meine eigene Meinung.

Die Meinung eines freien Deutschen, der sich von nichts und niemand den Mund verbieten oder vorschreiben lässt, was er zu sagen oder zu denken hat.

Für die Freiheit.

Für die Meinungsfreiheit.

Für Deutschland.

Für die Eigenen!

Viel Spaß beim Lesen.

Tim K.

Frau Merkel,

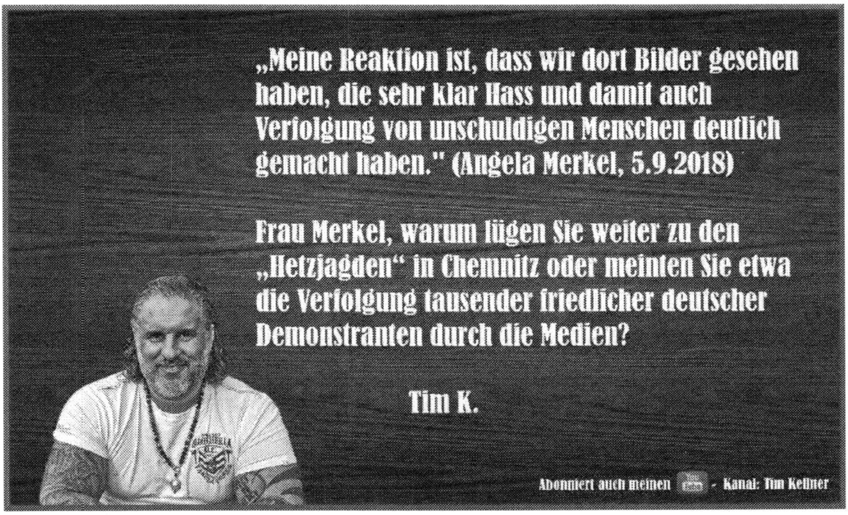

warum belügen Sie weiter die Menschen zu den nicht stattgefundenen „Hetzjagden" in Chemnitz? Die Generalstaatsanwaltschaft in Dresden hat im Zuge der weiteren Auswertung von Videomaterial keine Anhaltspunkte dafür, dass es Hetzjagden gegeben hat. Der Ministerpräsident Von Sachsen, Ihr Parteikollege Kretschmer, sagte öffentlich, dass es keinen Mob, keine Hetzjagden und keine Pogrome in Chemnitz gegeben hat. Und er muss es doch wohl wissen, nicht wahr? Der Ministerpräsident hat nämlich direkten Zugang zu Polizei, Staatsanwaltschaft und allen weiteren Behörden, die es ganz genau wissen müssen und es ja auch tun.

Warum also lügen Sie weiter? Warum stellen Sie sich demonstrativ vor Ihren Regierungssprecher Steffen Seibert, der weiterhin vorsätzlich die Bevölkerung fehlinformiert? Für wen oder was halten Sie sich eigentlich? Für die Meinungsdiktatorin Merkel, die einer Sonnenkönigin gleich, ihrem Volke, das aufträgt, was es zu denken hat? Das ist ja köstlich! „Meine Reaktion ist, dass wir dort Bilder gesehen haben, die sehr klar Hass und damit auch Verfolgung von unschuldigen Menschen deutlich gemacht haben." Das haben Sie gestern dazu zum Besten gegeben. Ein typischer Merkel-Satz. Nichtssagend, verwirrend und einseitig. Es sei denn, Sie meinten die Verfolgung von Zehntausend friedlichen deutschen Demonstranten durch die Medien. In dem Falle hätten Sie ausnahmsweise mal Recht behalten und etwas Wahres zum Ausdruck gebracht.

Frau Merkel, egal wie viele Campinos, Fischers, die Antifa oder die gleichgeschaltete Presse Sie offiziell unterstützen und pushen, Ihre Zeit ist schon lange um. Ihre Regentschaft gegen die eigene Bevölkerung, gegen diesen Rechtsstaat, gegen die Meinungsfreiheit und gegen ein ganzes Land ist morsch, brüchig und eingefallen. Die Einzigen, die Sie noch stützen, abgesehen von karriere- und geldgeilen Künstlern, sind ohnehin nur noch ein paar „Vertraute", denen es aber auch nur um ihre eigenen Posten, das Geld und die damit verbundene Macht geht. Die SPD ist schon eine politische Leiche und die CDU wird mit ihrer Kapitänin Merkel einer Titanic gleich eines Tages politisch untergehen.
Sie werden in die Geschichte eingehen, als die Bundeskanzlerin, welche die größte Rechtsbrecherin Deutschlands der Nachkriegszeit war und die von der breiten Masse der Bevölkerung zutiefst abgelehnt wurde. Das wird Ihr Platz in der Geschichte sein.
Aber eines darf niemals vergessen werden und dieses ist auch ein großer Antrieb für mich: Sie müssen für all Ihre Taten rechtsstaatlich zur Verantwortung gezogen werden. Die Zeit und die Geschichte hat es in beruhigender Weise immer und immer wieder bewiesen: Wenn der politische Wind sich dreht, ist es egal wie mächtig, reich, geschützt oder vernetzt man war, dann zählt nur noch das Recht und die Gerechtigkeit.
Dafür streite ich!

Tim K.

Liebe Helene Fischer,

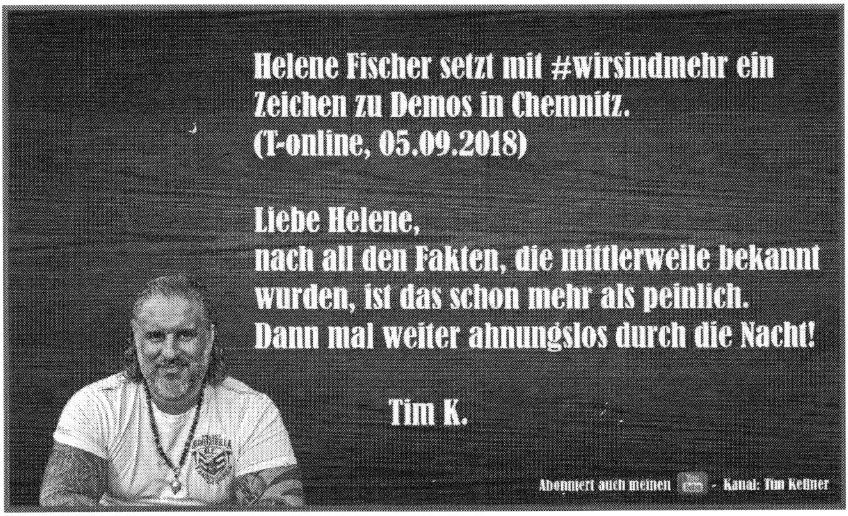

was soll man zu Dir noch sagen? Was denkst Du eigentlich wer Deine CD`s normalerweise kauft? Die Antifa, die Fans von Feine Sahne Fischfilet mit ihren „sympathischen“ Texten oder die normalen Bürger? Diejenigen, die friedlich in Chemnitz gegen ein Gewaltverbrechen demonstriert haben. Und dann postest Du allen Ernstes #wirsindmehr ? Dann hast Du ja jetzt Deine Seite gewählt. Natürlich denkst Du an Deine Karriere. Natürlich denkst Du an Deine Einnahmen und an Deine Zukunft. Natürlich wäre alles das sofort zu Ende, wenn Du Dich anders zu dem Thema Chemnitz geäußert hättest. Aber hättest Du dann nicht wenigstens schweigen können? Ach, ist auch egal.

Dann wünsche ich Dir weiterhin viel Erfolg bei ahnungslos durch die Nacht!

Tim K.

Ich schäme mich

Ein Mensch wird bestialisch mit 25 Messerstichen umgebracht und 65.000 feiern im Anschluss daran ausgelassen eine große Party.
Was stimmt eigentlich nicht mehr mit diesem Land? Was stimmt nicht mehr mit so vielen Menschen, die scheinbar die Realität nicht mehr sehen wollen? Was ich für Chemnitz empfinde? Ich empfinde eine Vielzahl von Gefühlen. Ich empfinde Wut für diese brutale und abscheuliche Tat. Ich empfinde Trauer für einen jungen ermordeten Mann und seine Angehörigen. Ich empfinde Abscheu gegen eingeschleuste Demonstranten auf beiden Seiten, die allem Anschein nach dafür bezahlt wurden, eine friedliche Demonstration zu stören und zu verunglimpfen. Ich empfinde tiefe Loyalität für jeden Deutschen und jede Deutsche, die friedlich gegen diese unfassbare Tat demonstriert haben. Und zu schlechter Letzt empfinde ich eine Mischung aus Scham und Mitleid für jeden Einzelnen dieser 65.000 Menschen, die nach einem schrecklichen Mord nicht anderes zu tun gehabt haben, als eine ausgelassene und fröhliche Party zu feiern. Selbstverständlich kostenlos und gegen Rechts, Fremdenfeindlichkeit und Hass.

Nochmal: Was stimmt nicht mit Euch? Merkt Ihr nicht, wie Ihr benutzt werdet? Benutzt von all denen, die jede einzelne Messerattacke, jede einzelne Vergewaltigung und jede noch damit verbundene Straftat verharmlosen und damit noch schlimmer machen. Benutzt von der Presse, die gezielte Unwahrheiten verbreiten. Benutzt von diesen Politikern, denen es nur um ihren persönlichen Machterhalt geht. Benutzt von Künstlern, die damit groß Werbung

für sich gemacht haben.
Ich bleibe dabei und niemand wird mir meine Meinung nehmen können: Es geschieht sehr viel Unrecht in Deutschland und dagegen muss man friedlich und rechtsstaatlich demonstrieren. Jeder Mensch ist vor dem Gesetz gleich und gerade das bedeutet, dass jede Straftat und jeder Täter auch gleich behandelt werden müssen. Dies geschieht meines Erachtens nach aber nicht. Und während Ihr 65.000 gefeiert habt, habe ich mir weiterhin Gedanken darüber gemacht, wie man eine vernünftige Wende in diesem Land hinbekommt. Und das geht nur, wenn sich die bürgerliche Mitte in diesem Land endlich wieder besinnt und sich für die Eigenen und diesen Rechtsstaat einsetzt, der von einer Angela Merkel außer Kraft gesetzt wurde.
Ihr könnt noch so viel Party machen und Euch ahnungslos vor den Karren spannen lassen, aber trotzdem wird kein einziges Opfer von vielen anderen Menschen vergessen werden. Weder Daniel aus Chemnitz, Mia aus Kandel, noch Maria aus Freiburg und alle anderen Menschen, die ermordet oder vergewaltigt wurden. Wir werden Euch nicht vergessen und anstelle zu feiern, werden jeden Tag mehr wach, die nicht mehr einfach mit ansehen wollen oder können, wie dieses Land immer unsicherer wird.
Für die Eigenen!

Tim K.

Hey Campino & Co,

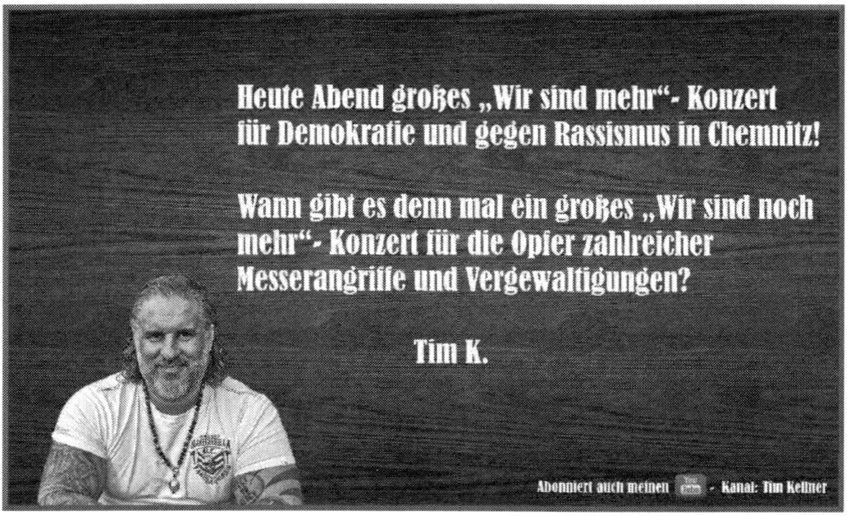

heute Abend großes Konzert gegen Rechts in Chemnitz! Da habt Ihr ja richtig was auf die Beine gestellt. „Wir sind mehr“ lautet Euer Motto. „Ein Zeichen gegen Fremdenfeindlichkeit und Rassismus“ wollt Ihr alle zusammen da setzen.

Deshalb meine Fragen: Warum spielt Ihr nicht für das getötete Opfer und die weiteren Schwerverletzten der Messerattacken? Warum spielt Ihr nicht für die vielen Ermordeten, die Opfer von Gewalt und Messerangriffen wurden? Warum spielt Ihr nicht für die zahlreichen Vergewaltigungsopfer in Deutschland? Warum setzt Ihr dahingehend kein Zeichen gegen Feindlichkeit, Gewalt, Hass und Rassismus?
Dies ist meine persönliche Meinung, aber ich denke, dass sie von sehr vielen geteilt wird: Für mich seid Ihr nur Heuchler. Menschen, welche die Augen vor der Realität verschließen. Typen, die in einer kunterbunten Welt leben wollen, die es in der Realität gar nicht gibt. Vielleicht gab es die auch mal in Deutschland, aber zumindest in den letzten Jahren wurde sie mehr und mehr zerstört.
In Chemnitz sind spontan viele Tausend Deutsche friedlich demonstrierend auf die Straßen gegangen. Die Gegendemonstranten mussten staatlich finanziert aus ganz Deutschland herantransportiert werden. Was sagt uns allen das? Richtig, WIR sind mehr als IHR! Da könnt Ihr noch so viele Konzerte veranstalten und Besucher aus ganz Deutschland mit einem Gratis-Konzert anlocken.

WIR bleiben mehr als Ihr und vor allem: WIR werden immer mehr. Und mit „WIR“ meine ich die Menschen, die endlich aufstehen und friedlich gegen die unhaltbaren Zustände in Deutschland demonstrieren. Die Menschen, die sich nicht mehr ihr Denken vorschreiben lassen. Die Menschen, die nicht mehr die Lügen und Unwahrheiten glauben. Die Menschen, welche die Realität so sehen, wie sie wirklich ist und die sich nicht mehr damit abfinden wollen.
WIR sind noch mehr als Ihr! Viel mehr!
Für die Eigenen!

Tim K.

Mal vom Sofa hochkommen!

Außenministerdarsteller Heiko Maas hat den Deutschen vorgeworfen, im Kampf gegen Rassismus zu bequem zu sein. Sie müssten sich mehr engagieren, um die Demokratie zu verteidigen.
Hervorragend Herr Maas, da bin ich ganz bei Ihnen! Wir dürfen nicht länger schweigend hinnehmen, dass in Deutschland Rassismus, insbesondere auch

gegen viele Deutsche, mittlerweile an der Tagesordnung ist. Da müssen wir uns wirklich mehr engagieren, um unsere Demokratie zu verteidigen.

„Mal vom Sofa hochkommen und den Mund aufmachen!" Großartig! Genau das haben Tausende Deutsche friedlich in Chemnitz bereits getan.
Dann wollen wir mal hoffen, dass dies demnächst auch in jeder deutschen Stadt so stattfindet!

Tim K.

Meinungsfreiheit abgeschafft!

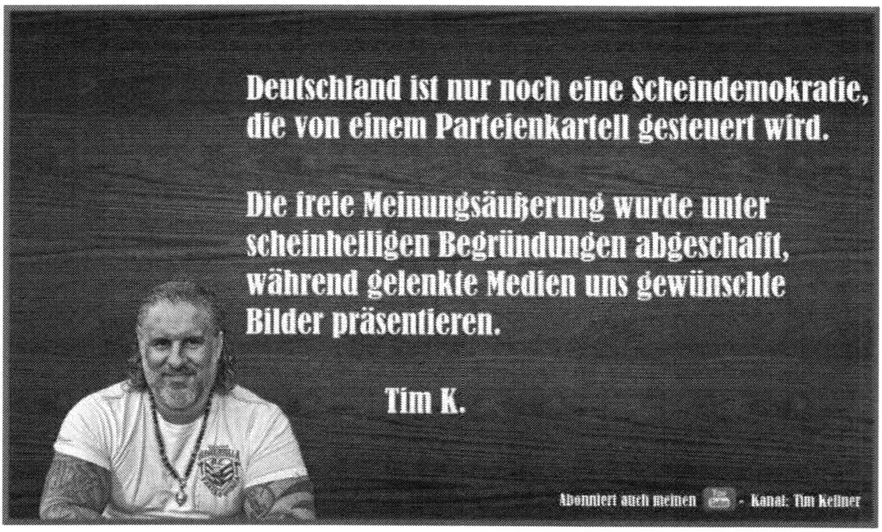

Deutschland ist ein Land geworden, in dem die freie Meinungsäußerung faktisch abgeschafft wurde. Die große Bundeskanzlerin Merkel und ihre Einheitspartei bestimmen inzwischen, was wir noch sagen dürfen und was wir zu wollen haben. Die Medien sind mittlerweile zu einer gleichgeschalteten Masse verkommen, die insgesamt nur das berichten, was dieser Einheitspartei genehm ist bzw. ihr nicht schadet. Und die gleichzeitig das verschweigen, was der Einheitspartei nicht genehm wäre bzw. ihr schaden würde.

Ich hätte niemals gedacht, dass dieses Land soweit sinken könnte. Ein Land, das sich einst die Freiheit und Unabhängigkeit auf die Fahne geschrieben hatte. Chemnitz ist wieder einmal das beste Beispiel dafür, wie alles zu laufen hat, damit alles so weiter läuft wie bisher. Das ist jedoch nicht hinnehmbar, denn es beleidigt unsere Intelligenz.
Wir werden nicht die Lügen glauben, die man uns wieder aufgetischt hat. Wir werden nicht nachlassen, unsere freie Meinung weiterhin kund zu tun. Wir werden uns nicht mit einigen wenigen Unbelehrbaren oder gar Gekauften in einen Topf werfen lassen. Warum? Weil WIR es sind, die aus der Geschichte gelernt haben! Eine Angela Merkel und ihre Einheitspartei haben anscheinend nicht das Geringste gelernt.
Für die Eigenen!

Tim K.

Offensive!

8 Jahre lang war ich nun in der Defensive, nachdem das System mir den Fehdehandschuh hingeworfen hatte. Ich habe ihn selbstverständlich aufgenommen und bin, wie immer, durch alle Instanzen gegangen und niemals zurückgewichen.
Landgerichte, Amtsgerichte, Strafverfahren, Zivilverfahren, Steuerstrafverfahren, Schmerzensgeld, Unterlassungsklagen, Verwaltungsgerichte, Oberverwaltungsgericht, Entfernung aus dem Beamtenverhältnis, Entzug meiner Pension, usw.

Am Ende ist nicht viel fürs System übriggeblieben.
In den meisten Fällen bin ich entweder freigesprochen worden, die Verfahren wurden eingestellt oder ich habe Geld zurückerstattet bekommen.

Ich wurde hingegen schuldig gesprochen, einen albanischen Zuhälter zusammengeschlagen zu haben, der eine junge Frau anschaffen geschickt, sie regelmäßig vergewaltigte und ihr ihr ganzes Geld abgenommen hatte. Zusätzlich lebte er von Hartz-IV.
Der kleinen Tochter sagte er schon damals, „dass wenn ihre Mutter zu alt wäre, er sie zur Frau nehmen und sie dann für ihn weiterarbeiten würde".
Der Vorsitzende Richter sagte dann auch in seiner Urteilsbegründung: „Herr Kellner, Sie haben zwar selbstlos gehandelt, aber Sie dürfen nun mal keinen Zuhälter schlagen!"
Wie dem auch sei, ich saß dafür 7 Monate in U-Haft und war wirtschaftlich ruiniert.
Immer und immer wieder wird trotzdem versucht, Lügen über mich zu verbreiten oder meinen Ruf zu beschädigen.
Beispielsweise ich würde vom Staat Geld bekommen, was absoluter Blödsinn ist.
Normalerweise verliert man erst seine Beamtenbezüge ab einer Verurteilung von einem Jahr.
In meinem Fall reichte selbstverständlich eine Verurteilung von 9 Monaten dafür aus.
Aber, ich verzichte gerne auf die Almosen dieses Systems.
Ich verdiene mein Geld auf ehrliche Art und Weise und finanziere dieses System sogar noch durch meine Steuern.
Es gab viele Kieselsteine auf meinem Weg, die sich erst Vorteile durch mich verschafften, mit meinem Namen Geld erwirtschafteten und die ich sogar noch miternährte, wenn sie an meinem Tisch saßen. Diese Zeiten sind schon lange vorbei und der Filterungsprozess ist abgeschlossen.
Es werden die Tage kommen, an dem ich jede Lüge und jeden Rufmord angemessen beantworten werde. Den Zeitpunkt bestimme allerdings ich alleine.

Jede Vorlage, die man mir unbewusst zugespielt hat, werde ich verwandeln.
Keine Sorge.
Es ist nunmehr Zeit, in die Offensive zu gehen und Dinge so richtig auf die Beine zu stellen.
Ich trage heute zwar eine andere Uniform, aber ich bin deshalb auch schon lange kein Rädchen im Getriebe mehr und kann heutzutage wesentlich mehr bewirken.
Die Sammlungsbewegung/Liste „Für die Eigenen!“ wird kommen und die Vorbereitungen laufen bereits im Hintergrund.
Ich danke Euch für Eure fantastische Unterstützung.

Die Zeit ist für mich gekommen, mich noch mehr für meine Heimat einzusetzen

Tim K.

Chemnitz ist erst der Anfang!

Frau Merkel,

Chemnitz ist erst der Anfang!
Wieder gab es einen tödlichen Messerangriff in Deutschland.
Wieder gab es sexuelle Übergriffe, Körperverletzungen und Straftaten.
Wieder waren es Täter mit Migrationshintergrund.
Tagtäglich passieren in Deutschland Morde, Vergewaltigungen, Messerstechereien und schwerste Gewalttaten.
Immer wieder verübt von denen, die erst durch Sie überhaupt hierhin kommen konnten und die Sie immer noch herzlich willkommen heißen.
Die jungen und kräftigen Männer, die unser Land so dermaßen bereichern und sicherer machen und die für Sie die Bevölkerung 1. Wahl darstellen.
Ihr persönliches Wunschvolk quasi!
Damit wird aber schon bald Schluss sein, wenn Deutschland endlich wieder ein Rechtsstaat sein wird.
Ein Rechtsstaat, in dem Straftäter verurteilt und kriminelle Migranten abgeschoben werden.
Ein Rechtsstaat, in dem auch Sie zur Rechenschaft gezogen werden für all das Unheil, welches Sie diesem Land beschert haben.

Es gibt in Deutschland kein Stadtfest, keine Kirmes, kein Dorffest und keine öffentliche Veranstaltung mehr, die nicht von sexuellen Übergriffen, Körperverletzungen und Messerstechereien überschattet sind.
Das ist aus Deutschland geworden!
Das haben Sie und Ihre willfährigen Gehilfen aus Deutschland gemacht.
Und immer und immer wieder werden diese Straftaten unter den Tisch gekehrt und verheimlicht.
Immer und immer wieder versucht die gleichgeschaltete Presse Fakten zu verschweigen oder die Bevölkerung bewusst falsch zu informieren.
Das funktioniert nur leider nicht mehr, denn viel zu viele Menschen haben bereits die Realität erkannt oder eigene Erfahrungen machen müssen.
Ihre Zeit ist um, Frau Merkel und der Wind dreht sich in Deutschland.
Friedliche Bürgerinnen und Bürger sind in Chemnitz auf die Straße gegangen und haben für Recht und Ordnung in ihrer Stadt demonstriert.
Für das Recht und die Ordnung, welche Sie und Ihre Einheitspartei mit einer katastrophalen Politik zerstört und außer Kraft gesetzt haben.
Chemnitz geht auf die Straße!
Freie Menschen äußern ihre Meinung!
Der Wind dreht sich in Deutschland!
Heute sollte jeder Deutsche im Herzen ein Chemnitzer sein!

Für die Eigenen!

Tim K.

Der Wind wird sich drehen!

Ich war deutscher Soldat und wenn mein Land mich brauchen sollte, werde ich sofort zur Stelle sein.
Und ich meine mit meinem Land nicht diese Bundesregierung und ihre Politdarsteller, die rein gar nichts für Deutschland empfinden, sondern meine Landsleute und das wunderschöne Land, in dem wir leben.
Wir leben in einem Land, in dem die Männer und Frauen, die unsere Freiheit im Ernstfall schützen müssen, von der Politik hoffnungslos im Stich gelassen werden.
Der Zustand der Bundeswehr ist eine unfassbare Schande!
Kein Panzer fährt mehr, kein U-Boot taucht mehr und die Flugbereitschaft der Luftwaffe ist am Boden.
Von einem Soll-Bestand an Nachtsichtgeräten existiert in fast allen Einheiten nur ein minimaler Ist-Bestand.
Das ist der Dank und die Wertschätzung, die wir den Menschen zuteilwerden lassen, die für uns alle im Ernstfall ihr Leben riskieren würden?

Ich schäme mich als ehemaliger Panzeraufklärer für diese Bundesregierung, die für alles und jeden das Geld zum Fenster hinauswirft, nur nicht für die Eigenen!

Da bricht sogar ein Shit-Storm im Internet los, wenn die Bundeswehr mit wirklich guten und einfallsreichen Plakaten im Rahmen einer Spiele-Messe für Nachwuchs wirbt!
Da kritisiert die Linke, wenn die Bundeswehr an Schulen für neue Rekrutierungen wirbt.
Wo leben wir eigentlich?
Wer soll uns denn verteidigen, wenn es einmal zu einem Ernstfall kommen sollte?
Wie wird der Auslandseinsatz unserer Soldaten und Soldatinnen gewürdigt, die im Ausland ihr Leben für die riskieren, die in unseren Fußgängerzonen währenddessen Kaffee und Kuchen genießen?
Der politische Wind wird sich wieder drehen in Deutschland, dessen bin ich mir sicher.
Wir brauchen keine Militärimame.
Wir brauchen keine Ausländer, die in unserer Armee beschäftigt sind.
Wir brauchen auch keine Gebetsräume oder angepasste Verpflegung.
Was wir brauchen ist wieder eine einsatz- und verteidigungsfähige Armee, die Stolz ist, diese Uniform mit dieser wundervollen Fahne tragen zu dürfen.

Ich grüße alle deutschen Soldaten und Soldatinnen in der Heimat und in der Ferne.
Möget Ihr alle immer wieder gesund nach Hause zu Euren Familien zurückkehren.
Der Geist, die Werte und die Moralvorstellungen, die Ihr alle in euch tragt, sind viel zu stark, als das sie uns allen von diesen Personen genommen werden können, die alles zerstören und abschaffen wollen, was dieses Land schon seit jeher ausgemacht hat.

Für die Eigenen!

Tim K.

(2.Kompanie des ehemaligen Panzeraufklärungsbataillons 7 in Augustdorf)

Nur die Wahrheit zählt

Wenn man in Deutschland die Wahrheit sagt, macht man sich unbeliebt, denn viele wollen unbequeme Wahrheiten nicht hören. Die Wahrheit ist nämlich politisch nicht korrekt und somit auch nicht gesellschaftsfähig. Zumindest wollen uns die Staatsmedien, die gleichgeschaltete Presse und von uns nicht auserwählte „Vorbilder“ das immer und immer wieder weismachen.
Das sollte jedoch jedem vernünftig denkenden Menschen völlig egal sein, denn darum geht es nicht. Es geht einzig und allein darum, sich für sein Land, seine Familie und die Zukunft seiner Kinder einzusetzen. Nur darum geht es.

Deutschland ist kein offenes Zuzugsland wie es sich unsere Politiker wünschen und in dem jeder automatisch Sozialhilfe, eine Wohnung und ein Auto erhält. Deutschland ist ein Rechtsstaat, in dem zuallererst für die eigene Bevölkerung gesorgt werden muss. Genau dahin müssen wir wieder hin zurück. Und genau deshalb muss man sich gegen diese völlig aberwitzige und gefährliche „Flüchtlingspolitik" einer Angela Merkel und ihrer Gefolgschaft positionieren. Die Weichen Deutschlands werden jetzt gestellt. Wollen wir irgendwann wieder in einem sicheren Land leben, oder soll es immer schlimmer werden? Wollen wir irgendwann eine Minderheit im eigenen Land sein, oder zurück in die guten Jahre, die wir beispielsweise in den 80`er und 90`er Jahren noch hatten? Wollen wir irgendwann wieder ein Rechtsstaat sein oder weiterhin eine Bananenrepublik, in der Politiker gegen das eigene Volk regieren und Richter Urteile sprechen, welche die Bevölkerung gefährden? Angela Merkel hat keine Enkelkinder, die eines Tages in ihrem Kindergarten oder in ihrer Schule eine deutsche Minderheit darstellen werden. Frank Walter Steinmeier zahlt auch keine Steuern und finanziert diesen ganzen Wahnsinn mit aus seiner eigenen Tasche.

Und solche Personen wollen uns vorschreiben, was wir zu denken haben und für wen wir bezahlen sollen?
Das alles soll man nicht mehr sagen dürfen? Wer will mir das verbieten? Es geht nicht darum, beliebt, angesehen und akzeptiert zu sein. Es geht darum, die Wahrheit auszusprechen. Punkt!
Der politische Wind wird sich eines Tages wieder in Deutschland drehen, so wie er sich in Italien, in Österreich und in immer mehr europäischen Ländern bereits gedreht hat. Und dann wird diese „Flüchtlingskrise" wieder zurück abgewickelt. Dann wird Einigen, die heute noch über diesen Rechtsstaat lachen, das Lachen sehr schnell vergehen. Dann wird wieder Politik für die Eigenen gemacht werden und die Zukunft unserer Kinder wird wieder in einem ganz anderen Licht erstrahlen. Ich glaube an Deutschland und ich glaube an meine Landsleute!
Dafür leiste ich jeden Tag meinen bescheidenen Beitrag, in der Hoffnung, dass wir immer mehr werden, um dieses Ziel so schnell wie möglich zu erreichen. Für die Eigenen!

Tim K.

Weiter so, liebe SPD!

Ich kann mir nicht helfen, aber ich werde den Verdacht nicht los, dass der Wahlkampfberater der SPD tatsächlich für die AfD arbeitet.
Aber unterm Strich: Danke liebe SPD für diese tollen Äußerungen! Schneller kann man kein politisches Umdenken in Deutschland erzeugen. Eure Leistung diesbezüglich ist unermesslich!

Tim K.

Wo bleibt die Warnmeldung?

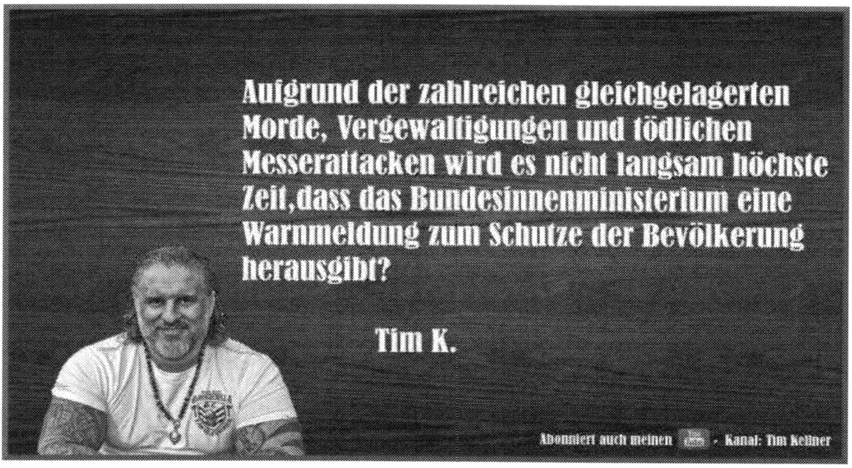

Man möge mir meinen Sarkasmus nachsehen, aber ich habe mittlerweile keine Worte mehr für das, was sich in diesem unserem Land tagtäglich abspielt. Obwohl, ich hätte doch so einige Worte dafür, aber das Risiko, dass man mich dann erneut sperren würde, ist mir einfach zu groß.
Meine einzige Hoffnung ist die, dass man sich ein Beispiel an Ländern wie Italien und Österreich nimmt, in denen mittlerweile eine vernünftige Politik betrieben wird. Aber Deutschland hängt in gewissen Bereichen ja immer ein paar Jahre hinterher.

Und die sogenannte „Flüchtlingskrise“ kann man dann ja immer noch rückabwickeln. Diese und viele andere Komplexe ebenfalls.
Ich glaube daran.

Tim K.

Der Wind dreht sich!

Der Wind dreht sich in Europa. Dank Politiker mit dem Format eines Sebastian Kurz und anderen europäischen Staatsmännern und -frauen, die fürwahr Politik für die eigene Bevölkerung und für die Zukunft ihrer Kinder betreiben. Das ist in Deutschland allerdings verpönt und seitens der Altparteien natürlich nicht zu erwarten. Deswegen verlieren sie auch fortwährend an Wählerstimmen, die sie nie wieder zurückgewinnen werden.
Die Menschen werden nämlich nicht vergessen, was diese Politiker ihrem Land und ihrer Bevölkerung angetan haben. Tagtäglich Mord, Totschlag, Vergewaltigungen und Messerstechereien. Die Sozialsysteme stehen vor dem Kollaps. Stattdessen beklagt der Lehrerverband einen eklatanten Bildungsnotstand. Die SPD will weiter gegen „Rechtspopulisten“ vorgehen. Danke dafür, liebe SPD!

In Düsseldorf gab es wieder eine tödliche Messer-Attacke auf offener Straße. Möglicherweise eine deutsch-iranische „Beziehungstat. Und ebenfalls in Düsseldorf bekommt ein Möchtegern-Rapper (Alparsan G., 24) eine Bewährungsstrafe dafür, dass er eine 14-jährige verprügelt, verbrüht und auf den Strich geschickt hat. Aber Alparsan G. will sich auf jeden Fall bessern.
Freunde, dieses Land ist völlig kaputt und es kann nur wiederhergestellt werden, wenn sich eine drastische politische Wendung ergibt.

Für diese streite ich.
Für die Eigenen!
Tim K.

Ich wurde noch nie gefragt!

Es ist einfach nicht mehr im Kopf auszuhalten und es erscheint tagtäglich wie Realsatire für Erwachsene. Ich höre nur noch, dass Deutschland ein Einwanderungsland ist, dass wir weitere Fachkräfte brauchen und dass das alles auch gut so und erforderlich wäre. Ich möchte mal eines festhalten: Ich wurde bisher noch nie gefragt, ob ich alles das überhaupt möchte.

Und deshalb auch noch mal klar und deutlich an dieser Stelle: Ich möchte das nämlich auf gar keinen Fall! Für mich ist Deutschland kein Einwanderungsland und soll das auch nicht werden. Ich denke auch, dass wir keine sogenannten „Fachkräfte" brauchen, sondern diese selbst ausbilden können. Und wie das bisher mit diesen sogenannten „Fachkräften" funktioniert hat, braucht mir auch niemand zu erzählen. Mittlerweile sollte nämlich auch der Letzte begriffen haben, dass gewisse Dinge nun mal nicht funktionieren und auch nie funktionieren werden. Im Gegenteil, die Situation verschlimmert sich täglich mehr und man will einfach nicht daraus lernen. Trotzdem kann ich Euch allen immer wieder nur sagen, dass wir nicht die Hoffnung verlieren dürfen. Die dunkelste Stunde der Nacht ist die, unmittelbar vor Morgengrauen. Vielleicht muss es noch viel schlimmer werden, bis endlich noch mehr aufwachen und endlich begreifen, wie schlimm es um ihre Heimat und die Zukunft ihrer Kinder bestellt ist. Daran glaube ich und dafür engagiere ich mich. Meinen Beitrag, so wie viele andere in diesem Land auch, dafür zu leisten, dass möglichst viele unserer Landleute irgendwann aufwachen.

Freunde, ich bekomme viele Zuschriften, ob ich nicht mal in diese oder jene Stadt in Deutschland komme, oder ob man nicht mal ein Bier mit mir trinken oder einfach nur ein paar Worte gemeinsam wechseln kann? Alles das ist natürlich möglich und deshalb komme ich Euch jetzt einfach mal zuvor:

Am Samstag den 25.8.2018 ab 18 Uhr eröffnet der Brothers MC Salt City sein neues großes Clubhaus. (Adresse: Kampstr. 54, 32805 Horn) Weitere Infos auf

Brothers MC Salt City.
Ich werde natürlich den ganzen Abend bis spät in die Nacht vor Ort sein. Deshalb lade ich jeden (inklusive Anhang und Kindern) hiermit persönlich ein, der uns/mich mal persönlich treffen will. Für Speis und Trank wird gesorgt und ich kann Euch garantieren, dass es ein angenehmer Abend mit angenehmen Menschen, guten Gesprächen, guter Musik und kühlen Getränken werden wird. Wer sich zu diesem Land und zu diesem Rechtsstaat bekennt und ebenfalls „Für die Eigenen“ steht, der ist von mir herzlich eingeladen. Ich freue mich schon jetzt auf dieses Ereignis und wünsche Euch und Euren Familien einen schönen Sonntag!

Tim K.

Selbstmörderischer Wahnsinn!

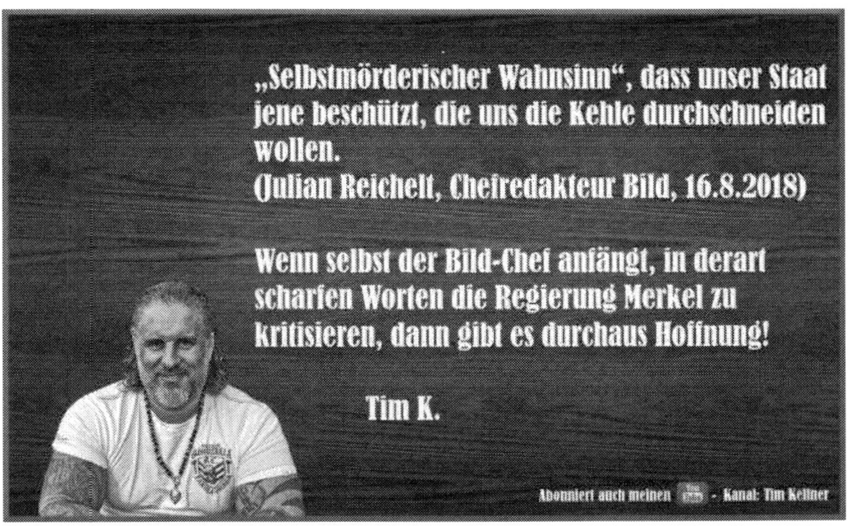

Freunde,
ich sage es immer und immer wieder: Deutschland muss und wird eines Tages wieder zur Vernunft kommen und die Zeichen sprechen mehr und mehr dafür. Das System Merkel wird kollabieren, denn es ist jetzt schon nicht mehr haltbar.

Noch wird es von den Staatsmedien und geschönten Wahlumfragen getragen, aber auch dieses wird auf die Dauer nicht mehr aufrecht zu erhalten sein.
Und denkt immer dran, dass man alles, was irgendwann einmal beschlossen oder in die Wege geleitet wurde, mit einer demokratischen Mehrheit auch wieder rückgängig machen kann. Dafür streite ich.
Die Liste „Für die Eigenen" wird unterstützend dafür kommen und in naher Zukunft ins Leben gerufen werden. Wir brauchen wieder eine konservative Mehrheit in diesem Land.
Ich wünsche Euch und Euren Familien einen schönen Samstag!

Tim K.

Viertel nach Zwölf!

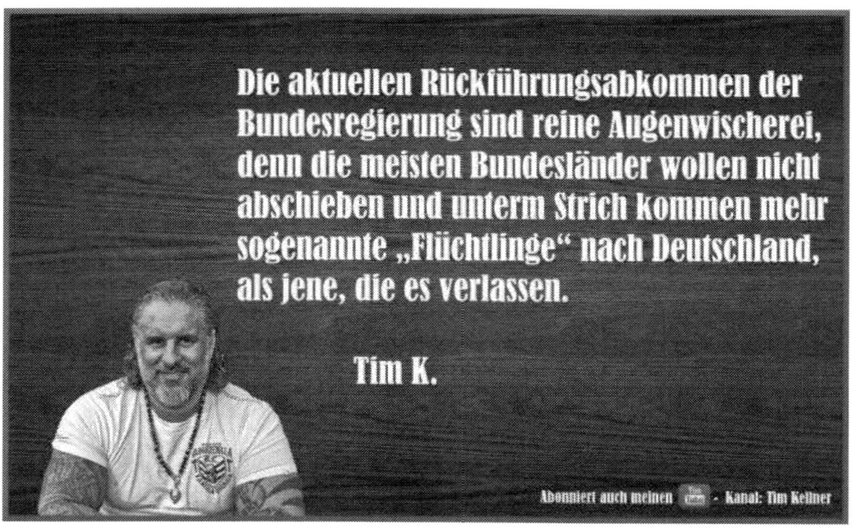

Jetzt, da es schon Viertel nach zwölf ist und da Deutschland langsam aber sicher erwacht, versucht diese Bundesregierung unter Merkels Gnaden die Bevölkerung noch einmal richtig zu blenden und zu täuschen. Die Rückführungsabkommen mit Spanien und Griechenland sind nur politische Nebelkerzen, denn unterm Strich werden weiterhin mehr sogenannte

„Flüchtlinge“ nach Deutschland kommen, als jene, die es verlassen. Das ist Fakt! Der Besuch Angela Merkels in Dresden beweist eindrucksvoll, dass diese Rechtsbrecherin gnadenlos gescheitert ist und das Volk sie in großen Teilen ablehnt. Die Staatsmedien versuchen natürlich anhand geschönter Bilder und angeblich „repräsentativer“ Umfragen noch den Schein zu wahren, aber dieses Lügengerüst wird auch nach und nach einstürzen. Ich stelle mir ernsthaft die Frage, ob Angela Merkel schwer krank ist?
Freunde, lehnt Euch zurück und genießt die Show. Und vergesst nicht, es wird wieder aufwärts gehen in Deutschland!
Ich wünsche Euch und Euren Familien einen schönen Freitagabend.

Tim K.

Hochwohlgeborenes Oberverwaltungsgericht Münster,

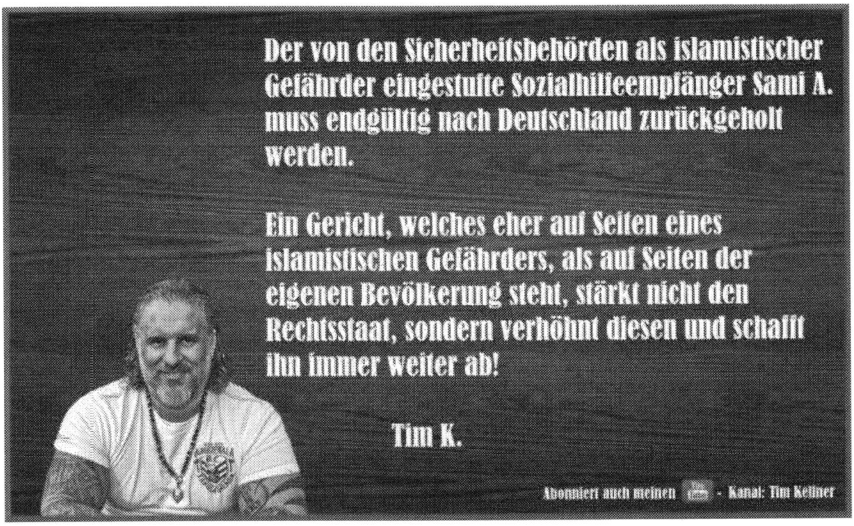

hohe Instanz Ihrer Majestät Merkel und der Einheitspartei,
heute ist wieder einmal ein Tag, an dem ich mich für Deutschlands Ansehen in der Welt schäme. Grund dafür ist Ihre Entscheidung, den islamistischen Gefährder Sami A., der mit seiner ganzen Familie fürstlich auf Kosten der

Steuerzahler schon seit vielen Jahren bei uns lebte, nun endgültig wieder aus Tunesien zurückzuholen. Dort wurde er in der Tat nicht gefoltert oder anderswie malträtiert. Das interessierte Sie aber nicht in Ihrer Urteilsfindung.

Mir kommt es eher so vor, als wenn Sie absichtlich ein Exempel statuieren wollten, denn auch in Ihren Kreisen gilt, dass „eine Krähe der anderen kein Auge aushackt". Ich beziehe das auf die Entscheidung Ihrer „Kollegen" vom Verwaltungsgericht Gelsenkirchen, die ja den islamistischen Gefährder Sami A, zuvor schon zurückholen wollten. Da ist man dann „loyal", richtig? Hauptsache dem anderen Gericht „nicht in den Rücken fallen", stimmts? Dass damit ein islamistischer Gefährder wieder nach Deutschland kommt, der einerseits die Sicherheitslage gravierend verschärfen könnte und der andererseits noch zigtausende von Euro dem deutschen Steuerzahler kosten wird, das interessiert Sie alles nicht im Geringsten, nicht wahr?
Warum ist das so? Fehlt es Ihnen an Rechtsbewusstsein? Fehlt es Ihnen an Empathie? Fehlt es Ihnen an gesundem Menschenverstand?
Unterm Strich ist es mir völlig egal, was da bei Ihnen möglicherweise fehlt, aber festzuhalten ist, dass Sie meiner Meinung nach nicht würdig sind, derartige hohe Positionen in einem Rechtsstaat zu bekleiden. Das ist übrigens aber auch der Grund, warum dieser sogenannte Rechtsstaat schon lange nicht mehr funktioniert und immer weiter abgeschafft wird. Eben weil solche Menschen wie Sie es sind, diesen immer weiter mit derartigen „Urteilen" verhöhnen und aushöhlen. Sie sprechen kein Recht, sondern Sie stärken das Unrecht! Sie schaffen keine Rechtssicherheit, sondern Sie schaffen diese ab! Sie stärken nicht den Rechtsstaat, sondern Sie schwächen ihn! Sie verkörpern alles das, wofür auch diese sogenannte „Regierung" steht, für die Sie natürlich auch dieses Urteil gefällt haben: Abgehoben, realitätsfern, borniert, anmaßend und regelrecht frech der eigenen Bevölkerung gegenüber.
Es gibt ein deutsches Sprichwort, das besagt, dass man vor Gericht und auf hoher See in Gottes Hand ist". In ihrem Fall würde ich aber Gott da herauslassen und eher seinen Gegenspieler einsetzen, denn dieses Urteil ist böse, dunkel und gefährlich.
Ich möchte noch einmal ganz deutlich sagen, dass ich mich für Sie und Ihre Entscheidung abgrundtief schäme.

Tim K.

Deutschland und sein Rassismus-Problem

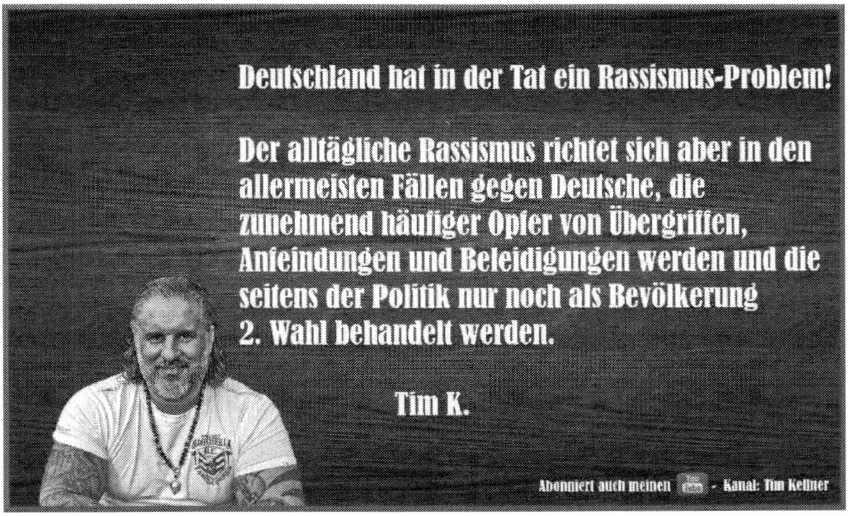

Ich hätte nie gedacht, dass ich einmal mit Claudia Roth (Grüne) oder Stephan Weil (SPD) einer Meinung sein würde. Beide sind nämlich der Ansicht, dass Deutschland ein Rassismus-Problem habe. Dem stimme ich nämlich voll und ganz zu! Ja, Deutschland hat ein Rassismus-Problem und zwar ein sehr gravierendes.

Der Rassismus, der tagtäglich auf unseren Straßen und öffentlichen Plätzen stattfindet, bei dem deutsche Frauen beleidigt, angegrabscht oder gar vergewaltigt werden. Der Rassismus, der sich tagtäglich in Deutschland abspielt, bei dem deutsche Männer grundlos angepöbelt werden, um sie dann mit mehreren zusammenschlagen zu können. Der Rassismus, der sich so gestaltet, dass sogenannte „Flüchtlinge" oder Asylanten generell Leistungen in Anspruch nehmen können, die den meisten Deutschen schlichtweg verwehrt bleiben. Ist es dieser Rassismus, den Sie meinen, Frau Roth und Herr Weil? Dann sind wir nämlich einer Meinung!
Mir ist des Weiteren vor Kurzem von einem ungeheuerlichen und abscheulichen Fall, vielmehr von unzähligen Fällen, von Rassismus und sogar Verstöße gegen den Gleichheitsgrundsatz in unserem Grundgesetz berichtet worden. Aus zuverlässiger Quelle habe ich erfahren, dass in einer Notfallambulanz in Nordrhein-Westfalen generell alle sogenannten „Flüchtlinge" oder Asylanten, die zuvor von einem behandelnden Arzt einen Taxiberechtigungsschein

ausgestellt bekommen haben, diesen auch von einer bestimmten Krankenkasse bezahlt bekommen. Wo hingegen bei den deutschen Patienten mindestens ein Pflegegrad 2 vorliegen muss, damit sie die Taxifahrt bezahlt bekommen. Ich weiss nicht, ob dieses stimmt und habe deshalb vorsorglich einen Brief an den Vorstand der betreffenden Krankenkasse geschrieben und bin gespannt auf die Antwort. In diesem Video lese ich diesen unter anderem Brief vor:

Ich, als besorgter und engagierter Bürger kann und will schließlich nicht wegschauen, wenn ein derartiger Rassismus mitten unter uns passiert. Das ist ja nicht hinnehmbar!
Freunde, ich fühle mich immer wieder in meiner Intelligenz beleidigt, wenn man mir oder uns erzählen möchte, dass wir ein Rassismus-Problem in Deutschland haben. Das ist meiner Meinung nach mehr als lächerlich. Kein Land auf der ganzen Welt tut so viel für sogenannte „Fremde" und ist so unglaublich gastfreundlich wie Deutschland. Ich kann es nicht mehr hören.
Es wird Zeit, dass dieses Land wieder „deutschenfreundlich" wird und endlich wieder mehr für die Eigenen tut!
In diesem Sinne Euch allen einen schönen Abend!

Tim K.

Erneuter Sieg gegen Maas und das NetzDG!

Freunde,
ich mache es mal kurz und schmerzlos: Tim Kellner gegen 30-tägige Facebook-Sperre: 2:0!!!

Nachdem ich über meinen Anwalt Dr. Stahl (repgow.de) Facebook wegen einer rechtswidrigen Sperre meines Privatprofils abgemahnt habe, wurde die 30-tägige Sperre bereits nach wenigen Tagen wieder vorzeitig aufgehoben! Das war nun innerhalb von wenigen Monaten das zweite Mal, dass Facebook mein Profil vorzeitig wieder freigeschaltet hat.
Ich freue mich über diesen erneuten großartigen

Erfolg, denn er zeigt uns allen, dass man nicht ohnmächtig und hilflos alles über sich ergehen lassen muss, wenn man zuvor nichts Rechtswidriges oder Anstößiges öffentlich gepostet, sondern lediglich seine freie Meinung zum Besten gegeben hat.
Das ist ein fantastischer Sieg für die Meinungsfreiheit, für uns alle und gegen einen Heiko Maas und sein NetzDG, welches meiner Ansicht nach selbst rechtswidrig, unverschämt und anmaßend ist.
Ich möchte bewusst an dieser Stelle nicht allzu offensiv gegen Facebook schreiben, denn letztendlich war es auch in diesem Fall eine Einzelperson, die höchstwahrscheinlich in einem sogenannten Löschzentrum saß und sich möglicherweise gedacht hat, dass sie diesen „Tim K." einfach mal eben so sperren kann. Fragt sich nur aus welchem Grund? Weil er oder sie mich nicht mag? Weil er oder sie nicht der gleichen Meinung ist wie ich? Weil er oder sie mich für einen „Rechtspopulisten" hält? Alles das sollte ihm oder ihr völlig gleichgültig sein, solange ich keine Inhalte poste, die gegen geltendes Recht oder die Gemeinschaftsstandards verstoßen. Das habe ich nicht getan und werde dies auch zukünftig nicht tun.
Also, liebe Löscherin oder lieber Löscher, Sie haben sich und vor allem Facebook damit keinen Gefallen getan, sondern vielmehr dazu beigetragen, dass ich und diese Seite einen neuen Schub erhalten haben. Danke dafür nochmal. In Deutschland herrscht laut Gesetz immer noch Meinungsfreiheit! Und in Zukunft bitte lieber einmal zu viel als zu wenig nachdenken, ehe man wieder den Lösch-Button betätigt, denn eines steht fest und ist so sicher wie das Amen in der Kirche: Ich werde mir das niemals gefallen lassen und das könnt ihr Euch hinter die Ohren schreiben!
Freunde, ich danke Euch immer wieder für Eure Unterstützung und Eure Loyalität! Gemeinsam können und werden wir noch Einiges erreichen und auf die Beine stellen. Ich wünsche Euch und Euren Familien ein schönes Wochenende!

Tim K.

Und es geht weiter!

Freunde,

viele haben sich womöglich gewundert, dass diese Seite Tim K. seit gestern Abend nicht mehr zu erreichen war. Was war passiert?

Ich hatte von Facebook die Benachrichtigung erhalten, dass „ich meinen Seiteninhalt überprüfen soll“, denn „falls ich oder andere Administratoren dieser Seite weiterhin Inhalte posten, die nicht mit den Facebook-Gemeinschaftsstandards übereinstimmen, Tim K. möglicherweise endgültig nicht mehr veröffentlicht wird“. Wenn ich möchte, könnte ich die Veröffentlichung dieser Seite während der Überprüfung der Inhalte vorübergehend rückgängig machen. Das habe ich dann auch getan.
Ich kann mich zwar nicht erinnern, jemals irgendeinen Post veröffentlicht zu haben, der gegen geltende Gesetze verstößt, geschweige denn anstößig ist oder irgendeinen hasserfüllten Inhalt hat, aber ich habe nun vorsorglich den gesamten Inhalt dieser Seite gelöscht. Da sich nunmehr kein Post mehr auf dieser Seite befindet, muss der Seiteninhalt wohl spätestens jetzt „unbedenklich“ sein.
Ich habe bereits meinen Anwalt Dr. Stahl konsultiert und werde mich auch rechtlich absichern, zumal mir nicht konkret genannt wurde, um welchen Post oder um welche Inhalte es sich dabei gehandelt haben soll.
Hinsichtlich „Für die Eigenen!“ werde ich Euch demnächst selbstverständlich weiter informieren und auf dem Laufenden halten.
Ich danke Euch für Eure Unterstützung und wünsche noch einen schönen Abend!

Tim K.

Und es geht weiter!

Es ist einfach unfassbar, aber erneut wurde ich mit meinem Privatprofil Tim Kellner für weitere 30 Tage gesperrt!!!

Nur auf Grund der Tatsache, dass ich meine freie Meinung geäußert und ohne jemand beleidigt, geschweige denn gegen irgendein Gesetz verstoßen zu haben, den Familiennachzug von sogenannten „Flüchtlingen" nach Deutschland kritisiert habe.
DAS ist alles, was ich getan habe!
Ich habe es „gewagt", meine Meinung in dieser DDR 2.0 zu äußern.
Wie weit ist es in Deutschland gekommen?
Wovor haben sie so eine panische Angst, dass Menschen, die wiederum viele andere Menschen erreichen, frei ihre legitime Meinung äußern?
Es geht ja nicht nur mir so.
Sie haben Gesetze erschaffen, um Meinungen zu unterdrücken. Aber selbst das greift nicht in meinem Fall, denn ich habe gegen kein Gesetz und keine Richtlinien verstoßen.
Ich habe lediglich eine andere Meinung geäußert, die politisch in diesem Land einfach nicht erwünscht ist!
Aber natürlich werde ich mir das erneut nicht gefallen lassen.
Erneut werde ich anwaltlich mit Dr. Stahl dagegen vorgehen und ich bin mir sicher, dass ich erneut gewinnen werde.
Und eines möchte ich außerdem noch dazu sagen:
Sie können mich noch 100 mal sperren. Ich werde 100-mal dagegen vorgehen!
Sie können 100 mal versuchen, dass es immer wieder unbequem wird, seine freie Meinung zu äußern. Und 100-mal werde ich darüber lächeln und weiterhin unbeirrt und noch überzeugter meine Meinung immer und immer wieder laut sagen.
Warum?
Ganz einfach, weil ich ein Deutscher bin, der sich von nichts und niemand in seinem eigenen Land vorschreiben lässt, was er zu sagen, zu denken, anzuziehen oder wo er nicht hinzugehen hat.

Diese Person oder diese Organisation oder wer oder was auch immer sich das erfolgreich anmaßen könnte, die oder diese gibt es nicht.

Freunde, ich sage das zu Euch allen da draußen:
Die Zeit ist um, in der man glaubte, uns irgendetwas vorschreiben zu können.
Kein Einziger von uns darf sich seine freie Meinung verbieten lassen!
Wir sind alle Deutsche, die in einem freien Land leben und sich dieses Land und unsere angeborenen Rechte von niemandem nehmen lassen.
Und erneut beginnt das Streiten für die Freiheit.
Ich freue mich darauf!
Und abschließend noch ein kurzes Grußwort an den Mitarbeiter oder die Mitarbeiterin von Facebook, die mich wieder für Nichts gesperrt hat:
Ein großes Danke dafür, denn diese Eure Steilvorlage werde ich wieder treffsicher verwandeln.
Danke!

Unbeugsam, unbeirrt und keinen Millimeter zurückweichend grüßt

Tim K.

Für die Eigenen!

Ich bin ein Mensch, der schon einige Stationen in seinem Leben erlebt und auch durchlebt hat. Ich war Soldat, Polizist und bin nun Autor und Biker. Ich passe in keine Schublade, bin weder links noch rechts, sondern bezeichne mich eher als vernünftig und lasse mir von niemandem vorschreiben, was ich zu denken oder zu sagen habe.
Irgendwann kommt aber immer ein Zeitpunkt, an dem man nicht mehr tatenlos zusehen will oder kann. Dieser Zeitpunkt ist nun da. Ich ertrage es nämlich nicht mehr, was mit unserem Land tagtäglich passiert. Ich ertrage es nicht mehr, von welchen sogenannten „Volksvertretern" wir in der Realität gar nicht vertreten werden. Ich ertrage es nicht mehr, wie dieser Rechtsstaat beinahe völlig abgeschafft wurde
Wenn man in Deutschland aktiv etwas politisch verändern will, so muss man sich engagieren und beteiligen. Dieses möchte ich gerne tun, da ich meine Heimat liebe und Verantwortung übernehmen will. Ich möchte nicht eines Tages zurückblicken und mich fragen, warum ich damals tatenlos zugesehen habe? Das habe ich nämlich nicht. Ich wehre mich mit allen rechtsstaatlichen und demokratischen Mitteln und werde mich immer dieser bedrohlichen Entwicklung entgegenstellen. Ich werde daher versuchen, eine Bürgerbewegung

oder Liste ins Leben zu rufen, welche folgenden kurzen und prägnanten Namen trägt: Für die Eigenen!
Es kann und darf nicht sein, dass dieses Land immer weiter kulturell abgeschafft wird. Es kann und darf nicht sein, dass wir immer weiter wirtschaftlich ausbluten und noch dazu für Menschen, denen es gar nicht zusteht. Es kann und darf einfach nicht sein, dass dieser Rechtsstaat letztendlich gar keiner mehr ist, weil Rechtsbrecher ihn lenken und immer weiter aushöhlen. Politik muss immer zuerst für die Eigenen gemacht werden. Für die eigene Bevölkerung, unter der es genügend Bedürftige gibt. Für die Steuerzahler, die erwarten dürfen, dass ihre Steuern zuerst für das eigene Land ausgegeben werden. Für unsere Alten, Bedürftigen, Sozialschwachen, unsere Kinder. Für die Modernisierung, Digitalisierung und für die Renten von all denen, die ihr Leben lang gearbeitet und dafür eingezahlt haben. Wir leisten uns 600.000 bereits abgelehnte Asylbewerber und können noch nicht einmal unsere Bundeswehr einsatzfähig halten? Wir lassen uns von arabischen Familienclans auf der Nase herumtanzen und unterlassen es gleichzeitig, unsere Polizei angemessen auszustatten und zu unterstützen? Das muss ein Ende finden! Deutschland wäre mühelos dazu in der Lage, die organisierte Kriminalität, egal ob deutscher oder ausländischer Natur, effizient zu bekämpfen, wenn man es denn wirklich wollen würde.
Dieser Staat ist nicht mehr handlungsfähig, weil er von Politikern „regiert“ wird, die weder kompetent sind, geschweige denn deren Herz für Deutschland schlägt. Deutschland ist in der Hand eines Parteien-Kartells, das jeglichen Bereich unserer Gesellschaft, ganz gleich ob Presse, Justiz, Exekutive fest in seinem Griff hat. Es darf in einem Rechtsstaat kein Parteibuch zählen, sondern einzig und allein die Befähigung und der Wille für sein Land das Beste zu tun.
Ich möchte mit dieser neuen bürgerlichen Bewegung keine Konkurrenzsituation herbeiführen, sondern eine zusätzliche politische Kraft ins Leben rufen, welche weitere ganz normale Menschen aus der Mitte unserer Gesellschaft, anspricht. In vielen europäischen Ländern funktioniert dieses System bereits und warum soll es nicht auch in Deutschland eines Tages klappen?
Ich weiss nicht, ob ich erfolgreich sein werde. Ich weiss auch nicht, ob ich etwas verändern kann. Ich weiss aber sehr wohl, dass ich mich für meine Landsleute und für mein Land einsetzen möchte. Nonkonform, unangepasst, unbestechlich und unkorrumpierbar. Das wird sich auch nicht ändern, denn ich werde mich niemals für Geld oder einen Posten prostituieren.
Ich werde mich aber vielmehr dafür einsetzen, dass eine Angela Merkel eines Tages für all die Verbrechen angeklagt wird, welche sie diesem Land zugefügt hat.
Für die Eigenen!
Tim K.

Endlich mal gute Neuigkeiten!

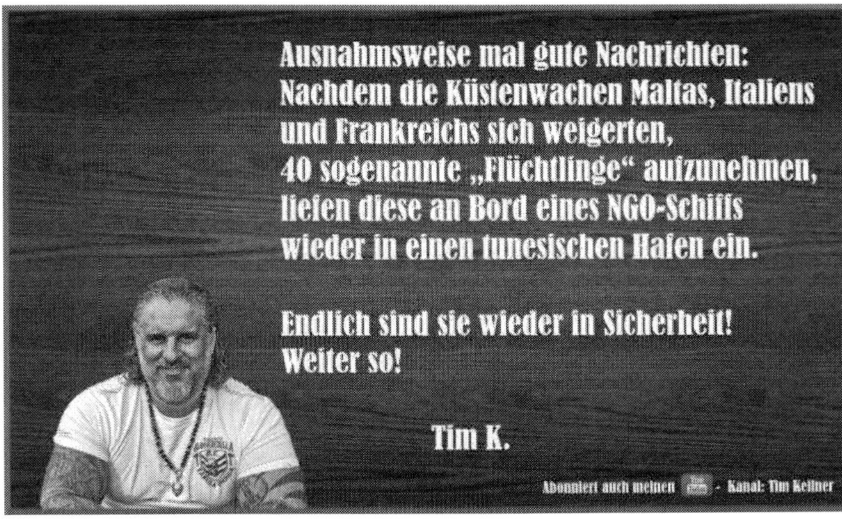

Die sogenannten "Flüchtlinge" befinden sich endlich wieder in Sicherheit!
Weiter so!

Tim K.

Immer mehr, immer mehr, immer mehr!

Während in Syrien inzwischen wieder Frieden herrscht, ist die Bundesregierung mehr als bemüht, weiterhin möglichst viele sogenannte „Flüchtlinge“ nach Deutschland zu lotsen.
Seit heute tritt das "Gesetz zur Neuregelung des Familiennachzugs zu subsidiär Schutzberechtigten" in Kraft. Damit bekommen Flüchtlinge mit einem eingeschränkten Schutzstatus die Möglichkeit, Ehepartner oder minderjährige Kinder nach Deutschland zu holen. Minderjährige Flüchtlinge dürfen ihre Eltern nachziehen.

Warum ziehen die Syrer nicht jetzt wieder zurück und helfen dabei, ihre Heimat wiederaufzubauen? Was für eine Legitimation haben Syrer jetzt noch, hier in Deutschland zu bleiben, wenn der Fluchtgrund entfallen ist? Warum sollen sie hierbleiben, wenn doch wieder Frieden in Syrien herrscht?
Die einzige Erklärung dafür kann nur sein, dass diese Bundesregierung möglichst viele Migranten in Deutschland haben möchte. Anders ist es nicht zu erklären.
Dagegen muss man sich politisch entschieden positionieren!

Tim K.

Bevölkerung 2. Klasse!

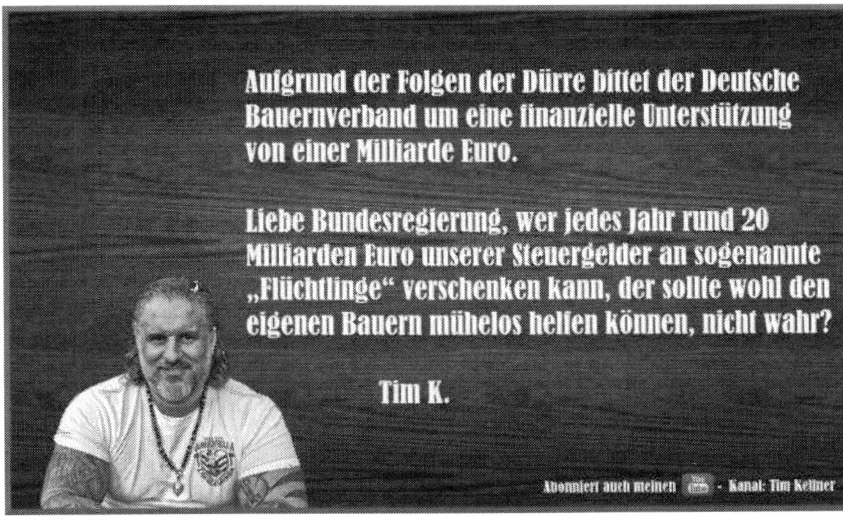

Aufgrund der Folgen der Dürre bittet der Deutsche Bauernverband um eine finanzielle Unterstützung von einer Milliarde Euro.
Bundeslandwirtschaftsministerin Julia Klöckner (CDU) machte allerdings erneut deutlich, dass sie Entscheidungen zum jetzigen Zeitpunkt für verfrüht hält.

Das muss man sich einmal auf der Zunge zergehen lassen. Aber etwas anderes war ja auch nicht zu erwarten von einer Repräsentantin von Merkels Gnaden, die für alles und jeden das Geld mit vollen Händen zum Fenster rauswirft, jedoch bei den eigenen die finanziellen Daumenschrauben immer weiter anzieht.
Währenddessen wird die illegale Massenimmigration in unser Land in ganzer Bandbreite, jedoch an der Mehrheit der eigenen Bevölkerung vorbei, weiter vorangetrieben.
Für Merkel und ihre Gefolgschaft gilt weiterhin: Deutschland zuletzt!

Tim K.

Eine Schande!

Ich habe noch nie geschwiegen und ich werde niemals schweigen! Was hat man nur aus diesem Land gemacht? Die Zustände in Deutschland sind mittlerweile nicht mehr länger hinnehmbar. Deutschland ist zu einem Krisengebiet verkommen, in dem sich anscheinend keine Frau mehr noch irgendwo sicher fühlen kann!

Die junge Frau befand sich in den frühen Morgenstunden auf dem Weg zur Arbeit, als sie von einem Asylbewerber aus Gambia angehalten, gepackt und dann vergewaltigt wurde. Schon wenige Stunden später wurde dieser in einem Asylantenheim festgenommen.
Der Asylbewerber aus Gambia war schon einen Tag vor der Vergewaltigung polizeilich aufgefallen. Am Freitagnachmittag hatte er gegen die Terrassentür eines Anwesens getrommelt. Nach dem Eintreffen der Polizei, entfernte sich der stark alkoholisierte Mann von dem Anwesen und betrat ein nahegelegenes anderes Grundstück. Dort beschädigte er ein in der Hofeinfahrt stehendes Auto. Als ihn daraufhin eine Frau und zwei Männer zur Rede stellten, belästigte der 22-Jährige die Frau, indem er sie am Oberschenkel berührte.
Und genau während all diese Taten beinahe täglich passieren, „kämpfen“ Menschenrechtsorganisationen und „Prominente“ und Politiker weiterhin dafür, dass eine unkontrollierte Masseneinwanderung nach Deutschland unaufhörlich weiter gehen kann. Ich kämpfe dagegen!
Ich sage ganz deutlich: Ich bin für geschlossene Grenzen! Ich bin für Grenzkontrollen! Ich bin für die schnelle Abschiebung von bereits abgelehnten Asylbewerbern! Ich bin für die Einschränkung des Asylrechts!
Jeder, der zu diesen Zuständen schweigt, macht sich mitschuldig.

Tim K.

"**Nazi"!**

Wenn man in Deutschland sagt, dass man sein Land achtet, seine Heimat beschützen will und seine Familie, die genauso aus Großvater und Großmutter besteht, liebt, dann gilt man schnell als „Nazi".
„Nazi"! Das muss man sich allen Ernstes mal vor Augen führen. Ich frage mich, was sich diese Menschen einbilden, die übereifrig und wahllos mit so einem Begriff um sich werfen? Fehlt es ihnen einfach nur an Intelligenz, an Bildung oder ist das Selbstwertgefühl so dermaßen niedrig, dass man krampfhaft alles verteufelt, was irgendwie mit sich selbst und seiner Herkunft zu tun hat? Wie tief muss ein Land sinken, dass es solche Strömungen nicht nur zulässt, sondern regelrecht fördert und zu diesen ermutigt? Was ist das für eine Regierung, welche die eigene Bevölkerung als Menschen 2. Klasse behandelt?
Was sind das für „Volksvertreter", die nicht ihr eigenes Volk, sondern vielmehr erstrangig alle anderen vertreten?
Ich habe in meinem Leben viele Stationen durchlebt und Lebensbereiche hinter mir gelassen, die sich durchaus nach außen hin möglicherweise widersprechen. In der Realität ist dem aber keinesfalls so. Es kommt nämlich immer nur darauf an, ob man seine Werte lebt, für diese einsteht und sich nicht verbiegen lässt. Egal in welchem Bereich. Mein ganzes Leben lang habe ich immer meine Heimat, mein Land und seine Kultur im Herzen getragen. Als Sportler, als Soldat, als Polizist und nun auch als Mitglied eines Motorradclubs. Es ist aber mittlerweile eine Zeit gekommen, in der man sich für und zu seinem Land bekennen muss. Aber wer tut das denn überhaupt noch?
Das Deutschland, zu dem ich mich bis an mein Lebensende bekennen werde, ist das Land, in dem ich aufgewachsen bin. Ein funktionierender Rechtsstaat, in dem Recht und Gesetz noch galt. Ein Land, das noch handlungsfähig war und in dem noch nicht, von oben angeordnet, Gesetze vorsätzlich außer Kraft gesetzt wurden. Ein wirtschaftlich starkes Land, das noch funktionierte. Das war einmal! Deutschland ist nur noch ein jämmerlicher Schatten seiner selbst. Ein Land, in dem das Eigene den Menschen fremd werden und das Fremde den Menschen zu eigen gemacht werden soll. Das wird niemals bei mir funktionieren!
Dieses Land ist gespalten und gesellschaftlich geteilt. Geteilt in zwei Lager. Das

eine ist meiner Bewertung nach für Deutschland und das andere ist dagegen. So einfach ist das. Und diejenigen, die sich dazwischen befinden und denen scheinbar alles egal ist, die rechne ich gleich dem letzteren Lager zu.
Wie gesagt, es ist höchste Zeit für einen jeden, sich zu seinem Land zu bekennen. Zu dem Rechtsstaat, der allerdings nicht mehr existiert. Zu unserer Verfassung, die seitens unserer Regierung gebrochen wird. Zu den Eigenen, die nur noch das Volk 2. Klasse sind. Es gibt kein Recht auf Migration und es gibt nicht die geringste Rechtfertigung für eine illegale Massenimmigration Recht und Gesetz fortwährend zu brechen. Punkt!
Es kann und darf nicht sein, dass das Unrecht über das Recht siegt. Es kann und darf nicht sein, dass man die Meinung eines Großteils dieser Bevölkerung einfach ignoriert und somit mit Füßen tritt. Es kann und darf nicht sein, dass Menschen Deutschland regieren, die kein bisschen für dieses Land empfinden, außer es zu einem Selbstbedienungsladen für die ganze Welt zu machen.
Man muss den Mund aufmachen und man darf niemals zurückweichen, wenn man das Recht auf seiner Seite hat! Deshalb kann es nur heißen: Für oder gegen dieses Land?!
Diese Frage hat sich mir allerdings nie gestellt. Für die Eigenen!

Tim K.

Lieber Kölner Stadt-Anzeiger,

KSTA.DE
Viel Dank für Ehrlichkeit: Mutter einer syrischen Flüchtlingsfamilie findet Geldbörse

ich möchte mich herzlichst bei Ihnen für diese herzzerreißende „Weihnachtsgeschichte“ bedanken. Ich will ehrlich sein, wenn ich Ihnen schreibe, dass die ein oder andere Träne über meine Wange kullerte, als ich diese wunderschönen Zeilen las. Viel Dank für Ehrlichkeit – Mutter einer syrischen Flüchtlingsfamilie findet Geldbörse. Gänsehaut pur!
Es ist so wunderschön zu lesen, dass die „kleine Oma“ Hildegard Lichtinghagen seit 2015 eine syrische Flüchtlingsfamilie und deren drei Kinder betreut. Nur kurz dazwischengefragt, betreut die „kleine Oma“ auch eine deutsche Familie?
„Safaa – Straße – kleine Tasche“, so meldete sich Familienvater Rami Hussein an einen Samstag aufgeregt bei Lichtinghagen. Was war passiert? Der Spannungsbogen steigt ins Unermessliche! Die Antwort lieferten sie auf den Fuß. Seine Frau Safaa hatte vor einer Bäckerei eine Geldbörse gefunden. Eine halbe Stunde habe sie dann dort gewartet, in der Hoffnung, der Besitzer käme zurück. Vergebens. Unglaublich! Mein Magen zog sich mir zusammen aufgrund dieser Selbstlosigkeit, dieser Aufopferung. Aber sind Sie sich sicher, dass die Syrerin nicht etwa über Nacht dort ausharrte und auf den oder die Besitzerin gewartet hatte? Eine halbe Stunde erscheint mir da etwas kurz.
Zum Glück befanden sich wieder alle Ausweispapiere in dem Portemonnaie. Gott sei Dank! Sofort machten sich Hussein und die „kleine Oma“ auf den Weg zum Besitzer. Da dieser nicht zuhause war, übergab man einer hilfsbereiten Nachbarin den kostbaren Fund.
Hussein war „unglaublich“ erleichtert! Ich wiederhole: Unglaublich erleichtert.

Er sagte nur noch: „Danke Hilda – so ist gut!“ …wenn ich jetzt vielleicht als Autorenkollege bzw. geübter Schreiber vielleicht selbst noch hinzufügen darf … und fiel dann auf die Knie, ehe er mit tränenüberströmten Gesicht ein Gebet zum Himmel entsandte. Das war einer der schönsten und aufreibendsten Momente seines bisherigen Lebens gewesen. Hussein war mit sich und der Welt in Frieden! Die „kleine Oma“ hinterließ ihre Telefonnummer und am nächsten Tag schon meldete sich die Besitzerin höchstpersönlich. Die Gummersbacherin wollte sich bei der syrischen Frau persönlich bedanken, und die „kleine Oma“ lud beide zum Sommerfest des Sozialdienstes nach Marienheide ein, wo sie sie die Familie treffen könne. „Die Besitzerin erschien mit Blumen für die Betreuerin, Süßigkeiten für die Kinder der Familie und einem Briefumschlag für die Eltern. Darin waren 100 Euro.“ informierten Sie mich und wahrscheinlich Millionen von anderen wissbegierigen Lesern.
Doch was passierte dann? Ich glaubte meinen eigenen Augen nicht zu trauen, als ich folgende Zeilen las: Doch Rami und Safaa Hussein wollten die Belohnung nicht annehmen: Das sei zu viel. Deutschland habe ihnen schon unglaublich viel gegeben und geholfen. Das ist doch wohl so unfassbar schön, selbstlos und rührend, dass ich erneut zahlreiche Tränen vergießen musste. „Das sei zu viel. Deutschland habe ihnen schon unglaublich viel gegeben und geholfen.“ Wunderschön! Ach, wie schön ist die Welt und wie bescheiden, dankbar und warmherzig sind doch diese Menschen.
Trotzdem insistierte die Gummersbacherin, bei der man aber immer noch nicht wusste, wie viel Geld denn jetzt überhaupt im Portemonnaie gewesen war, und bestand darauf, dass die Eltern das Geld doch annehmen. Die Geldbörse wäre doch sonst, samt Inhalt, gänzlich verloren gewesen. „Machen Sie sich mit den Kindern einen schönen Tag““, sagte sie und überzeugte die Eltern, das Geld anzunehmen.
Trommelwirbel!!! Nimmt die Familie die Belohnung jetzt an? Ich konnte meine Augen kaum vom Bildschirm abwenden! Ja! Jaa! Jaaaaa!!!!! Die Familie nahm, (schweren Herzens?) das Geld dann doch an und verbrachte, wenn sie nicht…, ach nein, das passt ja an dieser Stelle nicht und gehört auch nur in Märchen, einen wunderschönen Tag zusammen in ihrer neuen Heimat. Dem Land, das ihnen schon so unglaublich viel gegeben hatte.
„Für Hildegard Lichtinghagen war das eine schöne und herzliche Begegnung, bei der alle einfach nur Freude hatten.“ Jetzt war es endgültig um mich geschehen. Es brach alles aus mir heraus. Mein Gott, was ist das schön! Diese Lichtinsel inmitten der ganzen unruhigen Welt da draußen. Es ist so fantastisch, dass es Menschen wie Rami und Safaa Hussein gibt!!!
Aber es ist natürlich noch nicht ganz vorbei: „Familienvater Rami Hussein kann nun auch, nach bestandenem Deutschkurs, eine Arbeitsstelle annehmen.“ Ich

kann nicht mehr! Dass ich so etwas noch mal lesen, erleben und mitfühlen darf. Danke lieber Kölner-Stadt-Anzeiger! Lassen Sie mich raten, und wenn sie nicht gestorben sind, dann leben sie noch heute?
Mit Licht und grenzenlosem Mitgefühl durch Sie erhoben

Tim K.

Anti-Abschiebe-Industrie!

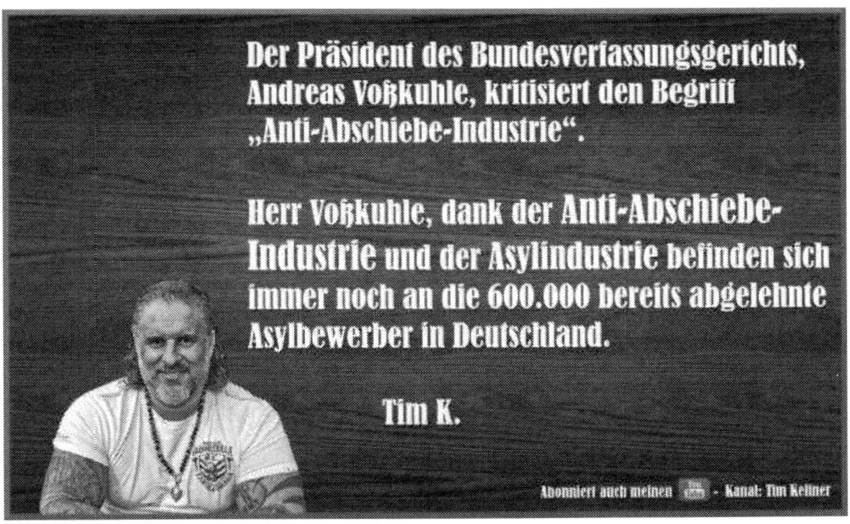

Ich empfinde es immer wieder als belästigend, wenn Personen, die ihr Amt nur dem bestehenden System zu verdanken haben, dieses System immer wieder krampfhaft verteidigen und legitimieren wollen.
Es besteht zweifelsfrei eine riesige Anti-Abschiebe-Industrie und eine Asylindustrie in Deutschland, die seitens dieser Regierung unterstützt und regelrecht gefördert wird. Das ist ein Fakt.

Deswegen befinden sich auch immer noch an die 600.000 bereits abgelehnte Asylbewerber weiterhin in Deutschland. So einfach ist das zu erklären. Wieso also kritisiert man dann den Begriff „Anti-Abschiebe-Industrie“?

Herr Voßkuhle, ich versuche es nochmal Ihnen zu erklären: Dank einem großen Heer von Rechtsanwälten, Organisationen, Institutionen und sehr sehr vielen guten Menschen und selbstverständlich der umfassenden Unterstützung dieser Regierung und nahezu sämtlicher Parteien kann diese riesige Anti-Abschiebe-Industrie und die Asylindustrie nicht nur unheimlich viel Geld verdienen, sondern diesen Rechtsstaat immer mehr aushöhlen und unser Land zusehends wirtschaftlich ausbluten lassen. Haben Sie es jetzt verstanden?
Gruß Tim K.

„Demokratie" ist nur ein hehrer Begriff in Deutschland!

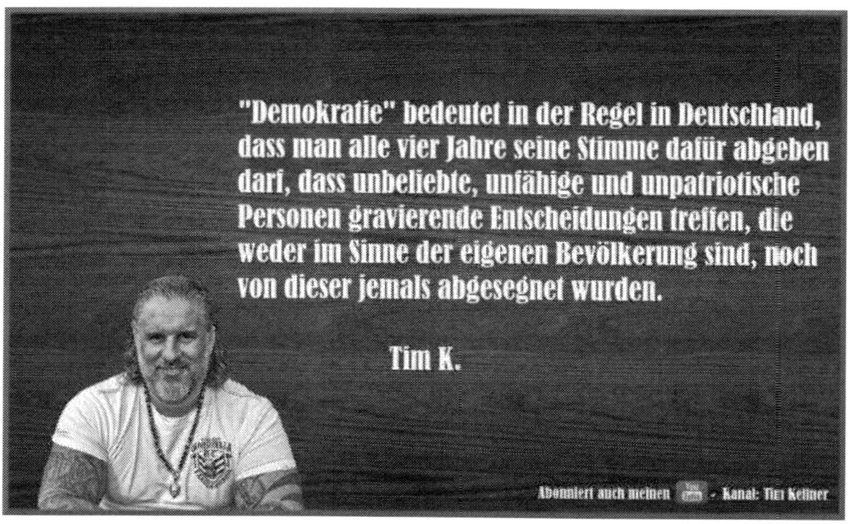

In Kaufbeuren stimmten ca. 60 Prozent der Bevölkerung gegen den Neubau einer Moschee. Die Stadt, bzw. die Politiker von CSU bis SPD waren von diesem Ergebnis ernüchtert und geschockt. Das muss man sich allen Ernstes einmal vorstellen. Die gesamte Presse schrie wie in Panik auf und fragte sinngemäß, woher dieser unerklärliche „Widerstand" herrühren würde? Wohlgemerkt, ein demokratisch abgestimmtes Ergebnis! Fazit: Die Moschee wird trotzdem gebaut und zwar nun auf einem privaten Grundstück, das die

Gemeinde sich selber suchen und kaufen wird. So viel zum Thema gelebte Demokratie.

Wer sich zudem absolut verstörende bewegte Bilder (allerdings auf eigene Gefahr!!!) anschauen möchte, dem empfehle ich meinen Beitrag über die unfassbaren Abgründe mitten in Deutschland:

Ich bin der Meinung, dass wir in keiner wirklichen Demokratie leben. In einer wirklichen Demokratie wäre eine Angela Merkel keine Kanzlerin mehr. In einer echten Demokratie wäre ein Heiko Maas selbstverständlich kein Außenminister! In einer wirklichen Demokratie wäre eine Ursula von der Leyen auch keine Ministerin, egal in welchem Ressort. In einer echten Demokratie hätten wir über die Einführung des Euros abstimmen dürfen. In einer echten Demokratie hätten wir über offene Grenzen und die brandgefährliche Einwanderungspolitik einer Merkel und ihrer Gefolgschaft abstimmen können. Wir leben aber in keiner wirklichen Demokratie und das ist nun mal ein Fakt. Punkt!
Wir leben in einer Schein-Demokratie, in der Personen über schicksalsträchtige Entscheidungen entscheiden, ohne jemals die eigene Bevölkerung darüber gefragt zu haben. Die „Politik“ wird weiter auf Zeit spielen, denn noch sind ca. 60 Prozent der Bevölkerung durchaus vernünftig und rational. Dieses Gefüge wird sich allerdings demographisch in den nächsten Jahren ändern und zu unseren Ungunsten kippen. Das weiß die „Politik“ und bis dahin entscheidet sie einfach weiter über unsere Köpfe hinweg.
Für mich zählen immer die Eigenen zuerst. Das eigene Land! Deshalb bekommen diese Personen auch niemals meine Stimme und werden von mir auch niemals anerkannt werden. Im Gegenteil, ich werde mich jeden Tag weiter gegen sie mit allen legitimen und rechtsstaatlichen Mitteln einsetzen und ich bin mir sicher, dass diese Nadelstiche durchaus verletzen und stören. Das ist auch das Mindeste!
Für die Eigenen!

Tim K.

Wein leise, kleiner Mesut!

Es kommt nicht oft vor, dass ich mich derartig fremdschäme, aber heute war es wieder so weit. Da weint und jammert ein Mesut Özil allen Ernstes ganz laut herum und benutzt absichtlich die „Rassismus-Karte“, um von seinem Fehlverhalten komplett abzulenken und die deutsche Politik und ihre Systempresse springt noch auf den Zug mit auf. Zum Fremdschämen!

"Es ist ein Alarmzeichen, wenn sich ein großer, deutscher Fußballer wie Mesut Özil in seinem Land wegen Rassismus nicht mehr gewollt und vom DFB nicht repräsentiert fühlt" so Justizministerin Barley von der SPD. Sie ist nach Özil-Rücktritt besorgt.
Die Presse tritt zudem eine neue „Rassismus-Debatte“ los. Das muss man sich allen Ernstes mal reinziehen, wie tief dieses Land gesunken ist. Ihr könnt Eure „Alarmzeichen“ und Eure „Rassismus-Debatte“ in Euren kleinen Mikrokosmen gerne ausdiskutieren, aber verschont doch die Bevölkerung mit diesem lächerlichen Nonsens. Das hält doch kein gesunder Mensch mehr aus.
An dieser Stelle empfehle ich meine persönliche Bewertung dieses Rücktritts:

Gott sei Dank ist ein völlig uneinsichtiger Mesut Özil, der aber auch rein gar nichts in unserer Nationalmannschaft verloren hat endlich nicht mehr Bestandteil dieser. Das sollte gefeiert werden, denn der Trainerstab hätte das wahrscheinlich aufgrund mangelndes Rückgrats nicht hinbekommen.

Ich hoffe jetzt nur noch, dass ein Gündogan ebenfalls aus eigenen Stücken zurücktritt. Das wäre schon mal ein guter Neuanfang.
„Rassismus-Debatte“, das ist echt Realsatire für Erwachsene! In diesem Sinne Euch allen einen schönen Abend!
Stand your ground!

Tim K.

Endlich!

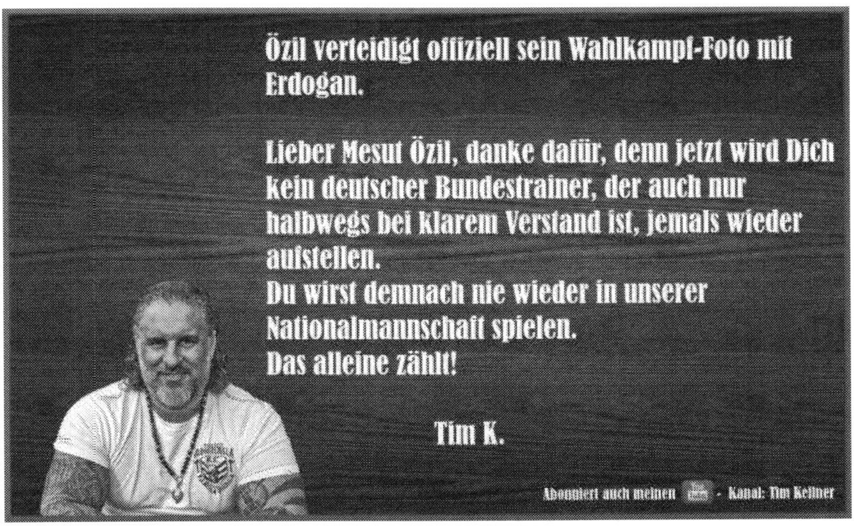

Mesut Özil hat heute inoffiziell offiziell seinen Rücktritt aus der deutschen Nationalmannschaft erklärt, indem er seine Wahlkampfhilfe für Erdogan entschieden verteidigt hat. Großartig! Danke dafür, denn Löw hätte es wahrscheinlich nicht hinbekommen.

Sich für „seinen“ Präsidenten einzusetzen ist ja auch legitim, aber natürlich hat ein Mesut Özil alleine schon deswegen nie in unsere Nationalmannschaft gehört. Ebenso wenig wie ein Gündogan, der ebenfalls mit Erdogan sich ablichten ließ.

Entgegen aller Äußerungen, dass dies keine Wahlkampfhilfe war, war es selbstverständlich niemals etwas anderes. Kurz vor den Präsidentschaftswahlen in der Türkei war dies das klare Zeichen für alle Türken, die in Deutschland leben: „Seht her, das ist unser bzw. Euer Präsident!“
Wie gesagt, alles legitim und freie Meinungsäußerung. Dies kollidiert allerdings dann, wenn man in der Nationalmannschaft Deutschlands spielt. Özil war es völlig egal, dass er damit eine Spaltung der Mannschaft herbeiführte und dass die Vorbereitung maßgeblich gestört wurde. Es war ihm auch damals egal, als er die Wahl hatte für die Türkei zu spielen, denn auch schon da entschied er sich aus egoistischen Gründen für das Land, welches ihm die besten Perspektiven bot. Und das war Deutschland. Spieler wie Özil, die nur auf den eigenen Vorteil bedacht sind, braucht keine Mannschaft.
Es bleibt dennoch zu hoffen, dass ein Joachim Löw dieses Zeichen klar erkannt hat und nicht weiter rummerkelt und ihn allen Ernstes jemals wieder aufstellt. Aber das traue ich selbst Jogi nicht mehr zu.
Özil gehört in der deutschen Nationalmannschaft der Vergangenheit an und das ist alles was zählt!
Tim K.

Liebe Flüchtlingsbürgen aus Minden,

ich verstehe langsam wirklich die Welt nicht mehr. Erst erzeugt Ihr mit Euren großartigen Gesten und dem erklärten Willen, Bürgschaften für „Flüchtlinge“ zu übernehmen, eine ganz wunderbare „Willkommenskultur und jetzt, wenn es ans Einlösen und Bezahlen geht, da wollt Ihr Euch schleunigst aus dem Staub machen? Das geht in meinen Kopf nicht rein.
Habt Ihr allen Ernstes den Begriff „Bürgschaft“ nicht verstanden? So etwas lernt man doch bereits in den untersten Schulklassen im Leben. Oder habt Ihr etwa darauf vertraut, dass Angela Merkels „Wir schaffen das“ Euch vor Eurer Verpflichtung bewahrt? Ich wünsche bekanntlich niemand etwas Schlechtes, aber Euch gönne ich diese nun an Euch gerichteten Zahlungen von ganzem Herzen. Warum? Weil ich Euch nur Gutes wünsche. Ihr seid gute Menschen, oder im Sammelbegriff „Gutmenschen“ und dass Ihr nun tatsächlich für Eure „Flüchtlinge“, für die Ihr Bürgschaften und demnach Zahlungsverpflichtungen eingegangen seid, nun endlich bezahlen dürft, sollte Eure Herzen doch mit Freude erfüllen, oder nicht? Ich meine, Ihr wolltet das doch so, oder? Einer von Euch hat sogar für ganze sieben Personen Bürgschaften übernommen und muss jetzt an die 50.000,- Euro bezahlen.
Aber jetzt mal ehrlich, das sind doch allesamt nun tolle Möglichkeiten, tatkräftig und aus eigener Tasche für Eure Überzeugung zu bezahlen. Wunderbar! Das ist doch endlich mal etwas Gutes! Und dieses Gute gönne ich Euch von ganzem Herzen.
Beiläufig erwähnt, habe ich einen eigenen kleinen Videobeitrag erstellt, der sich mit Eurem herzzerreißendem Drama auseinandersetzt. Ich hoffe, dass er Euch gefällt. Ganz viele andere Menschen haben mit diesem auch schon Anteilnahme an Eurer Situation genommen.

Ihr müsst das alles aber auch einmal aus einem logischen und objektiven Blickwinkel betrachten. Wenn ein Mensch der Überzeugung ist, dass er „Flüchtlingen“ helfen möchte und viel bereit ist, für diese zu tun, dann kann man nicht erwarten, dass auch ganz viele andere Menschen dafür bezahlen sollen. Genau das erwartet Ihr nun aber, nicht wahr?
Ihr seid dafür, dass viele „Flüchtlinge“ nach Deutschland kommen sollen. Das ist ja auch Eure freie Entscheidung und Meinung. Aber dann geht auch nicht davon aus, dass die anderen für Eure Wünsche bezahlen sollen. Das ist doch wohl mehr als egoistisch und ignorant, oder nicht? Ich finde es großartig, dass Ihr nun endlich Eure Gastfreundschaft und Eure „Willkommenskultur“ voll und ganz „ausleben“ könnt. Das ist nur mehr als fair.
Deshalb, liebe Flüchtlingsbürgen, steht zu Eurem Wort, zu Eurer Verpflichtung

und löst Eure Bürgschaften jetzt auch ein. Alles andere wäre meiner Meinung nach falsch, charakterlos und wortbrüchig. Bitte belästigt jetzt nicht wieder die Behörden, die Gerichte oder gar politische Entscheidungsträger.
Menschen, wie Ihr es seid, habt maßgeblich zu dieser Politik mit beigetragen und jetzt löffelt Ihr auch Eure eigene Suppe wieder aus. Ich freue mich!
Alles Gute und nicht vergessen: Zahlen!!!

Tim K.

Höchste Zeit!

Ich habe schon oft gehört, dass man in Deutschland einige Sachen auf Grund gesellschaftlicher Normen oder politischer Korrektheit nicht mehr sagen darf.
Genau aus diesem Grund wird es noch mal höchste Zeit, meine Meinung offen zu sagen: Ich bin nicht an „Flüchtlingen" interessiert! Ich bin für Grenzkontrollen! Ich bin der Meinung, dass Deutschland bereits viel zu viele Menschen aufgenommen hat und es deshalb Zeit wird, dass sehr viele nun endlich wieder nach Hause müssen! Heim zu ihren Familien! Ich denke, dass die eigene Bevölkerung auf ganzer Linie viel zu kurz kommt und benachteiligt wird. Ich bin der festen Überzeugung, dass eine Angela Merkel demokratisch und rechtsstaatlich abgesetzt und im Anschluss vor ein Gericht gestellt werden muss. Der deutschen Bevölkerung wurde über viele Jahre jegliches Selbstbewusstsein und Rückgrat regelrecht aberzogen und symbolisch entfernt. Das muss schnellstens kompensiert werden. Wir brauchen wieder Politiker, die erstrangig für die eigene Bevölkerung Politik machen.

Für mich ist jeder willkommen, der hier arbeitet und für seinen eigenen Unterhalt aufkommt, der sich zu unseren Werten bekennt und nach unseren Gesetzen lebt. Der Rest hat hier nichts zu suchen!
Ob ich mich dadurch unbeliebt mache, ausgegrenzt werde, als „rechts" oder Rechtspopulist gelte, interessiert mich ungefähr so viel, als wenn in Ägypten ein kleines Steinchen von der Pyramide abbröckelt.

Ich bin froh, in diesem Land, meiner Heimat, geboren zu sein und deshalb gefällt mir auch der Slogan: Germany first.
Für die Eigenen!
Wünsche Euch einen schönen Abend.
Tim K.

Die "Raute des Grauens"

Die „Kanzlerin der Herzen" besuchte heute ein Pflegeheim in meiner Heimat Paderborn. Dies ist mehr als verwunderlich, denn in der Regel besucht Angela Merkel keine Einrichtungen, in denen es vorrangig um die einheimische Bevölkerung geht. Daher meine Frage, ob es sich dabei etwa um einen Irrtum gehandelt hat?
Was ist sonst noch so passiert in unserer Bananenrepublik?

Abgesehen von den täglichen „Einzelfällen" versuchte erneut der mutmaßliche kriminelle Schlepper und Schleuser, der Kapitän der „Lifeline" Claus-Peter Reisch, ein wenig mediale Aufmerksamkeit zu erhaschen, indem er Bundesinnenminister Seehofer als einen „Täter" bezeichnete, der „Menschen auf dem Mittelmeer ertrinken lassen wolle und der zurücktreten müsse". Ein mutmaßlicher Krimineller, der Menschen überhaupt erst in Lebensgefahr bringt, klagt den Bundesinnenminister an. Genau mein Humor!

Dann gibt es natürlich noch meine „Hommage“ an Heiko Maas, die Ihr Euch natürlich nicht entgehen lassen solltet.

Das hat sich unser Außenministerdarsteller aber auch redlich verdient. Genießt den Tag.
Stand your ground!

Tim K.

Der Außenminister-Praktikant!

Ich kann mir nicht helfen, aber überall wo der Außenminister- „Praktikant“ Heiko Maas drauf ist oder sich zu Wort meldet, erscheint es mir wie Comedy. Jedes Foto, jede Gestik, jede Äußerung lässt mich über diesen Mann einfach nur noch den Kopf schütteln oder gar herzhaft lachen. Ich persönlich kann ihn nicht im Geringsten ernst nehmen.

Und obwohl er so klein, sensibel, komisch und zerbrechlich wirkt, so dürfen wir dennoch niemals vergessen, dass er unsere Meinungsfreiheit mit einem fragwürdigen und regelrecht rechtswidrigen Gesetz (NetzDG) zensiert hat. Heiko Maas, der ganze drei Landtagswahlen in Folge glorreich verloren hat, ist

und bleibt eben das, was er meiner Meinung nach schon immer war:
Ein „riesengroßer" Verlierer!
Tim K.
P.S. Gratulation an Frankreich zum WM-Sieg, obwohl ich Kroatien die Daumen gedrückt habe.

Köstlich, Spiegel Online!

Eingangs erwähnt, ich bin weder ein Befürworter noch ein Gegner von Donald Trump. Er ist der gewählte amerikanische Präsident und das ist zu respektieren. Mir gefällt jedoch seine „America first"-Haltung. So etwas würde ich mir auch für Deutschland wünschen. Und er setzt seine Wahlversprechen in die Tat um. Alles das also, wovon deutsche Politiker nur träumen können. Ansonsten ist Trump eben Trump und wer die USA kennt, der weiss, dass er vielen Amerikanern aus den Herzen spricht. Egal ob uns das gefällt oder nicht.

Es ist auch nicht so, dass Trump Deutschland nicht mag, so wie es uns auf einmal die Staatspresse gerne verkaufen möchte. Trump verachtet Merkel und wahrscheinlich auch all ihre unbedeutenden Handlanger a la von der Leyen oder Heiko Maas. Das spricht zweifelsohne für ihn.
Wie dem auch sei, ich bin weder für noch gegen ihn, denn ich interessiere mich

für mein Land und dessen Probleme. Das sollte die heimische Staatspresse auch mal für sich verinnerlichen.
Umso komischer wird es deshalb, wenn ein Staatsmedium wie der Spiegel einem völlig inkompetenten und überflüssigen Politdarsteller wie Heiko Maas krampfhaft eine Bühne bieten oder gar eine Bedeutung zuschreiben will Heiko Maas, der noch nie eine einzige Wahl gewonnen hat, der uns ein Zensurgesetz gebracht hat und der zu jeder Pressekonferenz höchstwahrscheinlich eine Leergutkiste mitbringen muss, damit er von den Journalisten überhaupt wahrgenommen wird, hat nicht das Geringste außenpolitisch zu melden.
Das sollte mittlerweile auch der Letzte begriffen haben.

Tim K.

Die bedingungslose Kapitulation des Rechtsstaats!

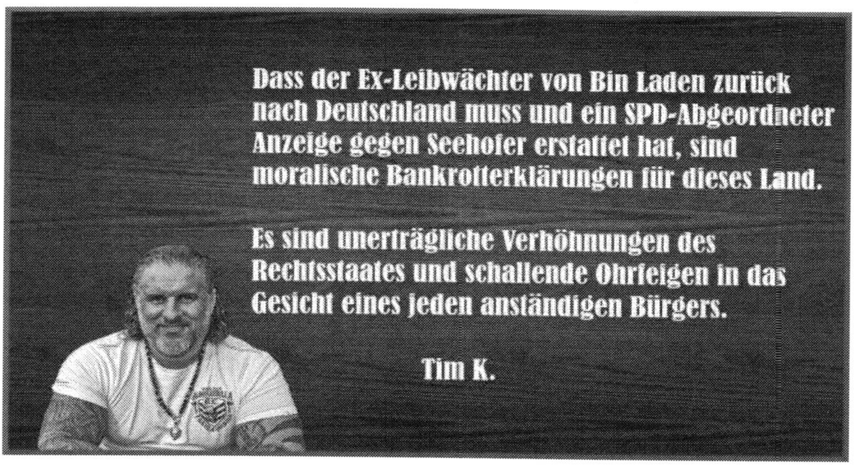

Gericht: Gefährder Sami A. soll nach Deutschland zurück! Die Abschiebung des mutmaßlichen Islamisten Sami A. soll nach einer Gerichtsentscheidung rückgängig gemacht werden, weil sie „grob rechtswidrig war und rechtsstaatliche Prinzipien verletzt hat“. Jetzt darf der Gefährder und Ex-

Bodyguard von Osama Bin Laden also weiter mit seiner Frau und den vier Kindern auf unsere Kosten sein Dasein in Deutschland genießen.

Die Strafanzeige des SPD-Abgeordneten Sven Wolf wird des Weiteren zusätzlich dabei tatkräftig wirken, dass die SPD weiter stimmtechnisch abstürzen wird.
Auf der einen Seite macht es mich sprachlos und wütend, aber auf der anderen Seite muss man derartige Gerichtsurteile und Anzeigen auch durchaus positiv sehen. Sie beflügeln nämlich den politischen Wandel in Deutschland!
Ich wünsche Euch ein schönes Wochenende!

Tim K.

Bin Ladens Ex-Leibwächter könnte zurückgeholt werden

Der Ex-Leibwächter des getöteten Al-Kaida-Chefs Osama bin Laden ist am Morgen aus Deutschland abgeschoben worden. Dabei hatte ein Verwaltungsgericht am Donnerstagabend entschieden, dass er vorläufig nicht abgeschoben werden dürfe.

Das BAMF tat es trotzdem. Sehr gut und dafür meinen Respekt!
Ich habe selbst schon diverse Erfahrungen mit diesen Verwaltungsgerichten machen müssen und derartige Entscheidungen bestätigen nur meinen Eindruck, den ich von ihnen habe. Es ist eine reine Politvorstellung, bei denen das Urteil schon im Voraus feststeht.
Derartige Richter und derartige Entscheidungen haben einen großen Beitrag daran, dass Deutschland zu einer Bananenrepublik verkommen ist.
Es bleibt zu hoffen, dass Sami A. dort bleibt, wo er meiner Meinung nach hingehört: In Tunesien!

Tim K.

P.S. Ein SPD-Abgeordneter hat nach der Abschiebung von Sami A. Anzeige gegen den Bundesinnenminister erstattet: SEHR GUT, liebe SPD. Bald seid ihr dann endlich unter 10 Prozent!

Zahlen lügen nicht und Taten sprechen lauter als Worte!

Deshalb brauchen wir schnellstmöglich einen deutlichen politischen Wandel in Deutschland. Politik für die Eigenen!
Zusätzlich eine juristische Aufarbeitung für all die, die für diese Zustände verantwortlich sind!

Tim K.

Die Vernunft siegt!

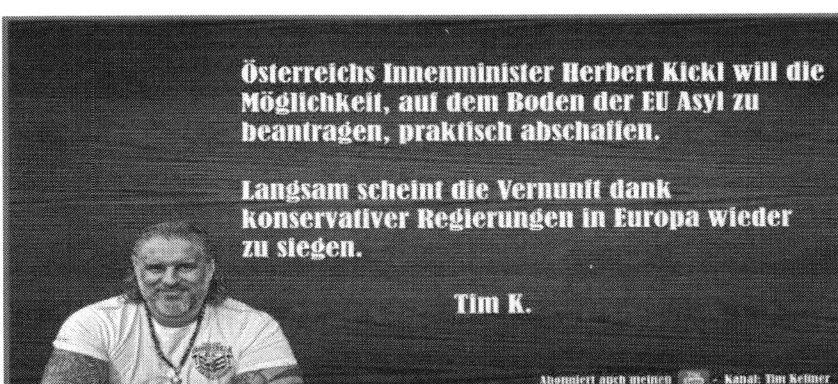

Österreichs Innenminister will die Möglichkeit, auf dem Boden der EU Asyl zu beantragen, praktisch abschaffen. Österreich hat derzeit für sechs Monate die EU-Ratspräsidentschaft inne.
Lediglich Verfolgte aus direkten Nachbarstaaten der Europäischen Union sollten künftig auf dem EU-Territorium einen Asylantrag stellen dürfen, sagte der Politiker der FPÖ am Dienstag in Wien. Bürger aus entfernteren Staaten sollten in Flüchtlingslagern außerhalb der EU ihre Anträge stellen. „Das wäre eine Vision“, so Kickl.

Es tut sich endlich etwas in Europa. Das Chaos und die wahnwitzige und gefährliche Politik einer Angela Merkel und ihrer Einheitspartei wird endlich von außerhalb gestoppt. Europa besinnt sich endlich wieder auf seine Werte und die Rechtsstaatlichkeit. Allerdings auch nur dank konservativer Parteien in Österreich, Italien, Ungarn, Tschechien und Polen. Es wird nicht lange dauern bis auch in Frankreich wieder die Vernunft siegen wird.
In Deutschland dauert das zwar noch, aber wir sind auch auf einem guten und richtigen Weg, denn immer mehr Menschen wachen auf und erkennen die Realitäten.
In diesem Sinne Euch noch einen schönen Tag.
Stand your ground!

Tim K.

Lieber Vorsitzender des Zentralrats der Muslime in Deutschland, Aiman Mazyek,

wenn das nicht so lustig gewesen wäre, müsste man da glatt drüber weinen. Aber meine Güte, was habe ich herzhaft gelacht! Vielen Dank für den großartigen Lachkrampf!

Ich wusste gar nicht, dass Sie so einen wunderbaren Humor besitzen.

Tim K.

TOTENSTILLE IM BLÄTTERWALD!

Nach einem außergewöhnlichen rechtlichen Sieg gegen Facebook, der wegweisend und bahnbrechend für die Zukunft sein kann, schweigen alle Systemmedien den Erfolg konsequent tot. Alleine auf meinen Seiten erzielte die Nachricht über die Entsperrung insgesamt fast 30.000 Gefällt mir-Angaben und wurde 10.000-mal geteilt. Millionen von Lesern, die durchgängig das Urteil für die Meinungsfreiheit und gegen die willkürliche Zensur begrüßen und nicht ein einziges Wort darüber in der Staatspresse, im Staatsradio oder in sonstigen Medien.
Das nenne ich doch einmal einen klaren Erfolg! Warum? Weil es allen Anschein nach so bedeutsam und gefährlich ist, dass man dieses Thema einfach totschweigen will und es auch tut. Kein einziges großes Medium hat diesen rechtlichen Erfolg für die Meinungsfreiheit und gegen das größte Netzwerk der Welt, trotz offizieller Pressemitteilung meines Anwalts Dr. Stahl, gebracht. Kein Wunder, wenn man bedenkt, dass ein großer Anteil der Zeitungen in der Medienlandschaft der SPD gehören und andere Chefredakteure eindeutig mit der SPD oder der CDU sympathisieren oder sogar deren Parteibuch besitzen. Ebenso die Rundfunkräte, die fein säuberlich zwischen den verschiedenen Parteien aufgeteilt sind. So funktioniert das System.
Dieses Urteil hat mal eben das Zensurgesetz eines Heiko Maas ausgehebelt und die Meinungsfreiheit einer Person zugesprochen, die als systemkritisch und populistisch gilt. Das gefällt natürlich dem System nicht. Einem System, das immer noch alle Medien fest im Griff hat. Warum? Weil die Chefredakteure und

Intendanten selbst zum System gehören. Ein Zirkus oder Karussell, das immer nur dieselben Personen in Funk und Fernsehen einlädt. Personen, die begünstigt werden, die bewusst platziert werden oder die dem System nicht gefährlich werden können.
Es ist keine Leistung, im Radio oder im Fernsehen interviewt zu werden oder im Mittelpunkt einer Berichterstattung zu stehen. Das System veröffentlicht nämlich nur Meinungen oder Beiträge, die ihm nicht gefährlich werden können. Es ist ein einziges großes Karussell. Ein regelrechter politisch korrekter Pool aus dem man sich dann seitens der Medien immer wieder bedient. Die wenigen angeblichen Ausnahmen werden dem Zuschauer dann ab und zu gerne als freie Meinungsvielfalt präsentiert, obwohl sie letztendlich auch systemzugehörig sind.
Das einzige Medium, das dem System noch gefährlich werden kann und in dem freie Meinungen immer unerwünschter werden, ist das Internet. Genauer gesagt die sozialen Netzwerke. Deshalb will man diese immer weiter einschränken, beschneiden und zensieren. Und wer Interessantes zu berichten oder zu sagen hat, wird nicht selten als Populist oder Verschwörungstheoretiker diskreditiert. So läuft das Spiel.
Und deshalb ist dieser rechtliche Erfolg für die Meinungsfreiheit und gegen Willkür, Zensur und die Beschränkung einer freien Meinung so immens wichtig. Das kann nämlich durchaus zu einer großen Gefahr für das System werden. Und genau deshalb schweigt man so etwas einfach lieber tot, denn die Massen könnten ja tatsächlich eines Tages aus der Matrix aufwachen und beginnen, nicht mehr alles einfach so hinzunehmen. Währenddessen verweilen die „alten" Medien weiter in ihrem Elfenbeinturm, während ihnen die Leserzahlen immer mehr wegbrechen.
Das Schweigen ist ein Zeichen. Wir sind auf dem richtigen Weg!

Tim K.

Mein SIEG gegen Facebook!

Ich habe gegen Facebook per einstweiliger Verfügung durch das Landgericht Detmold gewonnen und bin vorzeitig nach 17 Tagen wieder entsperrt worden. (Tim Kellner)
Dies ist ein großartiger Sieg für die Meinungsfreiheit, gegen die Löschwillkür und gegen einen Zensurminister Heiko Maas!

Das Unfassbare war aber, wofür ich überhaupt gesperrt wurde: Ich habe Partei für den Chef der Bundespolizei ergriffen, der mit seinen Männern den mutmaßlichen Mörder und Vergewaltiger von Susanna und Vergewaltiger eines 11-jährigen Mädchens, Ali Bashar, aus dem Irak zurück nach Deutschland verbracht hat. Ein Strafverteidiger aus Karlsruhe wollte daraus seinen eigenen Vorteil schlagen und zeigte den Chef der Bundespolizei wegen Freiheitsberaubung an. Dies kritisierte ich mit einem sachlichen Kommentar und einer 1-Sterne-Bewertung seiner Seite. Dafür wurde ich 30 Tage gesperrt!
Diese Entscheidung des Landgerichts Detmold kann für die Zukunft durchaus bahnbrechend sein, wenn es darum geht, Andersdenkende oder politisch nicht erwünschte Meinungen einfach so zu löschen oder zu sperren.
Ich möchte an dieser Stelle auch noch einmal ganz besonders meinen Rechtsanwalt Dr. Christian Stahl (repgow.de) hervorheben, ohne dessen Kompetenz und Erfahrung dieser Sieg und meine Entsperrung gar nicht möglich gewesen wäre. Danke auch nochmal an dieser Stelle!

Aber seht selbst, was das Landgericht entschieden und begründet hat und wie es jetzt möglicherweise weitergeht.

Man kann immer nur siegen, wenn man sich gegen Unrecht positioniert und nicht von vornherein aufgibt. Das habe ich getan. Dies ist ein großer und bedeutender Sieg für uns alle!
Ich wünsche euch und Euren Familien ein schönes Wochenende.

Tim K.

Eine angemessene Klatsche!

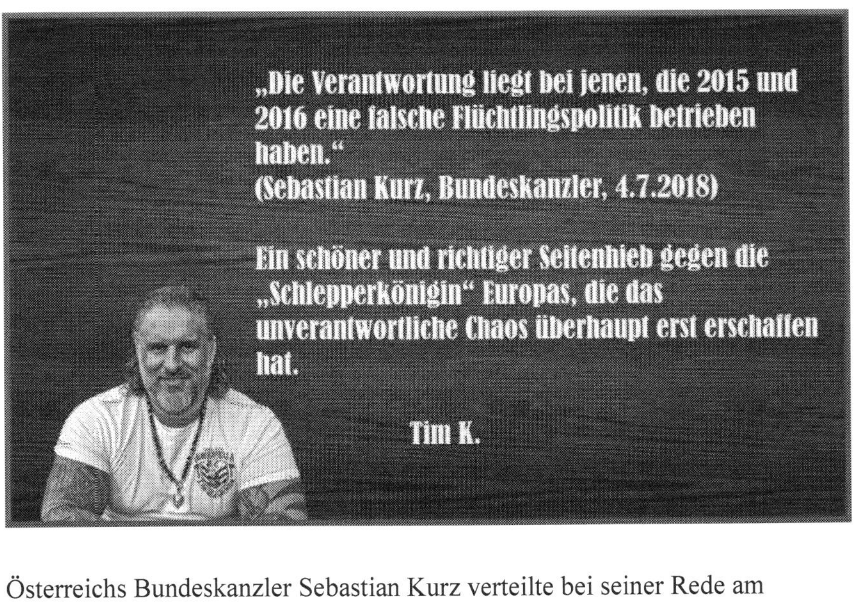

Österreichs Bundeskanzler Sebastian Kurz verteilte bei seiner Rede am Mittwoch im Wiener Nationalrat einen schönen und richtigen Seitenhieb auf Angela Merkel, die Europa überhaupt erst durch ihre eigenmächtige Grenzöffnungen ins Chaos gestürzt hat.
Zusammengefasst ist eigentlich gar nichts beschlossen worden, was die illegale Einwanderung nach Deutschland auch nur im Ansatz vermindern könnte.

Währenddessen wurde kurz vor Ende der Legislaturperiode, wenn die Leute Fußball gucken oder im Urlaub sind, die Neuregelung des Familiennachzugs für bestimmte Flüchtlinge per Gesetz im Bundestag durchgewunken. Es sieht vor, dass ab 1. August auch Flüchtlinge mit eingeschränktem Schutzstatus wieder Angehörige nach Deutschland holen können.

Wie gesagt, alles beim Alten. Läuft doch für unsere „Regierung“!

Tim K.

Horst Drehhofer…

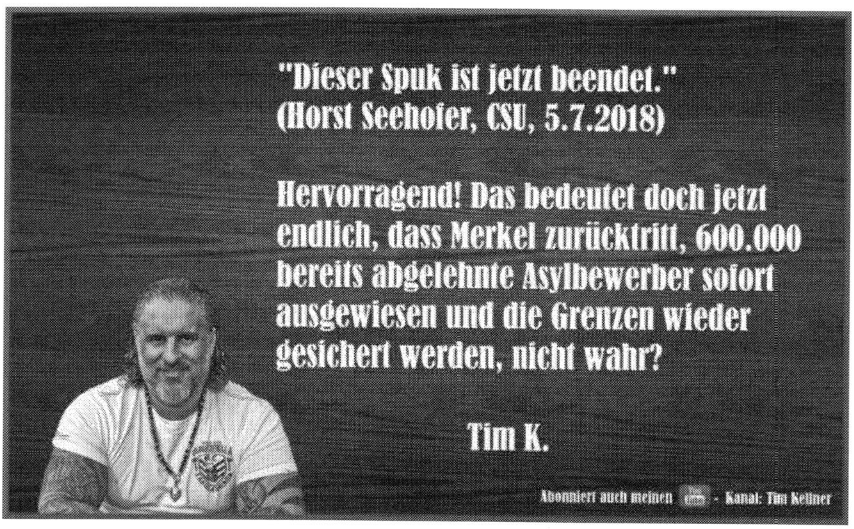

…poltert in der aktuellen Haushaltsdebatte mal wieder richtig los!
"Dieser Spuk ist jetzt beendet" waren seine entschlossenen Worte. Welchen „Spuk“ meint er aber damit?
Merkel? Die 600.000 bereits abgelehnten Asylbewerber? Die offenen Grenzen?

Die marode Bundeswehr? Die Millionen von ausländischen Sozialhilfeempfängern? Die desaströse Lage der inneren Sicherheit?

Welchen „Spuk“ meinen Sie, Herr Drehhofer? Es wird sich GAR NICHTS ändern! Im Gegenteil! Es wird alles nur noch schlimmer werden.
In diesem Sinne: Merkel muss weg! Und es ist egal, was danach kommt, denn erstmal muss sie weg!

Tim K.

Jede weitere Minute schwächt die „Schlepperkönigin“!

Ohne jegliche Absprache mit den anderen EU-Ländern stürzte Angela Merkel 2015 ganz Europa in eine schwere Krise und Spaltung, die bis zum heutigen Tage weiter anhält. Jetzt auf einmal ist es ihr aber umso wichtiger, eine „europäische Lösung“ herbeizuführen. Eine Lösung, die sie seit vielen Jahren nicht im Ansatz zustande gebracht, geschweige denn sie interessiert hat.

Angela Merkels Name gilt mittlerweile in ganz Europa als unaussprechlich, so angewidert sind viele Politiker von ihrer Person.
Das Resultat ist das Nicht-Ergebnis des letzten EU-Gipfels: Es wurde NICHTS beschlossen! Es gab einzig und allein „Schlussfolgerungen“ und „Absichtserklärungen“!
Fast alle Migranten und sogenannte „Flüchtlinge“ werden sich freiwillig Deutschland als Reiseziel aussuchen! Die wichtigsten Länder, Österreich und Italien, fehlen. Ungarn, Tschechien und Polen haben den ausgesprochenen Lügen der Angela Merkel bereits widersprochen!
In der Realität bedeutet die Familienzusammenführung von Griechenland und Spanien aus, dass nur noch mehr statt weniger Migranten nach Deutschland kommen werden.
Ein mehr als typischer „Merkel-Deal“: Lügen, betrügen und täuschen zu Lasten von Deutschland!
Es gibt nur eine einzige Lösung: Der politische Sturz dieser Rechtsbrecherin!

Tim K.

DANKE MALTA!

Sogenannte „Flüchtlingshilfsschiffe“, wie beispielsweise die „Lifeline“, sind meiner Meinung nach lediglich Schleuser- und Schlepperschiffe, die Hand in Hand mit der organisierten Schlepperkriminalität zusammenarbeiten.
Nun steht endlich der Kapitän der „Lifeline“ in Malta vor Gericht. Malta wirft der Dresdner Organisation Mission Lifeline vor, das Schiff sei nicht ordentlich registriert gewesen. Zudem habe der Kapitän die Anweisungen italienischer Behörden ignoriert, die Rettung der libyschen Küstenwache zu überlassen.

Dies ist ein sehr wichtiges Zeichen im Kampf gegen die Schlepperkriminalität, denn derartige „Seenotretter“ bringen nämlich erst die Menschen in Seenot, denn ohne das Wissen um diese Schiffe würden sich viele erst gar nicht auf die Reise begeben. Demnach ist ein Schiff der Dresdner Organisation „Mission Lifeline“ wie die „Lifeline“ für mich absolut als Schleuserschiff zu bezeichnen.
Das Schiff ist zudem nur im Register des Wassersportverbandes eingetragen, da der deutsche „Kapitän“ kein Kapitänspatent, sondern nur einen Sportbootführerschein besitzt.
Alles in allem noch einmal meinen persönlichen Dank an Malta!
Bitte konfiszieren Sie auch das Schiff und sorgen Sie dafür, dass es nie wieder in See sticht.

Tim K.

Ach Gottchen, Mesut Özil,

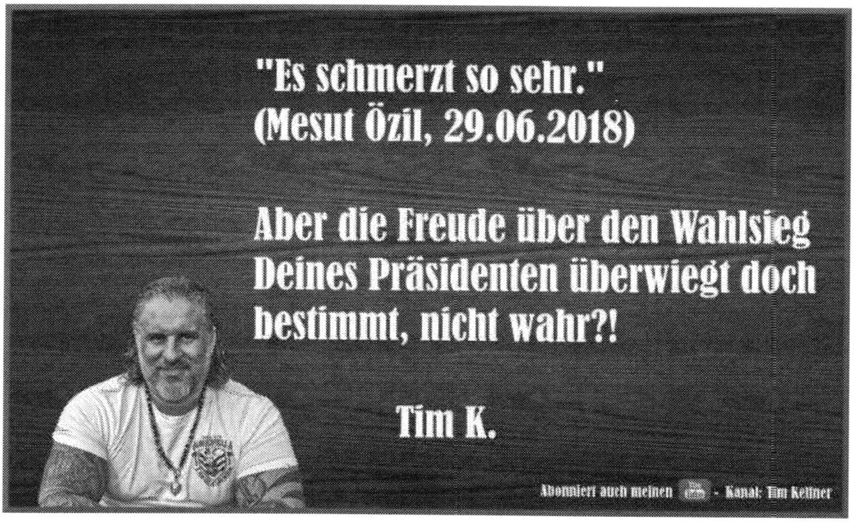

„Es schmerzt so sehr“ waren Deine Worte auf Twitter nach dem katastrophalen Ausscheiden der Deutschen Nationalmannschaft bei der WM.
Ich hoffe doch aber für Dich, dass der anscheinend unglaubliche Schmerz nach dem Ausscheiden durch die unglaubliche Freude für den Sieg Deines Präsidenten Erdogan bei den türkischen Präsidentschaftswahlen angemessen kompensiert wurde. Das muss Dir doch bestimmt sehr viel bedeutet haben. Dir und auch Deinem türkischen Landsmann Gündogan.

Anders ist es für mich nicht zu erklären, dass man zeitlich perfekt abgestimmt unmittelbar vor der Wahl in der Türkei eine derartige Wahlkampfhilfe für Erdogan betreibt, nicht wahr? Das war doch genau Eure Intention, oder nicht? Dafür hast Du und Gündogan doch bewusst in Kauf genommen, dass die Vorbereitung der Deutschen Nationalmannschaft stark gestört und in Mitleidenschaft gezogen wurde. Ein egoistischeres Verhalten ist da ja kaum noch möglich.
Es war und bleibt eine hundertprozentige Wahlkampfhilfe für Erdogan, was allen „Deutsch-Türken“ noch einmal zeigen sollte: Seht her, diesen Mann müsst ihr wählen. Nichts anderes war es und aus der Nummer kommt Ihr beiden auch nicht mehr raus.

Monatelang bereitet sich eine Nationalmannschaft fokussiert, diszipliniert und abgeschottet auf das große Turnier vor und die beiden Türken Özil und Gündogan sprengen mal eben jegliche Konzentration und jeglichen Fokus. Das war ein entscheidender Dolchstoß für die eigenen Mannschaftskameraden zugunsten Eures Präsidenten Erdogan. Warum ich mich immer noch mit dem Thema beschäftige? Weil mir schlecht wird, wenn ich solche Sätze wie „es schmerzt so sehr“ von jemandem lesen muss, der sich einen Dreck um das Wohl und den Erfolg unserer Nationalmannschaft gekümmert hat.

Es war ein riesiger Fehler von Löw, Dich und Deinen Landsmann Gündogan überhaupt noch nach Russland mitzunehmen. Nun ist es zu spät. Aber Schwamm drüber.

Ich hoffe, dass ich Dich und Gündogan nie wieder in einer deutschen Nationalmannschaft visuell ertragen muss. Das wäre wirklich ein absoluter moralischer Offenbarungseid des DFB.

Abschließend möchte ich mich aber dennoch bei Dir bedanken, dass Du meine Nationalhymne niemals mitgesungen hast. Das wäre nämlich etwas gewesen, dass mich noch mehr gestört hätte. Warum? Weil es nicht Deine Hymne ist, sondern die deutsche Nationalhymne. Dein Präsident wohnt nämlich ganz woanders und zwar am Schwarzen Meer.

Auf Nimmerwiedersehen in unserem Trikot!

Tim K.

Die große Täuschung der Angela Merkel geht weiter!

Wer dieser Frau auch nur einen Millimeter über den Weg traut, der ist selber schuld. Nichts, aber auch rein gar nichts ist auf diesem EU-Gipfel bisher beschlossen worden, was letztendlich Deutschland zugutekommt.

Das Asylabkommen mit Spanien und Griechenland bedeutet nichts anderes, als dass die offenen Fälle von Familienzusammenführungen zeitnah nach Deutschland kommen werden, da in diesen beiden Staaten viele Migranten sitzen, deren Angehörige bereits in Deutschland sind. Angela Merkel bleibt die größte Bedrohung Deutschlands.
Egal welcher Politiker das jemals noch erwägen sollte, muss wissen, dass kein einziges Gespräch mit dieser Frau jemals etwas Gutes für Deutschland und seine Bevölkerung bedeuten wird.
Im Gegenteil!

Tim K.

Lasst uns nicht alleine!

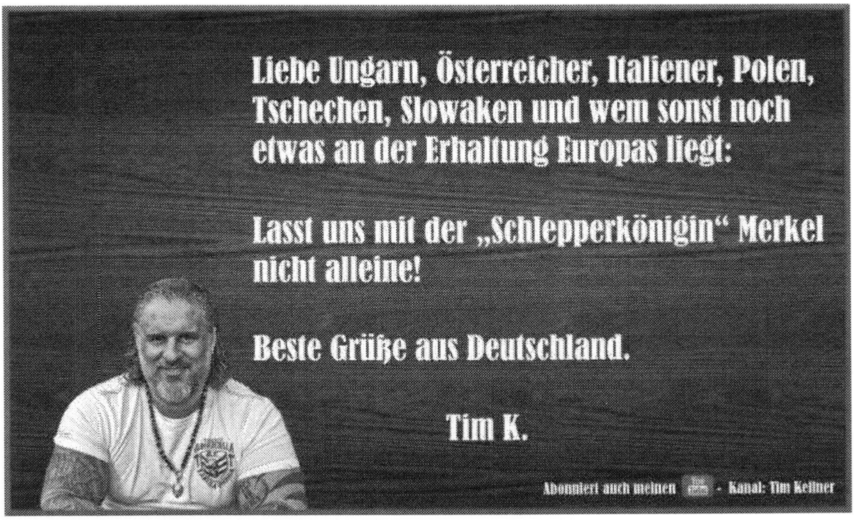

Es ist in der Tat immer wieder grotesk und unverständlich wie ausgerechnet die Abschaffer Europas Merkel und Macron als die Heilsbringer und Retter uns verkauft werden und genau die Länder, die wirklich für den Erhalt Europas einstehen und streiten als europafeindlich bezeichnet werden.
Heute ist ein sehr wichtiger EU-Gipfel. Deshalb muss die Bitte an Italien, Ungarn, Österreich, Polen, Tschechien und die Slowakei heißen: Bleibt standhaft!

Mit den besten Grüßen von Millionen von Deutschen, denen Europa wirklich am Herzen liegt.
Tim K.

Liebe Abgeordnete der folgenden Bundesländer,

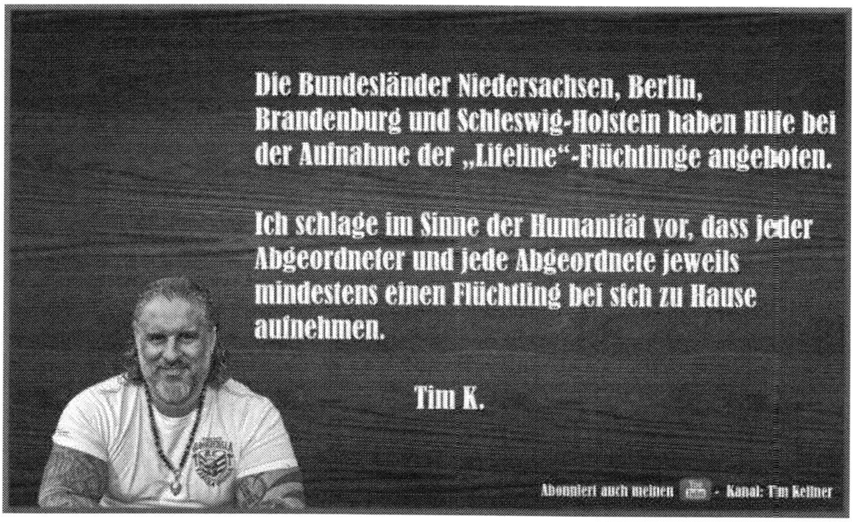

Niedersachsen, Berlin, Brandenburg und Schleswig-Holstein haben Hilfe bei der Aufnahme der „Lifeline"-Flüchtlinge angeboten.
Ich schlage im Sinne der Humanität vor, dass jeder Abgeordneter und jede Abgeordnete jeweils mindestens einen Flüchtling bei sich zu Hause aufnehmen.
Dies schließt selbstverständlich Verpflegung, Taschengeld und Krankenversicherung mit ein.

Dies wäre doch mal ein schönes und glaubhaftes Zeichen, die angepriesene Gastfreundschaft und Humanität unter Beweis zu stellen.
Liebe Abgeordnete, trauen Sie sich. Lassen Sie Ihren hehren Worten nun auch Taten folgen.
Im Sinne der Humanität!

Tim K.

Ganz im Sinne der Kanzlerin!

Einige Meldungen können nur dazu veranlassen, sich einfach zurückzulehnen und die Show zu genießen.
Und wenn man denkt es geht nicht mehr,...
Aber da kommt mir eine Idee: Wie wäre es mit einer Zeltstadt vor dem Bundestag inklusive kostenloser Verpflegung in der Bundestagskantine? Im Sinne der Humanität wäre das doch wohl das Mindeste!!!

Wünsche Euch einen schönen Abend!

Tim K.

Die Spalterin Europas!

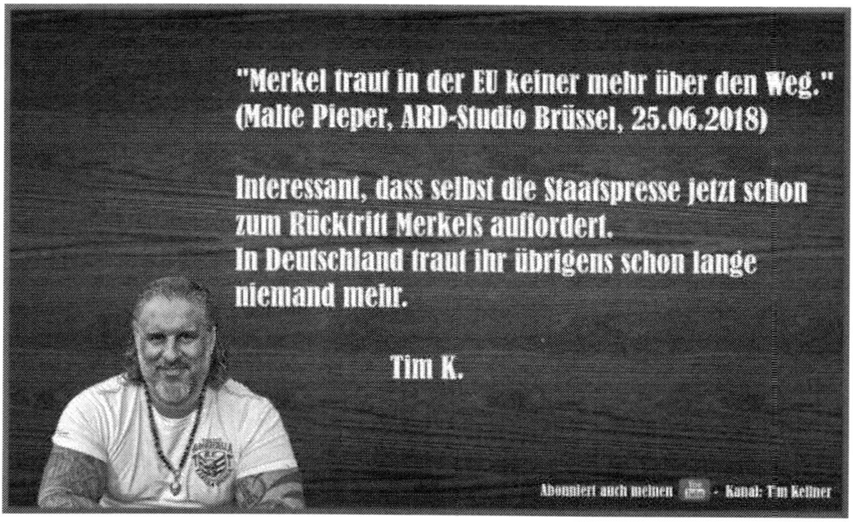

Es ist fürwahr schon amüsant, wenn selbst die eigene Staatspresse den Rücktritt Merkels fordert. So geschehen durch den Kommentar „Merkel traut in der EU keiner mehr über den Weg" des Journalisten Malte Pieper direkt aus dem ARD-Studio in Brüssel.

„Kaum einer traut dem anderen noch über den Weg. Der deutschen Bundeskanzlerin schon gar nicht. Ihr Name ist in vielen Ländern Europas zu einem "Nicht-Namen" geworden, bei dem schlechte Stimmung garantiert ist, sobald man ihn ausspricht." so Malte Pieper. Das sind doch einmal Sätze, die erfreuen und die zudem sehr zutreffend sind.
Merkel ist ein „Nicht-Name" bei dem schlechte Stimmung garantiert ist. Hervorragend! Dasselbe galt in letzter Zeit innerhalb der Presse bisher nur für Namen wie Gündogan oder Özil. Personen, für die sich Angela Merkel beiläufig erwähnt außerordentlich stark gemacht hat. Aber wie dem auch sei.
„Merkel hinterließ also verbrannte Erde, wohin man schaut." Verbrannte Erde! Bravo!
Aber der Schluss des Kommentars hat es auch noch einmal in sich: „Räumen Sie das Kanzleramt für einen Nachfolger, dessen Name nicht so belastet ist, wie es der Ihre ist. Dem in Europa noch zugehört wird. Dem man zutraut, wirklich die Interessen aller im Blick zu haben! Lassen Sie uns den Neuanfang wagen!" Für den Anfang nicht schlecht, Herr Pieper. Aber das reicht noch lange nicht.

Angela Merkel ist eine Rechtsbrecherin, die vor ein Gericht gestellt werden muss. Das sollten sie dann das nächste Mal schreiben.
Derweilen übernehme ich das dann mal weiterhin.

Tim K.

Brauchen jetzt Notärzte schon Polizeischutz?

BILD.DE
Volle Flasche gegen Scheibe des Einsatzwagens geworfen - Notärztin von Flüchtling schwer verletzt

Ausgerechnet Menschen, die anderen helfen wollen?!

Am Freitagabend hat ein betrunkener junger Mann eine Notärztin im Einsatz schwer verletzt, als er eine volle Whiskyflasche in die Scheibe ihres Einsatzwagens schleuderte. Die Ärztin erlitt ein Schädel-Hirn-Trauma, einen Kieferbruch, mehrere ausgeschlagene Zähne und Schnittverletzungen im Gesicht, wie die Polizei am Samstag mitteilte. Auch ein Sanitäter wurde verletzt. Der Angreifer, ein Flüchtling aus Eritrea, wurde am Samstag in Haft genommen. Es ist alles einfach nur noch unfassbar!

Tim K.

EU-Katastrophen-Sondergipfel!

Die Achse „Merkel-Macron“ zieht in eine bereits verlorene politische Schlacht. Europa hat endgültig genug von einer absolut irrsinnigen, menschenverachtenden und gefährlichen Politik. Derweilen demontieren bereits die öffentlichen Medien die Persona Merkel.

Und auch ich schieße weiterhin symbolisch und medial die „Festung Merkel“ mehr und mehr sturmreif.
https://www.youtube.com/watch?v=TVipzHB7sHY&t=651s (bereits jetzt auf #12 in Trends)
Und in diesem Falle wird selbstverständlich nichts anderes als die bedingungslose Kapitulation akzeptiert!
Auf zum letzten Gefecht Frau Merkel. Sie haben jetzt schon keine Chance mehr!

Tim K.

„Für Merkel tickt die Uhr“

Kanzlerin droht Gipfel-Pleite, schreibt die Bild-Zeitung am heutigen Tag. Ist das nicht wunderbar, dass die Kanzlerschaft dieser Frau hoffentlich schon sehr bald in einem Desaster für ihre Person enden wird?

Derweilen verwehrt Malta dem deutschem „Rettungsschiff Lifeline“ die Einfahrt in den Hafen.
Es tut sich etwas in Europa!

Tim K.

Danke Italien!!!

Italien will zwei unter niederländischer Flagge fahrende Schiffe deutscher – sogenannter – Flüchtlingshelfer im Mittelmeer beschlagnahmen, um deren Zugehörigkeit zu überprüfen.
Unterdessen kündigte die deutsche Hilfsorganisation Sea-Eye an, ihre Rettungseinsätze abzubrechen, berichtet „Neues Deutschland".

Demnach habe das niederländische Verkehrsministerium dem Rettungsschiff „Seefuchs" den seerechtlichen Schutzstatus entzogen.
DAS ist für mich europäische Zusammenarbeit! Weiter so!

Tim K.

Die „Königin aller Flüchtlinge"

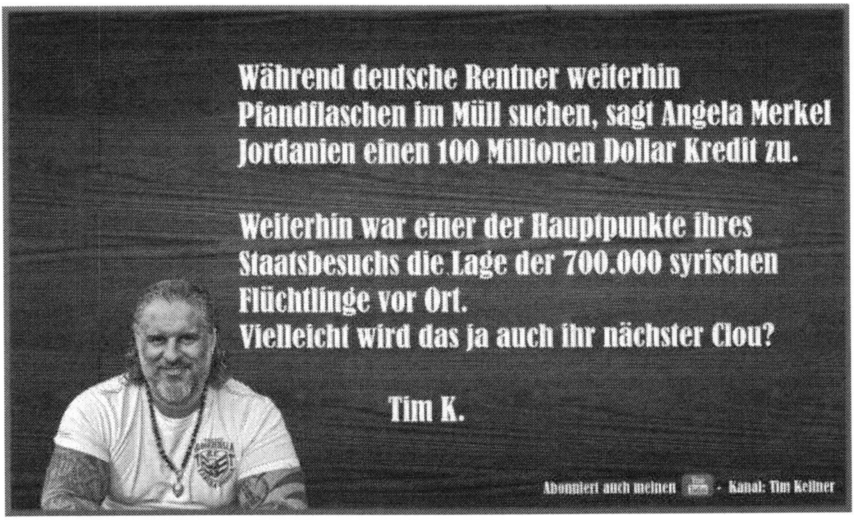

Angela Merkel scheint weiterhin kein anderes Thema zu kennen. Es ist anscheinend alles, was Merkels Kanzlerschaft ausmacht bzw. ihr einziges Anliegen.

Und während deutsche Rentner weiterhin Pfandflaschen im Müll sammeln müssen, Hunderttausende Obdachlose in Deutschland leben und das Pflege-, Bildungs- Sicherheits- und Verteidigungssystem dem Kollaps nahe sind, verschenkt sie großzügig riesige Kredite und Subventionen.
Jordanien hat außerdem fast 700.000 Flüchtlinge aus dem benachbarten Kriegsland Syrien aufgenommen, die teils unter sehr schwierigen Bedingungen leben. Bei der gewaltigen Herausforderung, diese Menschen zu versorgen, unterstützt die Bundesrepublik Jordanien auch finanziell.
Vielleicht plant die Kanzlerin aber auch, dass diese Menschen schon bald nach Deutschland weiterreisen können?
Wie schon gesagt: Das scheint die einzige Sorge ihrer Kanzlerschaft zu sein.

Tim K.

Merkels Masterplan!

Viele Menschen wissen nicht, was die „Europäische Lösung“ eigentlich bedeutet, auf die sich Angela Merkel immer beruft.
Das EU-Parlament hat diese bereits beschlossen und alles was fehlt, sind nur noch die Unterschriften der EU-Regierungschefs unter die endgültige Beschlussvorlage in zehn Tagen. Das ist also die „Europäische Lösung“ von der unsere Bundeskanzlerin die ganze Zeit spricht.

Und diese besagt folgendes: Nicht mehr das Ersteintrittsland ist für das Asylverfahren zuständig, sondern das EU-Land, das sich der Asylsuchende wünscht. Er muss dazu nur Bindungen zu diesem Land haben oder diese wenigstens behaupten.
Selbstredend werden alle Regierungschefs diesem zustimmen, denn fast alle Asylsuchenden werden sich höchstwahrscheinlich Deutschland als das Land wünschen, das für ihren Asylantrag zuständig sein wird. Zweifellos befinden sich auch die meisten Asylsuchenden schon in Deutschland, zu denen man dann auch „Bindungen“ begründen kann.
Für alle diese Asylsuchenden ist dann wiederum Deutschland in Fragen von Asylverfahren, Aufnahme, Taschengeld, Unterbringung, usw. zuständig. Das Ganze wird sich daraufhin natürlich weiter entwickeln, in dem viele andere dann

auch wieder neue „Bezugspersonen“ in Deutschland angeben können.
Das ist die „Europäische Lösung“ auf die sich Angela Merkel beruft.
Eines muss man dieser Frau jedoch lassen: Sie verfolgt knallhart und unbeirrbar ihren Kurs.
Und wir werden weiterhin knallhart und unbeirrbar diesem entgegenstehen!

Tim K.

Heiße Luft ohne Rückgrat!

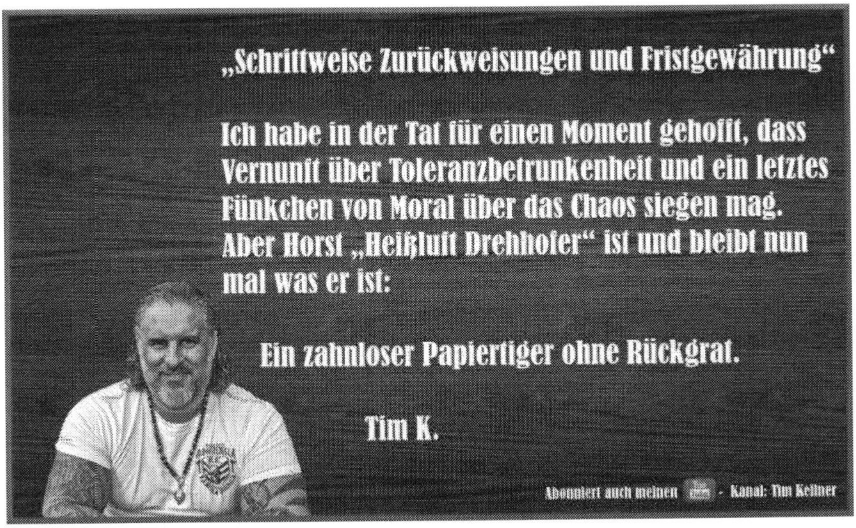

Es ist wie es ist und es bleibt wie es war. Bundesinnenminister Horst Seehofer will CSU-Kreisen zufolge bei der Zurückweisung verschiedener Flüchtlingsgruppen an der Grenze schrittweise vorgehen. Dies habe der CSU-Chef in der CSU-Vorstandssitzung in München angekündigt, sagte ein Sitzungsteilnehmer.

Seehofer will schrittweise Zurückweisungen und zudem eine Frist gewähren. Was sind „schrittweise Zurückweisungen“? Und was ist aus dem Ultimatum

geworden?
Der Zirkus, der uns von den Altparteien vorgespielt wird, ist nichts weiter als eine gezielte Verwirrung und Ablenkung des Wahlvolkes. Es wird sich mit diesen Politikern und eben diesen Parteien auch nicht das Mindeste ändern.
Und was passiert sonst noch so da draußen in der Welt? Die Flüchtlingszahlen im westlichen und östlichen Mittelmeer-Raum sind deutlich angestiegen.
In Barsinghausen (Niedersachsen) wurde ein 16-jähriges Mädchen halbnackt und blutüberströmt tot an einer Grundschule entdeckt.
Während all das passiert, bleibt dieses Land dank seiner Politiker weiterhin handlungsunfähig.
Aber ein Horst „Heißluft Drehhofer" ist und bleibt nun mal was er ist: Ein zahnloser Papiertiger und ein Politiker einer Altpartei.

Tim K.

Mund halten!

Auch wenn es heute leider gar nicht erst infrage kam, aber es kommt schon ausgesprochen satirisch rüber, wenn ausgerechnet eine Claudia Roth deutschen Fans Verhaltensregeln in Sachen Jubel und Patriotismus vorschreiben möchte. Es ist deshalb umso komischer, wenn eine Person, dessen größte „Lebensleistung“ darin bestand, als Managerin die Politrockband „Ton Steine Scherben“ wirtschaftlich in den Ruin zu treiben und die nicht die geringste Verbindung zu Deutschland hat, über Erfolg und Nationalstolz herumphilosophieren will.

Liebe Claudia Roth, wenn man keine Ahnung von bestimmten Dingen hat, dann empfiehlt es sich, einfach besser den Mund zu halten.

Tim K.

Pack ma`s oder Wendehals?

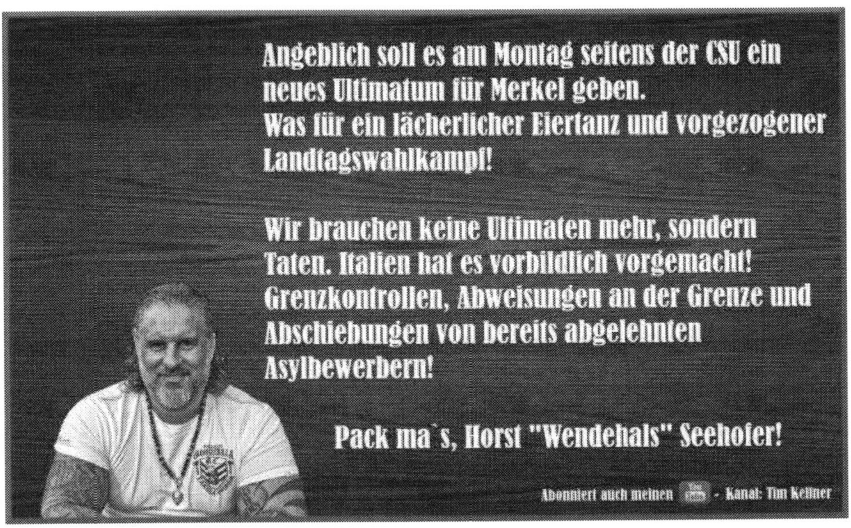

Angeblich soll es am Montag seitens der CSU ein neues Ultimatum für Merkel geben. Was hatte dann das ursprüngliche Ultimatum überhaupt für einen Sinn? Ein Ultimatum ist nur glaubhaft, wenn man es zeitlich einhält. Punkt! Oder wieder nur eine politische Nebelkerze und Wahlkampfgetöse?

Jetzt ist die Zeit, eine Angela Merkel politisch zu Fall zu bringen. Und jeder, der das wirklich möchte, hat nun die Möglichkeit, dieses politisch umzusetzen. Es sei denn, man ist nur ein Papiertiger und ein Wendehals.
Ich habe vorsorglich schon einmal meinen persönlichen „Dank“ an Angela Merkel verfasst:

Aktuell bei YouTube auf Rang #19 bei Trends der am meisten angesehenen Videos in Deutschland! Ich kann Euch ohne Bedenken garantieren, dass es ein „würdiges“ und „verdientes“ „Dankeschön“ für die „Kanzlerin der Herzen“ ist! Aber seht selbst. Frau Bundeskanzlerin Merkel, Ihre politische Zeit neigt sich dem Ende zu.
Danke für Nichts!!!

Tim K.

Was kommt nach Merkel?

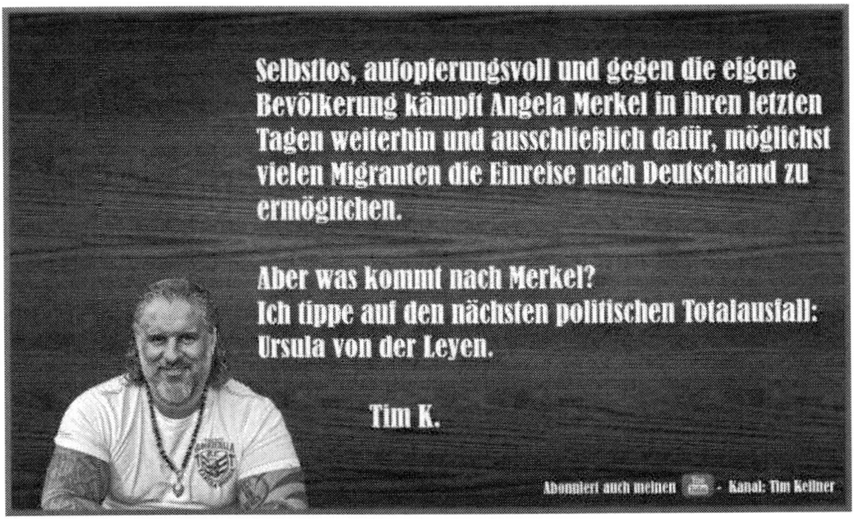

Ich möchte heute einmal über meine Einschätzung schreiben, was nach der „Ära" Merkel uns erwarten dürfte.

Wir allseits bekannt kämpft Angela Merkel einen sozialistischen und weltoffenen Kampf, tagtäglich noch so vielen Migranten wie möglich die Einreise nach Deutschland zu ermöglichen. Dass Merkel Deutschland verachtet und ablehnt, gibt sie sogar öffentlich zu. Man beachte nur die Szene, als sie die deutsche Fahne angewidert und angeekelt von der Bühne hinabwirft. Woher kommt diese ablehnende Haltung und warum regiert Merkel gegen den Willen der eigenen Bevölkerung? Ist es aus Rache?

Angela Merkel war zu DDR-Zeiten eine FDJ-Sekretärin für Agitation und Propaganda. Sie durfte an einer Elite-Universität des Systems studieren und zudem zahlreiche Auslandsreisen unternehmen. Ebenfalls steht sie im Verdacht, den damaligen Regimekritiker Robert Havermann im Auftrag der Stasi ausgekundschaftet zu haben. Ich bin der felsenfesten Überzeugung, dass ein Mensch niemals seine Einstellung so grundlegend ändert. Insofern ist der Verdacht nicht abwegig, dass Merkels Politik aus Verbitterung, Enttäuschung, Rache und Zorn auf den ehemaligen Klassenfeind herrührt und somit auch zu erklären ist.

Angela Merkels Tage sind jedoch gezählt, denn sie ist auf früh oder lang nicht mehr haltbar. Deshalb kämpft sie weiterhin aufopferungsvoll für den

Massenzuzug nach Deutschland. Regelrecht bis zum letzten politischen Atemzug.
Aber was kommt nach Merkel? Ich habe schon vor geraumer Zeit gesagt, dass ich Ursula von der Leyen für die bereits damals schon feststehende Nachfolgerin Merkels einschätze. Dies ist wiederum ein Beleg dafür, dass Kompetenz, Ausstrahlung, Beliebtheit, geschweige denn Demokratie aber auch nicht im Geringsten dafür ausschlaggebend sind. Das Paradebeispiel hierfür ist Heiko Maas. Zu diesem Mann erübrigt sich jeder Kommentar. Ursula von der Leyen ist ein politischer Totalausfall. Ein Offenbarungseid der Handlungsfähigkeit. Die Bundeswehr ist nur noch ein Ersatzteillager und soll es allen Anschein nach auch bleiben. Aber das spielt alles auch gar keine Rolle für die potentielle Nachfolgerin. Vielmehr wird sie eines Tages als „Verteidigungsministerin" abgezogen und zur neuen Kanzlerin gekrönt werden.
Warum? Weil sie über alle die Eigenschaften verfügt, die meiner Ansicht nach erforderlich sind, um in den Augen der sogenannten Eliten Kanzlerin zu werden: – Absolute Marionetteneigenschaft – Keinerlei Ausstrahlung – Gewünschte Unterwürfigkeit – Bedingungslose Bereitschaft, Merkels Kurs fortzusetzen
Somit dürfte es auch kein Zufall sein, dass Von der Leyen 2015, 2016 und aktuell 2018 auf der Bilderberger-Konferenz zu Gast war, auf der sich die einflussreichsten Personen dieses Erdballs jährlich aufs Neue treffen. Der Medienmogul und Springer-Chef Mathias Döpfner war dieses Jahr übrigens auch wieder dort zu Gast. Interessant in diesem Zusammenhang könnte möglicherweise auch sein, dass die Bild-Zeitung allmählich auch ihre einstige Top-Personalie Angela Merkel regelrecht fallen zu lassen scheint.
Wie dem auch sein, ihr kennt nun meine Einschätzung. Mal schauen wie es weitergeht. Verlieren wird so oder so am Ende nur einer bzw. eines: Deutschland!
Deshalb gilt weiterhin: Zusammenstehen, Zusammenhalten und sich selber treu bleiben!

Tim K.

Der Sturz ist möglich!

Die Mehrheit der Deutschen will ein Einreiseverbot für Flüchtlinge ohne Papiere und ist für die Abschiebung abgelehnter Asylbewerber. Trotzdem beschloss heute die Einheitspartei „Union/SPD“ (Initiative gegen Deutschland) das Gesetz zum Familiennachzug.

Die SPD, die schon lange keine Volkspartei mehr ist, weil sie den deutschen Arbeiter und die deutschen Arbeiterinnen schon lange im Stich und regelrecht verraten hat, ist sogar für einen Familiennachzug von Familienangehörigen von radikalislamischen Gefährdern. Deshalb erhält sie mittlerweile auch in Sachsen nur noch 9 Prozent, was meiner Meinung nach aber immer noch deutlich zu viel ist.
Die CDU ist nur noch eine rückgratlose und opportunistische Ansammlung, die eher als „Merkel-Sekte“ zu bezeichnen ist. Auch ihr wird in den nächsten Jahren ein vergleichbares Schicksal blühen.
Die Rechtsbrecherin und „Schlepperkönigin“ Merkel thront bisher noch auf ihrem Stuhl der Staatratsvorsitzenden, aber ihre Tage sind gezählt.
Auch wenn es nur Wahlkampf ist, so besteht nun dennoch die Chance, die größte Bedrohung Europas politisch zeitnah zu stürzen.
Angela Merkel ist für mich eine Hochverräterin, eine Grundgesetzbrecherin und die Hauptverantwortliche für unzählige Morde, Vergewaltigungen und Körperverletzungen.

Deshalb muss die CSU nun standhaft bleiben, egal ob es Wahlkampf ist oder nicht.
Das einzige was zählt, ist die politische Destabilisation Merkels!

Tim K.

„Merkeldämmerung“

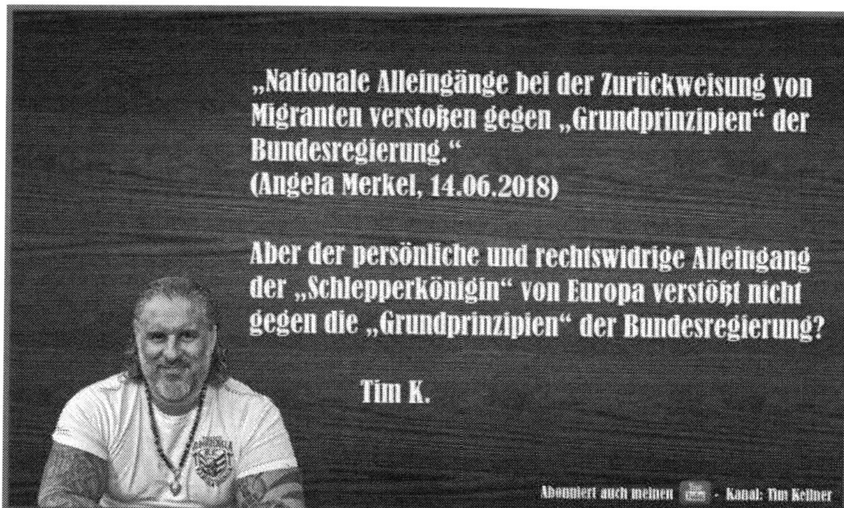

Auch wenn das möglicherweise nur ein Wahlkampfmanöver ist, so zählt es dennoch. Die „Schlepperkönigin“ Europas Merkel wird tagtäglich mehr destabilisiert und entlarvt. Ihre wahren Absichten sind schon lange nicht mehr zu leugnen. Die CSU fordert lediglich, dass deutsches und europäisches Recht angewandt wird, um bereits abgelehnte oder in anderen Ländern schon erfasste „Asylbewerber/Wirtschaftsflüchtlinge/Reisende“ an der Grenze abzuweisen.

Das geht der „Schlepperkönigin“ und Rechtsbrecherin Merkel schon zu weit. Ihre wahre Absicht ist es nämlich, so vielen Migranten wie nur möglich so schnell wie möglich die Einreise nach Deutschland zu ermöglichen. Dafür bricht sie geltendes Recht und stellt sich über den Willen des ganzen Volkes.
Die CDU steht hinter ihr. Das bedeutet für einen jeden von uns, dass niemand

mehr jemals diese Partei wiederwählen kann und darf!
Ich hoffe, dass Merkels letzte politische Stunde eines Tages schlagen wird und ich hoffe, dass die CDU, die sich dieses unfassbaren Rechtsbruches mitschuldig gemacht hat, sich nie wieder von ihrer Loyalität gegenüber dieser Rechtsbrecherin und gleichzeitiger Illoyalität gegenüber Deutschland und seinen Bürgerinnen und Bürgern erholen wird.
Dafür streite ich und werde niemals aufhören!

Tim K.

REMIGRATION statt Integration!

Während eine deutliche Mehrheit der deutschen Bevölkerung Merkels Flüchtlings- und Integrationspolitik ablehnt, veranstaltet diese weiterhin völlig nutzlose Integrationsgipfel.

Wozu gibt es überhaupt Integrationsgipfel? Damit die zahlreichen Migrantenverbände weiterhin ihre Forderungen stellen können? Warum muss man eigentlich mit Kanadiern, Japanern, Holländern oder Franzosen nicht über „Integration“ sprechen? Warum haben alle diese Einwanderer gar keine eigenen

„Verbände“ oder besser ausgedrückt „Forderungsverbände“?
Warum muss man überhaupt über Integration sprechen? Integration sollte eine Selbstverständlichkeit sein für einen jeden oder eine jede, die zu uns kommen möchte. Zur Integration gehört selbstverständlich auch, die Kultur und die Gesetze des Landes zu achten und zu respektieren, in das man sich niederlassen möchte. Und selbstredend gehört auch dazu, dass man seinen Lebensunterhalt selbst bestreitet und nicht auf Kosten der einheimischen arbeitenden Bevölkerung lebt. Punkt! Also worüber reden wir hier eigentlich?
Fazit: Wir müssen nicht über Integration, sondern vielmehr über eine effiziente und schnelle Remigration sprechen. Zu diesem Thema kann es meiner Meinung dann auch gar nicht viele Gipfel genug geben!

Tim K.

„Die Würde des Menschen ist unantastbar.“

Gilt das auch für die deutschen Rentnerinnen und Rentner, die im Müll nach Pfandflaschen suchen? Gilt das auch für unsere alten Menschen, die mit ihrer kleinen Rente kaum über die Runden kommen? Gilt das auch für die zigtausenden von Obdachlosen, denen keine Neubauten mit Fußbodenheizung gebaut wurden? Gilt das auch für die deutschen Frauen, die beleidigt, bespuckt und beschimpft werden? Gilt das auch für den deutschen Familienvater, der von mehreren Migranten zusammengeschlagen und schwer verletzt wurde?

Wenn es nach mir ginge, dann würde es keinen überflüssigen Veranstaltungen wie solch einen „Integrationsgipfel" geben, auf dem ohnehin nur irgendwelche Migrantenverbände nur Forderungen stellen.
Wir brauchen Integrationsgipfel für unsere deutschen Rentnerinnen und Rentner, Obdachlose und Bedürftige, damit diese ein menschenwürdiges Leben leben können. Ein Leben, das sie sich in diesem Land verdient haben und das ihnen zusteht. Und das ihnen zuerst zusteht!
Und wir brauchen schleunigst einen „Remigrationsgipfel" zu dem Politiker, Vertreter der Bundespolizei und Flug- und Busunternehmen eingeladen werden müssen. Es geht nämlich darum, die 600.000 abgelehnten Asylbewerber so schnell wie möglich wieder nach Hause zu bringen.
Dafür brauchen wir einen Gipfel!

Tim K.

Sehr „geehrte" Bundeskanzlerin Merkel,

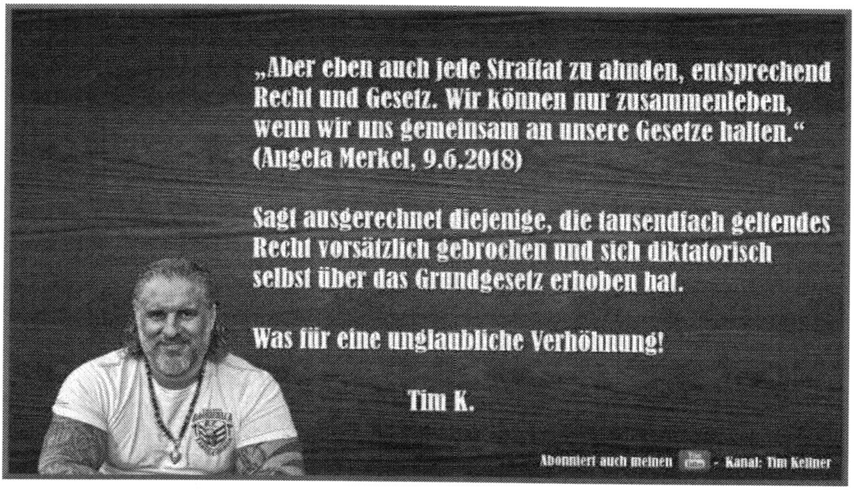

die grenzenlose Verachtung, die ich für Sie empfinde, verhindert es, dass ich Sie bemitleide. Ich will Ihnen auch erklären warum das so ist. Die Sätze, die Sie mittlerweile von sich geben, sind an Schamlosigkeit, Heuchelei und Unverfrorenheit kaum noch zu überbieten.
„Aber eben auch jede Straftat zu ahnden, entsprechend Recht und Gesetz." sagten Sie am Rande des G7-Gipfels in Ihrer Stellungnahme zu dem widerwärtigen Mord an der 14-jährigen Susanna, der von einem sogenannten irakischen Flüchtling begangen wurde.
Ausgerechnet Sie sprechen davon, „jede Straftat zu ahnden"? Das ist doch wohl ein Witz! Aus Ihrem Munde ein ziemlich unverschämter noch dazu. „Wir können nur zusammenleben, wenn wir uns gemeinsam an unsere Gesetze halten." Das haben Sie allen Ernstes sich getraut, zu sagen?
Sie, die Sie beispielslos sich tausendfach über geltendes Recht und über unser Grundgesetz hinweggesetzt haben, als Sie eigenmächtig und vorsätzlich 2015 unsere Grenzen öffneten, um eine hunderttausendfache illegale Massenzuwanderung überhaupt erst zu ermöglichen?! Eine Massenzuwanderung, die uns so viel Unheil, Leid und vor allem auch Verbrechen gebracht hat. Morde, Vergewaltigungen, Körperverletzungen, Diebstähle und zudem auch einen Sozialbetrug, der noch nicht einmal im Ansatz zu bemessen ist. Und dann wagen Sie es tatsächlich noch, solche Sätze von sich zu geben?

Ich sage es noch einmal: Wenn meine Verachtung nicht so dermaßen groß wäre, würde ich nur noch Mitleid für Sie empfinden. Mitleid für eine alte, schwächelnde und sichtlich gebrochene Frau, die anscheinend nicht mehr weiß, was sie da überhaupt noch von sich gibt. Eine Frau, die für mich und Millionen andere meiner Landsleute eine Straftäterin ist. Eine Frau, die geltendes Recht zigtausendfach gebrochen hat. Eine Frau, die mitverantwortlich für Morde, Vergewaltigungen und unzählige Messerangriffe ist. Eine Frau, die ihr Land verraten hat. Die für alles und jeden Mitleid und Empathie empfindet, außer für die Eigenen. Eine Frau, die im symbolischen Sinne Blut an ihren Händen hat. Blut, das Sie niemals wieder von sich abwaschen kann. Sie sind eine Person, die nicht mehr zwischen richtig und falsch entscheiden kann. Jemand, der die Grenzen zwischen Recht und Unrecht schon lange nicht mehr kennt und vielleicht auch niemals kannte. Die sich erhaben und auch abgehoben über die Gesetze ihres eigenen Landes erhoben hat. Über die Gesetze, die sie feierlich unter Eid zu beschützen und zu bewahren geschworen hat. Sie sind demnach auch eine Eidbrecherin.

Aber eines seien Sie sich gewiss, die Geschichte vergisst niemals und irgendwann erntet ein jeder das, was er zuvor gesät hat. Ihre Saat war Unrecht, Rechtsbruch, Ignoranz und Selbstherrlichkeit. Schon heute fahren Sie Ihre Ernte ein, die größtenteils aus Ablehnung, Verachtung und Zorn auf Ihre Person besteht.

Ich bin kein Mensch, der irgendjemand anderem etwas Böses wünscht, denn ich glaube an das Karma. Ihnen wünsche ich daher auch nichts Böses, sondern einzig und allein Gerechtigkeit. Gerechtigkeit kann in Ihrem Fall aber nur so aussehen, dass Sie sich für Ihre Rechtsbrüche und das damit verbundene Leid eines Tages vor einem Gericht verantworten müssen. Das ist alles, was ich mir wünsche.

Sie haben nämlich Gerechtigkeit verdient, Frau Bundeskanzlerin!

Tim K.

Jeden Tag Schreckensmeldungen!

JEDEN TAG!!! Jeden Tag entweder ein Mord, eine Vergewaltigung, ein Messerangriff oder Ausschreitungen! JEDEN TAG!!!

Was hat diese Frau nur aus diesem Land gemacht?
Angela Merkel muss eines Tages dafür strafrechtlich zur Rechenschaft gezogen werden!
Niemals vergessen!

Tim K.

Merkelland – Verbrecherland!

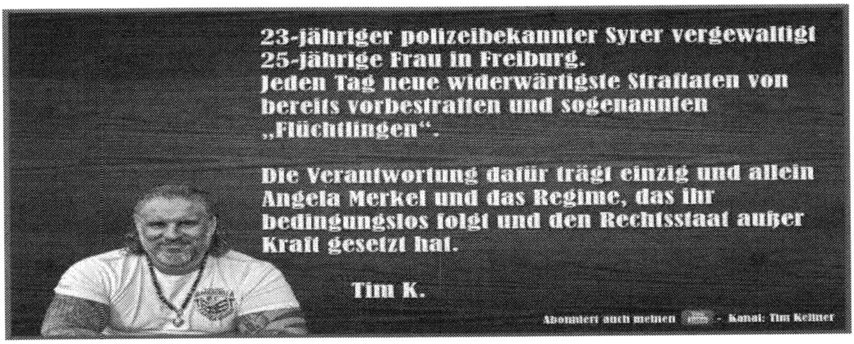

Erneut eine widerwärtige Vergewaltigung eines bereits polizeibekannten sogenannten „Flüchtlings“. Warum durfte sich ein bereits wegen mehrerer Körperverletzungsdelikte bekannter Syrer hier noch aufhalten? Warum wurde er nicht schon längst abgeschoben? Warum??? Warum wird diese Bevölkerung weiterhin solchen Gefahren ausgesetzt?

Angela Merkel war es, die den deutschen Rechtsstaat mehr und mehr außer Kraft gesetzt hat. Durch ihre eigenmächtige und rechtswidrige Grenzöffnung im Jahre 2015 wurde eine Massenzuwanderung in Gang gesetzt, die eine immense Anzahl von Straftaten zur Folge hatte. Widerwärtigste Straftaten wie Mord und Vergewaltigung. Angela Merkel ist für jede einzelne dieser aus der größtenteils illegalen Massenzuwanderung resultierenden Straftaten mitverantwortlich!
Nur durch sie konnten diese Straftaten überhaupt erst geschehen. Das ist Fakt und nicht wegzureden!
Demnach ist jeder, der einer Angela Merkel folgt oder ihre gemeingefährlichen politischen Anweisungen mitträgt und ausführt ebenfalls mitverantwortlich für die unhaltbaren Zustände in diesem Land.
Angela Merkel muss auf früh oder lang einer deutschen Gerichtsbarkeit zugeführt werden und sich für ihre Taten verantworten. Das darf niemals in Vergessenheit geraten!
Niemand darf jemals vergessen, wer für all diese Morde und Vergewaltigungen mitverantwortlich war und ist!

Tim K.

Respekt für unsere Fans!

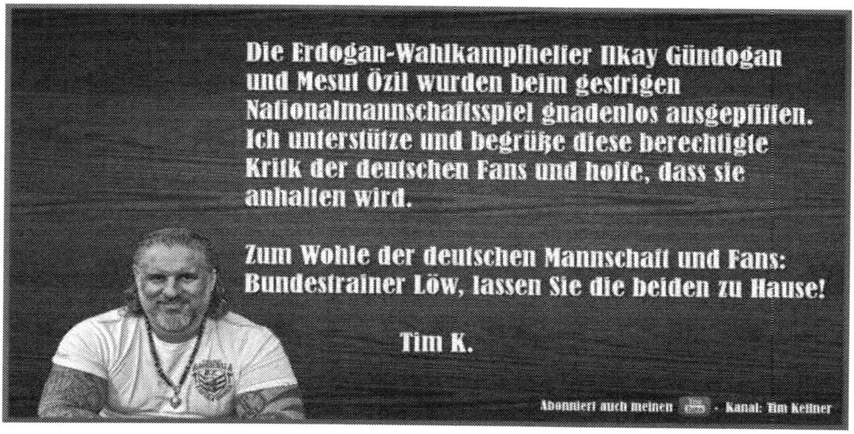

Ich ziehe meinen Hut vor den deutschen Fans und möchte hiermit meine uneingeschränkte Loyalität und Unterstützung bekunden. Die berechtigte Kritik am gestrigen Abend war wichtig und erforderlich und muss auf jeden Fall aufrechterhalten werden. Das wünsche ich mir.
Für mich ist dies ein klares Zeichen, dass das Empfinden für Anstand und Moral innerhalb der Bevölkerung durchaus noch in einem hohen Maße vorhanden ist. Ganz gleich, was uns die Medien und unsere sogenannten „Volksvertreter“ immer und immer wieder erzählen wollen.

Ich bin der absoluten Überzeugung, dass weder ein Ilkay Gündogan, noch ein Mesut Özil auf Grund ihres glasklaren Bekenntnisses wer denn wirklich ihr Präsident ist, nicht mehr in die Nationalmannschaft gehören. Das sieht die deutsche Bevölkerung anscheinend genauso. Das ist gut und gibt Hoffnung! Bundestrainer Löw, zum Wohle der deutschen Mannschaft und der Fans müssen Sie handeln: Lassen Sie die beiden zu Hause!

Tim K.

Beute-, Opfer- und Blödland!!!

YOUTUBE.COM

Beute-, Opfer- und Blödland – Mordfall Susanna , BAMF-Skandal, Integrationsunfähigkeit

Dieses Land ist mit dieser Regierung nicht mehr...

Dieses Land ist mit dieser Regierung nicht mehr zurechnungs-, geschweige denn handlungsfähig. Erneut wurde ein junges Mädchen vergewaltigt und ermordet. Erneut hätte dieses Verbrechen mit großer Wahrscheinlichkeit verhindert werden können. Erneut war der Täter war ein bereits abgelehnter Asylbewerber. Wenn er rechtzeitig abgeschoben worden wäre, wäre die 14-jährige Susanna noch am Leben.

Deutschland erlebt seine dunkelsten Jahre seit dem 2. Weltkrieg. Wir sind nur ein Beuteland, das für die ganze Welt nichts weiter als ein großes Sozialamt und für die EU der Hauptsponsor ist. Wir sind ein Opferland, weil man uns über Jahrzehnte gezielt und vorsätzlich jeglichen Charakter, Stolz, Stärke und Selbstbewusstsein aberzogen und zertrümmert hat. In einer gebückten Opferhaltung haben wir uns unserem Schicksal ergeben. Und wir sind ein Blödland, weil man uns seitens der Politik und der Staatspresse für völlig blöd hält und immer weiter für dumm verkaufen will. Ich hasse es zu sagen, aber dieses junge Mädchen war nicht das erste Opfer und es wird auch nicht das letzte Opfer gewesen sein.
Bereits im November 2017 soll ein 14-jähriges Mädchen in Harsewinkel Opfer von sexuellen Übergriffen durch eine Gruppe junger Männer geworden sein. Erst jetzt kam der Fall an die Öffentlichkeit. Warum wurde es verschwiegen?
In Bergisch Gladbach wurde der Familienvater Thomas K. von einem 19-jährigen Migranten totgeprügelt. Dieser bekam dafür eine Bewährungsstrafe!
DAS ist aus Deutschland geworden!
Wir sind nur noch ein Beute-, Opfer- und Blödland.
Helft dabei, dieses Video zu verbreiten!

Tim K.

Deutschland – Unrechtsland!

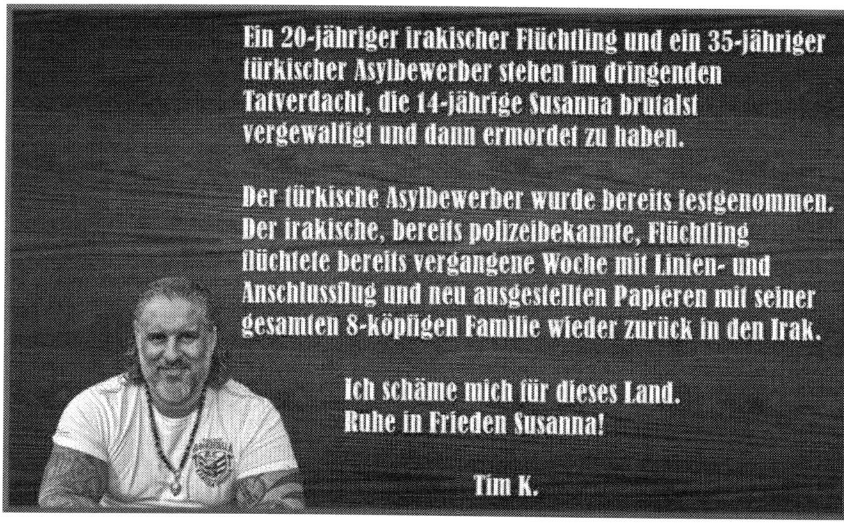

Es ist verdammt gefährlich geworden, in Deutschland noch seine freie Meinung zu bestimmten Themen zu äußern. Auch in den sozialen Netzwerken kann schon ein „falsches“ Wort zu Löschung und Sperrung führen.
Ich behalte deshalb meine Meinung diesbezüglich für mich und nenne hier nur die öffentlichen Fakten aus der Presse:

Ein 14-jähriges Mädchen mit dem Namen Susanna wurde von zwei Asylbewerbern brutalst vergewaltigt und dann ermordet. Ihre Leiche wurde im Anschluss vergraben.
Die mutmaßlichen Täter sind ein 20-jähriger Iraker namens Ali Bashar und ein weiterer 35-jähriger türkischer Asylbewerber. Der Türke wurde bereits festgenommen. Der irakische Flüchtling befindet sich auf der Flucht.
Mit ihm befindet sich seine gesamte 8-köpfige Familie, die mit neu von der irakischen Botschaft ausgestellten Dokumenten von Düsseldorf per Linienflug nach Istanbul geflogen sind. Von dort ging es weiter per Anschlussflug in den Irak. Auf den Flugtickets waren andere Namen angegeben als auf den ebenfalls am Flughafen vorgelegten Aufenthaltspapieren für Deutschland.
Der irakische Flüchtling war zudem bereits polizeibekannt. Unter anderem soll er im März eine Polizistin in Wiesbaden angerempelt und um sich gespuckt haben. Er sei daraufhin in Gewahrsam genommen worden. Der Verdächtige soll außerdem im April mit einem Mittäter einen Mann mit einem Messer bedroht

und dessen Wertsachen geraubt haben. In anderen Fällen wie etwa einer gewalttätigen Auseinandersetzung zwischen zwei Gruppen, habe eine Beteiligung von Ali Bashar nicht festgestellt werden können. Geprüft werde noch eine Verbindung zur mutmaßlichen Vergewaltigung einer Elfjährigen im März, die nach Angaben der Polizei erst im Mai angezeigt wurde. Das Opfer habe angegeben, von einem Mann namens Ali aus der Asylunterkunft in Erbenheim, in dem auch der Verdächtige im Fall Susanna wohnte, vergewaltigt worden zu sein.
Der Asylantrag der Familie war bereits abgelehnt. Durch eine Klage dagegen durfte sich die Familie noch weiterhin in Deutschland aufhalten.
Das sind die offiziellen Fakten.
Und nun trotzdem meine abschließende freie Meinung in Kurzform:
IN DEUTSCHLAND MUSS SO SCHNELL WIE MÖGLICH EIN DEUTLICHES POLITISCHES UMDENKEN UND HANDELN ERFOLGEN!!!

Tim K.

Die Heimsuchung!

Angela Merkel ist eine der größten Heimsuchungen Deutschlands in seiner Geschichte. Ganz gleich welches Unheil, welche Panne, welches eklatante Fehlverhalten in der Politik und ihren Entscheidungen oder Auswirkungen, Angela Merkel war entweder verantwortlich oder sie wusste zumindest davon.
– Die Griechenlandkrise – Eurokrise – „Bankenrettung" – Die Flüchtlingskrise und die Öffnung unserer Grenzen – Die katastrophale und unprofessionelle Energiewende – real sinkende Renten – steigende Anzahl der deutschen Tafeln – 600.000 abgelehnte Asylbewerber immer noch im Land – Autobahnprivatisierung – Schlechtestes Netz und Preisleistungsverhältnis bei Telefon/Internet in ganz Europa – Ausverkauf des deutschen Mittelstandes – Meinungsdiktatur – Zensur – Staatspresse – Zerstörung des Rechtsstaates – Aushöhlung der inneren Sicherheit – Spaltung unseres Landes – Unterwürfige Erdogan-Unterstützung – Nicht endende riesige Staatsverschuldung – Ausbau der Glasfasernetze verschlafen – Immer größere Obdachlosigkeit – Soziale Ungerechtigkeit – Bundeswehr nur noch ein Ersatzteillager – BAMF-Skandal – Usw. usw.

In jeder Firma würde man einen Chef oder die Chefin, welcher/welche dermaßen unfähig und desaströs das Unternehmen an die Wand gefahren hätte mit einem großen Bogen hinauswerfen. In jeder Mannschaft würde der Trainer oder die Trainerin mit Schimpf und Schande vom Hof gejagt werden.
Und in Deutschland? Da wählt man diese Frau und die völlig mitverantwortliche Partei CDU einfach immer wieder.
Es gibt nur eine einzige Antwort auf und für eine Angela Merkel: Ein strafrechtliches Gerichtsverfahren für alle ihre unzähligen Rechtsbrüche und all das Leid, das sie diesem Land zugefügt hat.
Angela Merkel ist eine Heimsuchung, aber vielleicht ist sie auch die Chance, dass Deutschland wieder zueinander findet.

Tim K.

Ich sage Nein!

Ich mag vielleicht nicht der gesellschaftlichen Norm entsprechen, aber das ist auch völlig egal, denn in einer echten Demokratie zählt jede Stimme. Jede Stimme wiegt gleich schwer, egal ob sie denn von mir, irgendjemand anderem oder einer Angela Merkel stammt.

Und wenn man es genau nimmt, dann müssten die Stimmen von mir und Millionen anderer Menschen in diesem Land sogar noch viel mehr zählen, denn wir leben nicht auf Kosten der Steuerzahler und schnorren uns so durchs Leben, ohne jemals einen richtigen Beruf ausgeübt zu haben. Ich habe meinem Land als Soldat und Polizist gedient und habe zudem immer meine Steuern bezahlt. Was hat denn eine Angela Merkel, ein Heiko Maas oder eine Andrea Nahles jemals richtiges gearbeitet?

Ich habe, wie viele andere auch, mein Land niemals verraten, geschweige denn seine Fahne verachtet. Was tat und tut hingegen eine Angela Merkel und ihre Gefolgschaft?

Deshalb erhebe ich meine Stimme und meinen Einspruch gegen ein Regime, das noch nicht mal mehr über eine Mehrheit in diesem Land verfügt und mir und Millionen anderer erzählen will, was richtig und was falsch ist für dieses Land. Richtig ist, dass Deutschland kein Einwanderungsland ist. Richtig ist, dass der Traum von Multikulti nicht nur einfach gescheitert, sondern kläglich gescheitert ist. Richtig ist, dass Deutschland zu einem Beute-, Opfer- und Blödland verkommen ist, das ohne Stolz und Rückgrat einfach nur das Sozialamt der Welt und der Zahlmeister für die EU geworden ist.

Alles ist hingegen sehr einfach anhand des Beispiels eines Hotels zu erklären: – Um Gast in einem Hotel zu sein, muss man einen gültigen Ausweis vorlegen. –

Wer sich den Aufenthalt leisten kann, der kann in diesem Hotel auch übernachten. – Wer das nicht kann, der muss halt draußen bleiben oder muss arbeiten, um es sich dann leisten zu können. – Wer sich in dem Hotel als Gast nicht benimmt, der fliegt raus. – Das Hotelmanagement muss dafür Sorge tragen, dass die Regeln eingehalten werden und dass die Zahlen stimmen.
So einfach ist das alles. Wenn man dies auf Deutschland überträgt, so hat das Management katastrophal versagt. Mehr noch, es hat sowohl vorsätzlich als auch fahrlässig das gesamte Hotel in den Abgrund gewirtschaftet und eine unsichere Bruchbude hinterlassen. Die CDU hat das Bürgertum verraten und die SPD die Arbeiterschaft. Alles nur dafür, dass Personen wie eine Angela Merkel, ein Heiko Maas und eine Claudia Roth sich darstellen und dieses unsere Land tagtäglich immer weiter beschädigen und abschaffen können.
Ich möchte das Land zurück, in dem noch Recht und Ordnung herrschte. Das Land, in dem sich Frauen abends noch sicher fühlen konnten. Ein Land, das noch Grenzen besaß und in dem die Fußballnationalmannschaft noch genau so hieß und nicht einfach die „Mannschaft". Das Deutschland, in dem die Eigenen zuerst kamen und wir nicht demütig und kleinlaut mit gebückter Haltung den Zahlmeister für die ganze Welt mimen. Das Land, in dem ich mich beim Einkaufen noch nicht fragen musste, ob ich mich überhaupt noch in Deutschland befinde? Das Deutschland, in dem es noch nicht solche Politikerdarsteller gab, die alleine schon von ihrer Optik und ihrer nicht vorhandenen Ausstrahlung genau alles das verkörpern, was das heutige Deutschland ausmacht. Nämlich einen Torso, der mittlerweile nur noch verlacht ist und der überhaupt nur noch deshalb internationale Anerkennung genießt, weil es sich diese mit seiner Scheckbuchmanie erkauft. Ein modernes Schutzgeld, um überhaupt noch beliebt zu sein. Das ist bemitleidenswert und beschämend.
Ich glaube noch daran, dass sich Deutschland eines Tages wieder besinnen wird. Deswegen erhebe ich immer wieder meine Stimme!

Tim K.

Lieber Heiko Maas,

MSN.COM

Ostukraine: "Wir werden Euch nicht allein lassen"

Ostukraine: "Wir werden Euch nicht allein lassen"

ich möchte heute einfach mal Danke sagen! Danke dafür, dass Sie mich und ganz viele andere Menschen in Deutschland tagtäglich immer wieder lauthals zum Lachen bringen.
Wie ging diese Kreditkartenwerbung im übertragenen Sinne eigentlich nochmal? Privatjet in die Ostukraine: 113.000,- Euro. Abendessen mit Oligarchen in Mariupol: 13.900,- Euro Heiko „Napoleon“ Maas mit viel zu großer Schutzweste trotz Größe S: UNBEZAHLBAR!!! Großartig! Großartig! Großartig!
„Wir werden Euch nicht alleine lassen“ posaunten Sie in Feldherrenmanier großspurig auf der Krim hinaus. Köstlich! Wer ist bitteschön „Wir“? Ist damit etwa das königliche „Wir“ gemeint? Und womit wollen „Wir“ dann bitteschön die Ostukraine „nicht alleine lassen“? Mit unserer nicht vorhandenen U-Boot-Waffe? Mit unseren 8 noch fahrbereiten Kampfpanzern und unseren 4 flugfähigen Eurofightern? Ha ha ha ha! Großartig, lieber Heiko Maas.
Aber das allerbeste sind und bleiben immer und immer wieder doch Sie! Sie persönlich! In jeglicher Facette, optisch, intellektuell und charismatisch. Einzigartig!
Alleine das Bild, auf dem Sie wie ein James Bond für Arme krampfhaft interessiert, fokussiert und besorgt in die weite Ebene starren in Ihrer viel zu großen Schutzweste mit einer verspiegelten Fliegerbrille! Weltklasse!!! Das erinnert mich ja beinahe schon an eine Hommage an ein Top Fliegerass aus Top Gun!
„Auf dem Hügel hält Heiko Maas das Fernglas und nimmt die Geisterstadt in den Blick. Schirokine, ein ukrainischer Badeort bei Mariupol, ist menschenleer“ schreibt die Presse dieses unglaubliche Szenario begleitend. Gefühlter Trommelwirbel.

Und jetzt erlauben Sie mir, dass ich den Text mit meinen eigenen Worten vervollständige... Heiko Maas steigt von der mitgebrachten Getränkekiste herunter, die seine Bodyguards für jeden Anlass immer parat haben und blickt entschlossen in die Gesichter der ihn begleitenden Journalisten, Lokalpolitiker und Militärs. „Ich stehe hier heute im Namen der großen Kanzlerin Merkel und im Namen der mächtigen Verteidigungsministerin Ursula von der Leyen und schleudere jedem Aggressor entgegen, dass die Ostukraine sicher und gefestigt bleiben muss. Dabei können sie auf unsere uneingeschränkte Unterstützung und Standfestigkeit zählen. Ich persönlich rate Ihnen zu Zensur der Massenmedien und warne eindringlich vor aufkeimender Fremdenfeindlichkeit. Natürlich werden wir ihnen viele Milliarden von unseren Steuergeldern überweisen und ihnen dabei behilflich sein, möglichst antirussisch tätig zu werden. Ein guter Freund der Kanzlerin, George Soros, wird weiterhin federführend dabei tätig sein, die Ukraine als Außenstützpunkt der USA zu sichern." Nach geschätzten 1123 Blinzlern steigt er dann noch einmal für die Journalisten auf die Getränkekiste und lässt sich mit einem verschmitzten und peinlich gequälten Lächeln fotografieren und filmen. Danach kommt Heiko Maas Freundin, die relativ unbekannte Schauspielerin Natalia Wörner angelaufen und ruft schon von Weitem zu ihm hinüber: „Heiko, was machst du denn da schon wieder alleine?" Als sie ihn dann endlich erreicht hat, ergreift sie ruckartig und kräftig seinen Arm und zieht ihn aus der Menschentraube heraus. „Wie oft habe ich dir schon gesagt, dass du nicht alleine an der Front herumlaufen sollst?" hört man sie noch aus der Ferne rumkeifen, ehe das seitens des Größenverhältnisses ungleiche Paar in der Ferne verschwindet. Die Bodyguards können kaum Schritt halten und werden von Frau Wörner energisch darauf hingewiesen, dass sie nun die Kontrolle hätte. Und so weiter, und so weiter...
Aber, um noch mal darauf zurück zu kommen, dass Sie ganz vielen Menschen immer und immer wieder eine ganz tolle Freude bescheren, so möchte ich dennoch hinterherschieben, dass dies natürlich nichts mit Ihrer politischen Befähigung zu tun hat. Diese nicht vorhandene Befähigung spreche ich Ihnen nämlich zusätzlich noch einmal ganz deutlich ab.
Sie sind und bleiben deshalb die „größte kleinste Blamage", die dieses Land in den letzten Jahrzehnten hervorgebracht hat. Warum Sie das sind? Ganz einfach, weil Angela Merkel sie bestimmt noch um ein paar Zentimeter überragt.
In diesem Sinne, lieber Heiko Maas noch ein paar Worte der großen Grethe Weiser für Sie: Für Männer gelten die Gesetze der Optik nicht: Wenn man sie näher unter die Lupe nimmt, werden sie plötzlich ganz klein.
Mit närrischem Gruß
Tim K.

Liebe Claudia Roth,

als ich diese Schlagzeile heute lesen musste, da gefror mir das Blut in den Adern. Ich fiel auf die Knie und konnte gar nicht anders, als in einer Gedenkminute zu verharren. Diese Gedenkminute dauerte dann über 20 Minuten und als ich in völliger Andacht dann wieder die Augen öffnete, fiel mein Blick auf die Uhr und ich bemerkte erst dann, wie lange ich da niederkniete.

„Werde täglich angefeindet“ sagten Sie gegenüber der Presse. Die Drohungen stammen offenbar von deutschen und türkischen Rechten ist Ihre Wahrnehmung.
Das ist ja wirklich ein starkes Stück, liebe Frau Roth. Sie, die Sie ja fürwahr ein liebliches Geschöpf und der Inbegriff der Nächstenliebe und Menschlichkeit sind, ausgerechnet Sie bekommen solche Anfeindungen. Das ist wirklich schier unerklärlich. Unfassbar! Und nicht nur von den deutschen Rechten, sondern sogar die türkischen Mitbürger, in diesem Fall die türkischen Rechten, feinden Sie an.
Wie ist das zu erklären? Für mich ist es das nicht, denn mir ist so etwas noch niemals selbst widerfahren. Ich bin noch nie angefeindet worden, geschweige denn mit dem Tode bedroht. Und insbesondere unsere ausländischen Mitbürger, ganz besonders nach meinem Özil-Gündogan-Statement haben mich ausschließlich mit einer stilvollen, herzlichen und überaus kultivierten Art und

Weise gefeiert und gewürdigt. Intellektuell auf höchstem Niveau wie ich meine und besonders nochmal hervorheben möchte. Sie können sich gerne ein eigenes Bild davon machen und sich einmal die Kommentare unter meinem Video „Gündogan, Özil, Erdogan – Bundestrainer Löw, handeln Sie!“ auf YouTube durchlesen. 99 Prozent der Kommentare unserer ausländischen Mitbürger wurden in einem perfekten und einwandfreien Deutsch auf höchstem Niveau verfasst. Voller Respekt, Freundlichkeit und Toleranz. Liebevoll wurde ich auch immer wieder mit dem Begriff „Hund“ tituliert, was eine ganz besondere Tierliebe offenbart, nicht wahr?
Wir leben in einer wunderbaren bunten, toleranten und weltoffenen Gesellschaft, Frau Roth. Deshalb ist es mir wirklich unerklärlich, wie ausgerechnet Sie mit derartigen unflätigen und nicht hinnehmbaren Anfeindungen und Bedrohungen konfrontiert werden. Stimmt das wirklich oder wollen Sie nur Aufmerksamkeit?
Abschließend möchte ich noch einmal ganz deutlich klarstellen, dass ich noch nie beleidigt und bedroht wurde und schon mal gar nicht von Linken oder ausländischen Mitbürgern. Deshalb denke ich, dass Sie sich das auch nur einbilden.
Und sollte das doch irgendwann mal eintreffen, dann werden Sie sich doch wohl nicht wie ein Jan Böhmermann völlig verängstigt und psychisch kollabiert zuhause trotz Polizeischutzes einschließen und verbarrikadieren, sondern diesen bösen Menschen mit ihren Anfeindungen die Stirn bieten, nicht wahr?
Und an alle Mitleserinnen und Mitleser: Gedenkt bitte einer Claudia Roth in diesen schweren Zeiten!

Mit närrischem Gruß

Tim K.

Die Staatspresse haut eine Erfolgsmeldung nach der anderen raus!

Da kann man sich ja nun endlich beruhigt zurücklehnen und die Gewissheit haben, dass unsere Renten sicher sind. Gott sei Dank!
Aber ich habe ernsthafte Zweifel, dass die Zahlen stimmen. Ich denke, dass da stark untertrieben wurde. Nur jeder vierte? Ich schätze mal, dass gefühlte 80 Prozent schon einen Job haben, denn Deutschland sucht doch händeringend nach Fachkräften.

Mit närrischem Gruß

Tim K.

Willkommen in Absurdistan!

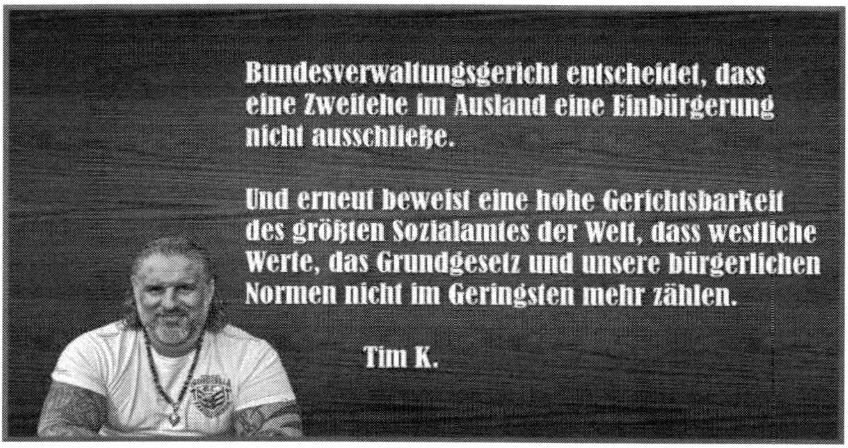

Deutscher Pass und eine zweite Ehefrau im Ausland? Kein Problem! Das entschied zumindest das Bundesverwaltungsgericht in Leipzig in einem am Mittwoch veröffentlichten Urteil zur Einbürgerung eines Syrers.

Und wieder soll ein weiterer Pass verschenkt werden in diesem Land, das unter Merkels Gnaden zu einer vollkommenen und hilflosen Bananenrepublik verkommen ist. Ein Land, das einzig und allein nur noch einen Status besitzt: Das Sozialamt der Welt.
Wir sind mittlerweile nicht mehr im Geringsten überhaupt in der Lage, uns gegen irgendeinen militärischen Angreifer potentiell zu verteidigen, weil kein Panzer mehr fährt, kein U-Boot mehr taucht und keine Eurofighter in der Lage sind aufzusteigen, aber werfen die Milliarden überall anders nur so aus dem Fenster raus!
Finanzplan des Bundes bis 2022: Asylpolitik kostet rund 78 Milliarden Euro! Bravo! Weiter so!!! Warum nur so wenig??? Ist das nicht etwa sogar als rechtspopulistisch zu bezeichnen? Warum nicht mindestens 100 Milliarden???!!!
Während deutsche Rentner hungern und Pfandflaschen zusammenklauben, die deutschen Tafeln Hochkonjunktur haben und Kindertagesstätten für Einheimische noch viel Geld kosten, verkauft eine Angela Merkel und ihre Clique dieses Land auf ganzer Ebene. Wirtschaftlich, rechtsstaatlich und moralisch.
Es ist ein einziges Trauerspiel, das einen nur noch verzweifeln lässt!
Tim K.

Angela Merkel: Mein BAMF!

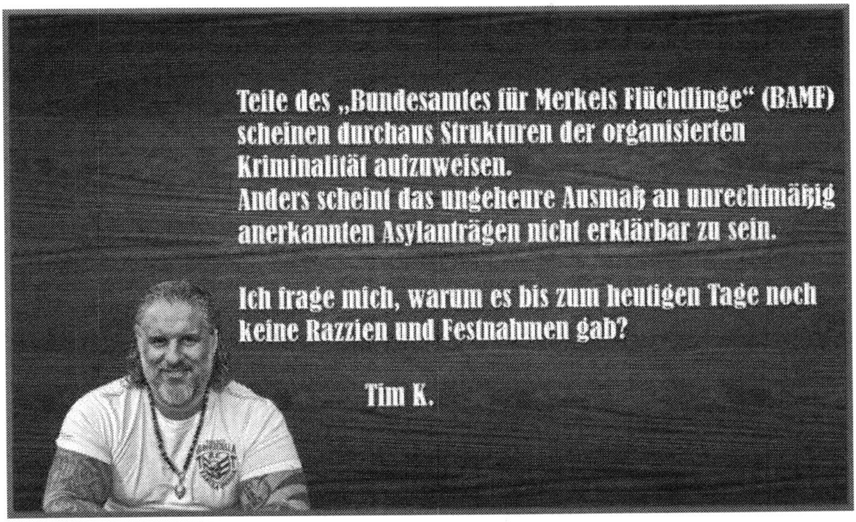

Erst während der Regentschaft von Angela Merkel wurde das BAMF überhaupt erst gegründet. Deshalb bezeichne ich es auch als „Bundesamt für Merkels Flüchtlinge“.
Und in genau der möglicherweise gewünschten Art und Weise wurden in potentiellen vielen tausend Fällen unrechtmäßig Asylanträge bewilligt.

Besonders hob sich dabei die Bremer Außenstelle hervor, in der die Amtsleiterin Ulrike B. in Zusammenarbeit mit dem Rechtsanwalt Irfan C. aus Hildesheim im Verdacht steht, tausende von Asylanträgen einfach bewilligt zu haben, im vollen Wissen, dass diese niemals hätten anerkannt werden dürfen. Aber nicht nur Bremen steht mittlerweile im Visier, sondern bis zu zehn weitere Filialen.
Die Entwicklung nahm weiter ungebremst ihren Lauf, obwohl besorgte Sachbearbeiter bereits an höchste Stellen diesen eklatanten Amtsmissbrauch und unzählige Verdachtsfälle nach ganz oben gemeldet hatten. Warum wurde darauf nicht reagiert?
Um es kurz und bündig zu sagen: Diese unzähligen Fälle bedeuten einen Amtsmissbrauch ungeahnten Ausmaßes, der ein hochgradig kriminelles Verhalten voraussetzt. Der Schaden, der unserem Rechtssystem und insbesondere dem Steuerzahler dadurch entstanden ist, muss lückenlos aufgeklärt und die Verantwortlichen strafrechtlich zur Rechenschaft gezogen werden. Weiterhin müssen alle bewilligten verdächtigen Asylbewilligungen

nochmals geprüft werden und selbstverständlich widerrufen werden.
Die Leiterin des BAMF, Frau Jutta Cordt muss umgehend zurücktreten und die ehemalige Amtsleiterin Ulrike B. sowie der mit ihr kooperierende Rechtsanwalt Irfan C. sollten umgehend festgenommen werden.
Es kann nicht sein, dass ein derartiges Verhalten nicht mit der äußersten Härte unseres Rechtsstaates beantwortet wird.
Es ist einfach nur noch unfassbar, was in Deutschland mittlerweile alles passiert!

Tim K.

Sicherer!!!

"Deutschland ist sicherer geworden." (Horst Seehofer, Bundesinnenminister, 8.5.2018)

Also, das klingt fürwahr rekordverdächtig!!!

Das wird aber bestimmt sehr schwierig für das Gericht werden, diesem jungen Mann noch eine Bewährungsstrafe zu geben.
Aber… in Deutschland ist nichts unmöglich!

Der kleinste Außenminister aller Zeiten!

Der kleine Außenministerdarsteller Heiko Maas (SPD) kehrte gerade aus der USA zurück. Interessiert hat das hingegen niemand. Weder in den USA noch in Deutschland.

Ein paar Minuten zwischen anderen Terminen gewährte ihm der US-Außenminister, was der kleine Heiko dennoch mit schweren staatstragenden Sätzen im Nachhinein kommentierte. Allerdings nur vor den mitgereisten deutschen Journalisten der Staatspresse. Niemand sonst interessierte sich nämlich für ihn.

Der kleine Heiko, der mit seinen geschätzten 1.59m in seinem enggeschnittenen Anzug eher wie eine Mixtur aus Versicherungssachbearbeiter und Hotelportier aussieht, besitzt das Talent, alles irgendwie wie eine Comedyveranstaltung aussehen zu lassen. Der „Blinzler", der gefühlte 378-mal pro Minute wie ein Schelm in die Linse blinzelt und dabei mit einer krampfhaften Art Lockerheit versprühen möchte, animiert fortwährend zum Schmunzeln. Irgendwie hat man dann auch immer ein bisschen Mitleid mit ihm.

Der kleine Heiko, der als Politiker bisher, wie ich meine, nicht eine einzige Wahl gewinnen konnte, der Deutschland die Zensur zurückgebracht hat und der die Aura eines unbeliebten Strebers und ausgegrenzten Einzelgängers besitzt, vertritt nun das Deutschland, das Angela Merkel zur Bedeutungslosigkeit hat verkommen lassen. Das passt aber, wie ich finde.

Deutschland hat derzeitig die Politiker, die es auch verdient hat. Eine Angela Merkel, die die Fahne ihres eigenen Landes verachtet. Eine Ursula von der Leyen, die Deutschland vorsätzlich verteidigungsunfähig gemanagt hat. Ein Peter Altmaier, der… ja, was macht Peter Altmaier überhaupt? Keine Ahnung. Und so weiter, und so weiter.
Und dann ist da natürlich noch der kleine Heiko Maas, der mittels seines offensichtlichen Napoleon-Komplexes nach außen hin alles das vermitteln möchte, welches er nicht im Geringsten besitzt. Das scheinbar niemals alternde Jüngelchen aus dem Saarland vertritt „würdig“ genau dieses Deutschland im Jahre 2018. Danke dafür, lieber Heiko Maas!
Kein anderer würde besser zu diesem Land in genau dieser Situation passen.
Mit närrischem Gruß

Tim K.

Weil es ein Deutscher war?

Magdeburg. Nach einem angeblichen Angriff am 13.05. 2018 auf einen 29-jährigen Syrer, bei dem der 23-jährige Beschuldigte seine Hunde als Tatmittel eingesetzt haben soll, ist am gestrigen Mittwoch der Haftbefehl gegen den Mann verkündet worden. Im Ergebnis der zwischenzeitlich abgeschlossenen polizeilichen Vernehmungen sowie weiterer Ermittlungen soll sich der

Anfangsverdacht bezüglich der gefährlichen Körperverletzung gegen den Beschuldigten erhärtet haben.
Seltsam, ich habe das Video mit dem angeblichen Hundeangriff auch gesehen…

Tim K.

Verkehrte Welt?

BILD.DE
Tuttlingen: Flüchtling schlägt auf CDU-Politiker mit Holzlatte ein!

Also das nenne ich mal mehr als undankbar! Ausgerechnet einen Jünger aus der Merkel-Sekte tätlich anzugreifen, um seinen "Unmut" kundzutun, ist ja völlig kontraproduktiv.

Erst randalierte der abgelehnte pakistanische Asylbewerber Said K. (48) mit einer mit Nägeln und Schrauben gespickten Dachlatte im Tuttlinger Landratsamt und dann ging er auf der Straße auf eine Autofahrerin los. Als Sozialdezernent Bernd Mager (55, CDU) den wütenden Flüchtling stoppt, wird er verletzt. Said K. schlägt mit der Dachlatte auf den Politiker ein!
Ach übrigens, warum der ablehnte Asylbewerber noch nicht abgeschoben wurde: Er kann nicht abgeschoben werden, weil er keinen Pass hat. Die pakistanische Botschaft sagt, dass er frühestens in einem Jahr Papiere bekommt.
Na dann…
Bananenrepublik Germoney!

Mein Gott, Pfarrer Wolfgang Sedlmeier,

SCHWAEBISCHE.DE
Pfarrer trägt aus Protest gegen Alice Weidel Kopftuch in der Messe

und wenn man denkt es geht nicht mehr, kommt von irgendwo dann doch noch einer daher. Ich vermeide es aber bewusst, hier noch bestimmte Wertungen mit einfließen zu lassen. Ein Blick auf Ihr Foto reicht da nämlich schon vollständig aus.

Was zum Teufel ist da eigentlich in Sie gefahren? Muss man sich ernsthafte Sorgen um Sie machen? Sie wollten allen Ernstes mit Ihrer „Performance" gegen öffentliche Diskriminierungen Ihren Protest Ausdruck verleihen? Ausgerechnet mit einem Kopftuch? Großartig, Pfarrer Sedlmeier! Das Kopftuch, das ohne Zweifel für viele islamische Menschen auch ein politisches Symbol ist, benutzen Sie, um Diskriminierung zu verurteilen?! Das Kopftuch, das in besonderem Maße auch ein Symbol für die Unterdrückung der Frau darstellt? Seit vielen Jahrzehnten haben wir uns in der westlichen Welt die Freizügigkeit und den Fortschritt erstritten und erkämpft und Sie protestieren im 21. Jahrhundert mit Kopftuch? Im Iran demonstrieren viele Frauen dafür, dieses Symbol nicht mehr tragen zu müssen und Sie setzen es sich freiwillig auf? Kruzifix!
Lieber Wolfgang Sedlmeier, auch wenn Sie sich mit dieser zweifelhaften Aktion Aufmerksamkeit erhofft haben und sie die auch bestimmt bekommen haben, so möchte ich Ihnen doch mein Beileid und vor allen Dingen auch gute Besserung aussprechen. Mit diesem Auftritt haben Sie sich nämlich mein Mitleid verdient. Und tun Sie sich einen Gefallen und tragen sie demnächst nicht auch noch etwa Burka!
Völlig amüsiert

Tim K.

Wenn die Vernunft schweigt, hört man die Dummheit umso lauter

Ich frage mich immer wieder was aus diesem Land und auch aus vielen Menschen geworden ist? Haben die wirklich schon vergessen, dass sie offiziell in einem freien Land leben? „Das darf man doch nicht mehr sagen." oder „das lass aber besser niemand hören." Was darf man nicht mehr sagen? Was soll besser niemand hören? Ich glaube es nicht mehr. Genau so funktionieren totalitäre Regime. Genauso funktioniert Nordkorea und genauso funktionierte die DDR.

In diesen Zeiten ist es in Deutschland im Jahre 2018 auch nicht wesentlich anders. Der einzige Unterschied sind die vollen Supermarktregale und die Reisefreiheit. Das war es dann aber auch schon. Es gibt „Dinge, die man nicht sagen darf" und sogar schon Bekleidungsmarken, „die man nicht tragen darf". Ich lach mich tot! Wer will uns denn bitteschön verbieten, unsere freie Meinung zu sagen oder uns vorschreiben, was man anziehen darf? Das funktioniert doch auch nur, wenn man sich etwas vorschreiben lässt. Das funktioniert nur, wenn die Vernunft schweigt und somit die Dummheit laut zu vernehmen ist.
Viele Jahre lang hat man uns Rückgrat, Mut und Stärke aberzogen und regelrecht zerschmettert. Übriggeblieben ist deshalb oft leider nur Rückgratlosigkeit, Duckmäusertum und Schweigen.
Trotzdem bin ich guter Hoffnung, dass sich dieses Land eines Tages wieder seiner Stärken erinnern wird. Vielleicht muss es erst sehr schlimm werden, bis es wieder besser werden kann.
Ich wünsche Euch und Euren Familien ein frohes Pfingsten und erholsame Feiertage!

Tim K.

Frau Merkel,

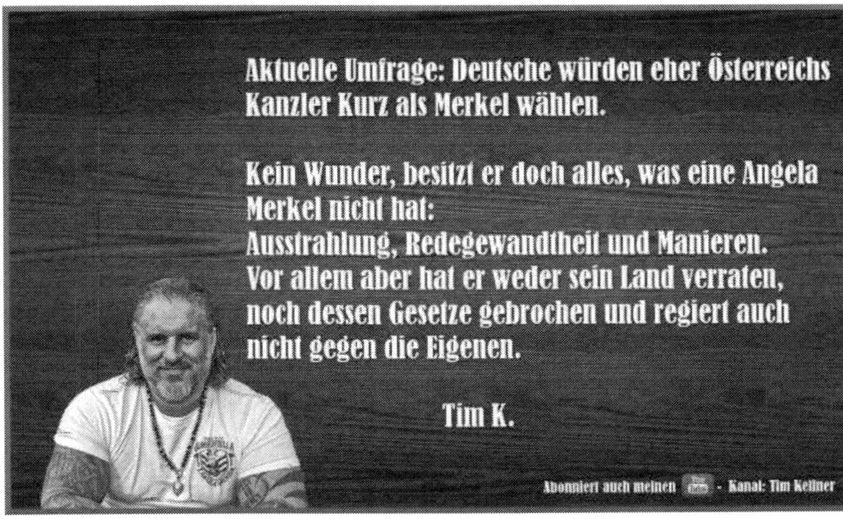

eine aktuelle Umfrage des Meinungsforschungsinstitutes INSA ergab, dass die meisten Deutschen eher Sebastian Kurz als Kanzler wählen würden, als Sie. Das ist natürlich logisch, denn Sebastian Kurz besitzt alles das, was Sie nicht besitzen. Ausstrahlung, Redegewandtheit und Manieren. Nicht zu vergessen, hat er weder sein Land verraten, noch dessen Gesetze gebrochen und er regiert auch nicht gegen die Eigenen, sondern für sie.

Wann begreifen Sie endlich, dass Ihre Zeit schon lange um ist? Wann begreifen Sie, dass die Deutschen Sie schon lange nicht mehr als Kanzlerin haben wollen? Selbst Ihre eigene Partei lehnt Sie ab und muckt nur noch nicht auf, weil Sie selber sie zu einer großen Ansammlung von Duckmäusern in Form einer Nachfolgeorganisation der SED gemacht haben. Und an deren Spitze die Staatsratsvorsitzende Merkel steht.
Ohne Sebastian Kurz seinen Erfolg und sein Talent abzusprechen, so bin ich mir aber auch sicher, dass selbst Roberto Blanco haushoch gegen Sie bei einer Direktwahl gewinnen würde. Es sei denn, dass Wahlen manipuliert werden würden. Auch das schließe ich in Ihrem System schon lange nicht mehr aus, Frau Merkel.
Begreifen Sie endlich, dass Sie national und international nicht mehr ernst genommen, sondern sogar schon verhöhnt werden. Warum Sie überhaupt noch als Gesprächspartnerin herhalten müssen, ist schnell und einfach erklärt:

Deutschland ist das Sozialamt der Welt und der Zahlmeister der EU. Ob mit Ihnen an der Spitze oder auch nicht. Auch das muss sich selbstverständlich ändern, ob mit Ihnen oder ohne Sie. Ihre Zeit ist ohnehin schon um.
Treten Sie mit sofortiger Wirkung zurück und stellen Sie sich einem ordentlichem Gerichtsverfahren aufgrund Ihrer unzähligen Rechtsbrüche und was Sie diesem Land alles an Unheil widerfahren haben lassen.
Sie persönlich sind eines der dunkelsten Kapitel unseres Landes, die mit Abstand gefährlichste Politikerin Deutschlands aller Zeiten und eine immanente Bedrohung für ganz Europa.
Ich wünsche mir aus ganzem Herzen, dass eines Tages das Recht und die Gerechtigkeit siegen werden.

Mit der höchsten Form der Verachtung

Tim K.

Sehr geehrter DFB,

nach aktuellem Stand befinden sich die beiden türkischen Wahlkampfhelfer von Präsident Erdogan, Ilkay Gündogan und Mesut Özil weiterhin im deutschen WM-Kader der Nationalmannschaft.
Ich halte dieses für einen Eklat und ich stehe mit dieser Meinung nicht alleine. Ganz im Gegenteil. 82,9 Prozent der Deutschen finden, dass Özil und Gündogan mit ihrem Treffen mit dem türkischen Präsidenten Erdogan der deutschen

Mannschaft einen Schaden zugefügt haben. Das ist doch wohl eindeutig, nicht wahr?

Aber fassen wir noch einmal vorab zusammen: Die Nationalspieler Gündogan und Özil trafen sich mitten im Wahlkampf mit dem türkischen Präsidenten Erdogan und überreichten ihm freudestrahlend jeweils ein Trikot mit ihrem Namen drauf. Auf Gündogans Trikot stand die handschriftliche Widmung „Für meinen verehrten Präsidenten – hochachtungsvoll".
Ich weiss gar nicht, was es da noch zu überlegen oder zu zögern gibt. Damit ist doch alles gesagt, lieber DFB! Die beiden Türken Gündogan und Özil haben sich doch ganz klar positioniert. Freudestrahlend an der Seite „ihres" Präsidenten. Des Präsidenten, der einen Angriffskrieg führt, Andersdenkende einsperrt und am laufenden Band Deutschland kritisiert und verunglimpft. Nochmal, wer sich mit einem strahlenden Lächeln an der Seite dieses Mannes stolz präsentiert und für diesen Wahlkampf betreibt, hat in der Deutschen Nationalmannschaft keinen Platz verdient. So jemand ist vielmehr umgehend aus dem Kader zu entfernen. Die beiden Türken Gündogan und Özil stehen meiner Ansicht nach nicht für die Werte, die Deutschland ausmacht und die sich natürlich auch der DFB auf die Fahne geschrieben hat. Werte wie Demokratie und Freiheit.
Sie sind vielmehr ein Beispiel dafür, dass Integration, unabhängig von Stellung und Geld, sang und klanglos trotzdem scheitern kann.
Außerdem, wer zum einen die Lippen während unserer Nationalhymne nicht auseinanderbekommt und zum anderen mit breitem Lächeln neben einem Erdogan steht, der hat in unserer Nationalmannschaft ohnehin nichts verloren. Ich fordere Sie daher auf, Gündogan und Özil umgehend aus dem WM-Kader entfernen zu lassen, da diese beiden Herren unserer Mannschaft und auch dem Ansehen unseres Landes schaden.
Sollten Sie dennoch davon absehen, so können Sie auch die offizielle Team-Hymne für die WM von den offensichtlichen Antisemiten, dem marokkanischen Wirtschaftsflüchtling Farid Bang und dem Konvertit Kollegah komponieren und texten lassen. Das wäre in etwa dasselbe.
Lieber DFB, nutzen Sie die Möglichkeit, ein Zeichen zu setzen und aufrichtig zu beweisen, dass Sie für die Werte einstehen, die Sie proklamieren.

Mit freundlichen Grüßen

Tim K.

Ach Gottchen, Franziskanerorden!

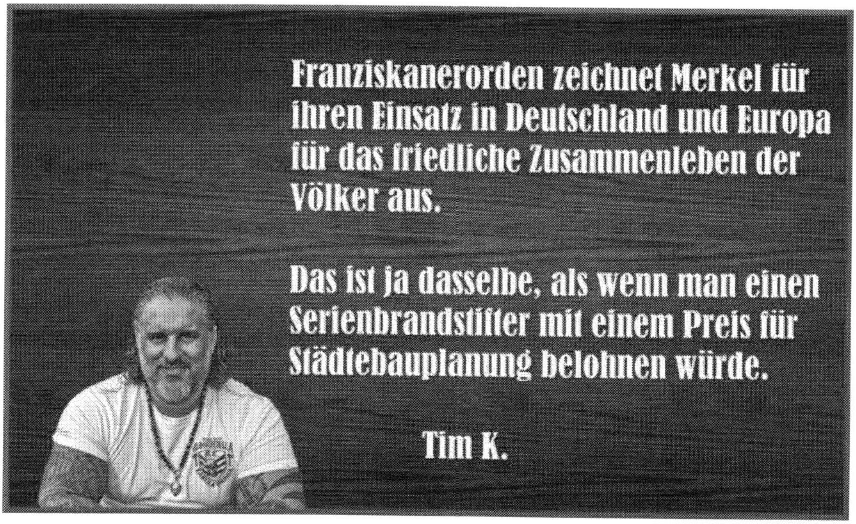

Ich wusste gar nicht, dass Ihr solch einen besonderen Sinn für Humor besitzt. Großartig! Merkel für ihren Einsatz in Deutschland und Europa für das friedliche Zusammenleben der Völker mit Eurem Friedenslicht in Assisi auszuzeichnen, ist schon großes Tennis. Das ist ja dasselbe, als wenn man einen Serienbrandstifter mit einem Preis für Städtebauplanung belohnt. Ihr seid mir schon ein paar lustige Gesellen!

Aber jetzt mal im Ernst, Ihr seid genauso lustig wie der Quotenhumorist Böhmermann, der sich wochenlang voller Angst und regelrecht paralysiert trotz Polizeischutzes in seinem Haus nach seinem Schmähgedicht über Erdogan verkrochen hat. Nämlich gar nicht!

Ihr könnt doch nicht allen Ernstes der ehemaligen FDJ-Sekretärin für Agitation und Propaganda, die mitverantwortlich ist für Terroranschläge in Europa, für das Sterben auf dem Mittelmeer und für unglaublich viel Leid und Elend in Deutschland und ganz Europa ein „Friedenslicht“ verleihen? Der Frau, die verantwortlich ist für den Niedergang ganz Europas!

Genau dieser Frau verleiht Ihr einen Friedenspreis! Sagt mal, hakt es da noch richtig? Was ging da nur in Euren Köpfen so vor sich?

"Der Weg zu Frieden und Versöhnung ist zumeist nur mit großer Anstrengung und mit viel Ausdauer begehbar", sagte die Preisträgerin dann im Laufe ihrer Laudatio. Gewohnt sehr „weise“ und „große Worte“ für die Frau, die wie immer

nur über das Vokabular eines Grundschülers verfügt. Aber so kennen wir sie ja. „Da muss dann vielleicht mal wieder an dem dicken Brett der Menschenrechte gebohrt werden“, nicht wahr?
Abgesehen davon räumt die Abschafferin Merkel ja nun nicht den ersten Preis in ihrer „Abschaffungsphase“ ab. 2010 erhielt die blasse Pfarrerstochter aus der Uckermark, die mittlerweile populäre Fans wie den Kommerzrocker Campino, den ehemaligen Synchronsprecher für Pornofilme Joschka Fischer und die Antifa ihr Eigen nennt, den Kalergi-Preis. Im Kalergi-Plan wird seit 1922 die Abschaffung der europäischen Völkervielfalt angedacht, eine "Alternativlosigkeit" des Planes wurde herbeigeredet und „Bundeskanzlerin“ Angela Merkel wurde mit eben diesem "Europapreis" der "Coudenhove-Kalergi-Stiftung" ausgezeichnet. Jetzt wird allmählich ein Schuh draus, richtig?
Einer der Gäste der Verleihung der „Lampe des Friedens“ war übrigens die deutsche Botschafterin im Vatikan, Annette Schavan. Richtig, das war die ehemalige Bundesbildungsministerin, der man vor einigen Jahren noch ihren Doktortitel wegen Plagiatsvorwürfen aberkannt hat. Zur „Belohnung“ wurde sie dann Botschafterin im Vatikan. So läuft das eben heutzutage inmitten all der Seilschaften.
Wie dem auch sei, liebe Franziskanermönche, trotzdem danke für Euren humoristischen Beitrag. Vielleicht kann die größte Bedrohung und Abschafferin Europas die „Lampe des Friedens“ ja als Nachtischlampe verwenden, die dann die große Umnachtung zumindest ein bisschen aufhellt. Obwohl, da ist bereits Hopfen und Malz verloren.
Schönes Wochenende!
Tim K.

Vom Land der Dichter und Denker...

Der bei einem Großeinsatz der Polizei Anfang Mai im baden-württembergischen Ellwangen gefasste Asylbewerber aus Togo hat Klage beim Bundesverfassungsgericht eingereicht.
Trotz Rekord-Steuereinnahmen will die Bundesregierung die Investitionen für das eigene Land um mehrere Milliarden Euro senken.

Angela Merkel hat vorsätzlich und wissentlich hunderttausendfach geltendes Recht gebrochen.

Die SPD will Familiennachzug für Gefährder.
Es gibt unzählige und vom Staat finanzierte Mehrfachehen in Deutschland.
Man könnte diese Liste endlos weiterführen…
In einem Land voller kleiner Maas, unfähiger von der Leyens, ängstlicher Böhmermanns und einer rechtlosen Kanzlerin ist das Mindeste was man tun muss, seine eigene Ehre und sein Rückgrat zu bewahren!
Ich wünsche Euch allen ein schönes Wochenende.

Tim K.

Demo für Sicherheit?

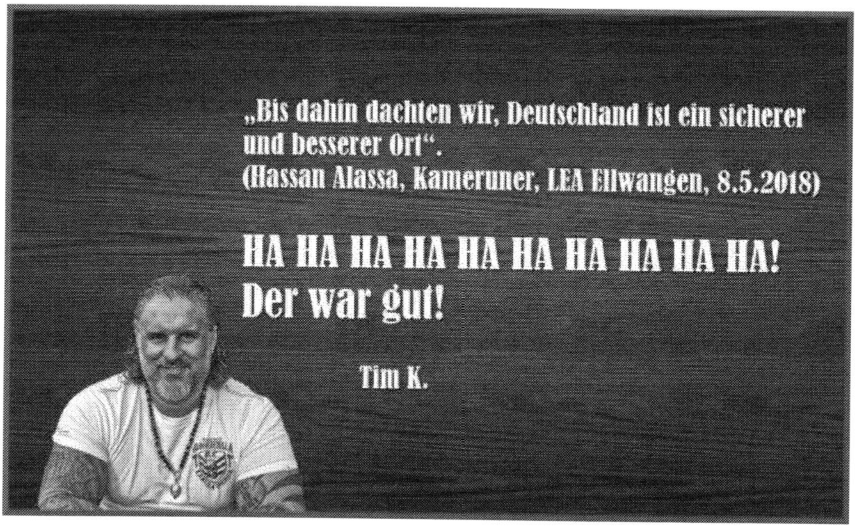

Die Bewohner der Flüchtlingsunterkunft in Ellwangen organisierten eine Mahnwache und Demo. Sie wollten selbst zu Wort kommen und ihre Sicht auf die missglückte Abschiebung am 30.4. darstellen.

Von meiner Seite aber die Frage: Was gibt es da darzustellen? Fakt ist, dass ca. 200 Afrikaner die Polizei umzingelt, bedroht und erpresst haben und somit den abzuschiebenden Togolesen „befreiten". Da gibt es also nichts mehr klarzustellen.

Wenn es nach mir gehen würde, würde jeder der Beteiligten ebenfalls schnellstmöglich abgeschoben werden, da er oder sie sein Gastrecht mit sofortiger Wirkung verwirkt hat.
Hassan Alassa ist übrigens einer der Bewohner und Mitorganisator der Aktionen. Er äußert gegenüber „t-online.de“: „Wir haben keine Polizisten angegriffen“. Zu dem Großeinsatz letzten Donnerstag sagt er: „Bis dahin dachten wir, Deutschland ist ein sicherer und besserer Ort“. HA HA HA HA HA, der war gut! Danke für die Aufheiterung in diesem so ernsten Thema! Alassa war übrigens in Kamerun im Bereich Marketing zuständig und ist demnach regelrecht prädestiniert für eine solche Öffentlichkeitsarbeit. Ich lasse auch das einfach mal so unkommentiert stehen. Genug geärgert und gleichzeitig amüsiert für heute.
Ich wünsche allen einen schönen Vatertag!

Tim K.

Der Brüller des Jahres!

Für wie dämlich hält man uns eigentlich? Die Zahl der Straftaten ist auf dem niedrigsten Stand seit der Wiedervereinigung. "Deutschland ist sicherer geworden", sagte Innenminister Seehofer bei der Vorstellung der Kriminalstatistik.

Demnach wurden in Deutschland im vergangenen Jahr 9,6 Prozent weniger Straftaten registriert. Fast 10 Prozent weniger Straftaten!!!
Mal ganz im Ernst: WEM will man DAS verkaufen???
Ich habe immer noch sehr gute Kontakte zu Angehörigen der Sicherheitsbehörden und die Informationen, die ich von dort erfahre, sagen etwas ganz anderes aus.
Lieber Herr Seehofer, Sie können daher Ihre Wunschstatistiken veröffentlichen wann und wo Sie wollen, aber darüber kann man wirklich nur den Kopf schütteln.
Unfassbar!!!

Tim K.

Ach Gottchen, Robert Habeck,

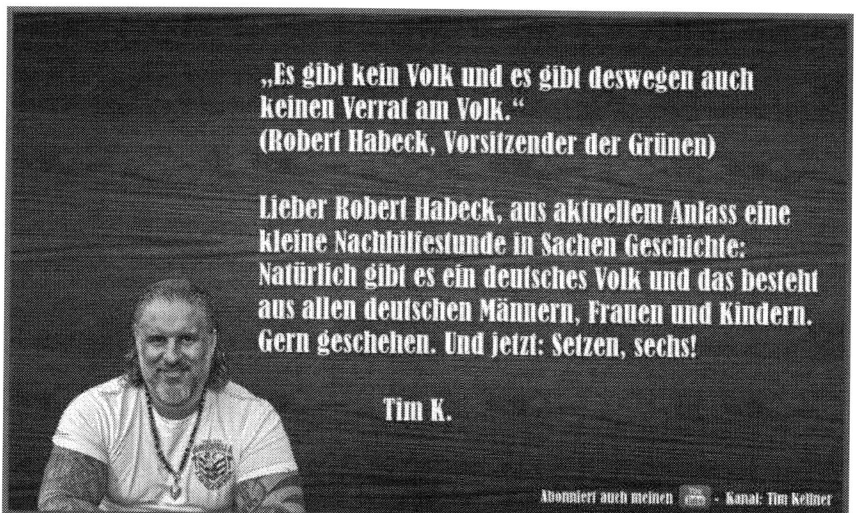

was soll man von einem „Grünen" auch anderes erwarten, als dass er sich wünscht, dass es kein Volk gibt?
Aber ebenso wie die Erde keine Scheibe ist, so gibt es natürlich ein Volk bzw. viele Völker. Ein italienisches, griechisches, englisches, französisches und natürlich auch ein deutsches. Ob Sie das nun gut finden oder nicht.

Aber, mit Verlaub gesagt, Ihre inhaltsleeren Phantastereien sollten auch niemanden besonders interessieren.
Natürlich ist es der Wunschgedanke der Grünen, dass Deutschland so schnell wie möglich verschwindet und wir somit dann auch kein deutsches Volk mehr haben. Aber das ist unter anderem einer der Gründe, warum Menschen wie ich jeden Tag wieder motiviert aufstehen, um sich komplett gegen Menschen wie Sie es sind, zu stellen.
Und weiterhin muss ich Sie maßlos enttäuschen und auch entmutigen, denn es gibt noch sehr sehr viele von meiner Sorte. Und solange das noch der Fall ist, wird nicht nur der Begriff „Volk" weiter existieren.
Gern geschehen!

Tim K.

HA HA HA HA HA HA HA HA HA HA HA HA HA HA HA HA HA

Danke, Frau Jelpke! So macht Politik wieder richtig Spaß!

Liebe Sara Wagenknecht, wie halten Sie das nur aus?
Amüsiert,
Tim K.

„Tagesschau“ schweigt zu Ellwangen

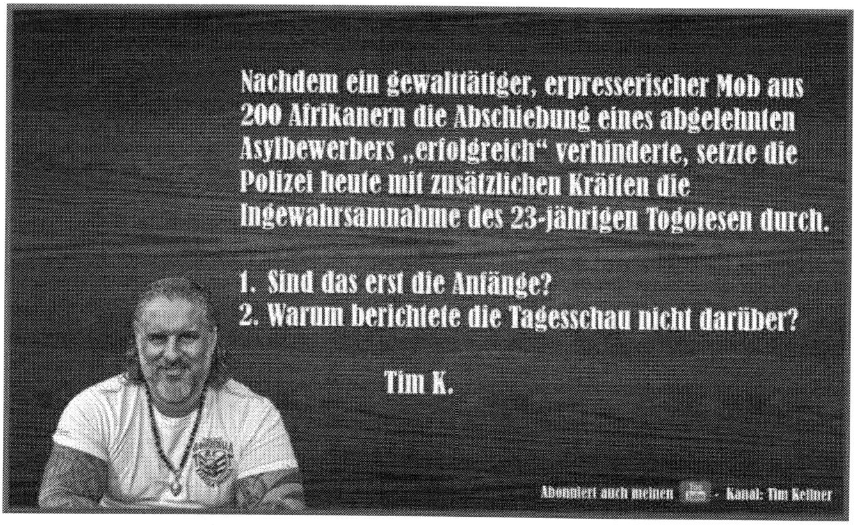

Eine Meute von bis zu 200 Afrikanern umstellte in Ellwangen die Polizei und erzwang die Herausgabe der Schlüssel für die Handschellen des abzuschiebenden Yussif O. (23) aus der westafrikanischen Republik Togo. Danach musste die Polizei abziehen und der Asylbewerber tauchte unter. Seit 5.15 Uhr heute Morgen führte die Polizei dann mit zusätzlicher Unterstützung die Ingewahrsamnahme und die Durchsuchung des Asylheims durch, da die Bewohner planten, sich bei „zukünftigen Polizeieinsätzen zusammenzuschließen und zu organisieren“, um die behördlichen Maßnahmen zu verhindern und zwar „nicht nur wieder in ähnlicher Form“, sondern durch Bewaffnung.

Warum aber schwieg die „Tagesschau“ aktuell zu diesen Ereignissen? Passen derartige Meldungen etwa nicht in das gewünschte Lagebild im Land?

Tim K.

Die Realität!

In einigen Bereichen sollte man einfach die Zahlen und Fakten betrachten, um die Realität zu erkennen.
Wünsche Euch trotzdem einen schönen Abend!

Tim K.

Eine Facebook Sperre nach der anderen…

ER IST WIEDER DA!!!
Eine weitere 30-tägige Sperre meines Privatprofils Tim Kellner hinter mir gelassen, melde ich mich ungebeugt und motiviert wieder zum "Dienst". Wünsche Euch und Euren Familien einen schönen 1. Mai! Bleibt standhaft!

Tim K.

P.S. Und wenn wir uns hier mal nicht mehr sehen, dann auf YouTube (Tim Kellner)

Der tiefe Fall der Angela M.

Der französische Präsident und ehemalige Rothschild-Investmentbanker Macron verbrachte mit allen Ehren drei ganze Tage in den USA. Die deutsche Bundeskanzlerin und Pfarrerstochter aus der Uckermark ohne jegliche Ehren umgerechnet ganze drei Stunden.

Das ist eine Abstrafung auf höchster politischer Ebene. Das ist wiederum das Resultat von Hochmut, Selbstüberschätzung und Ignoranz. Und nicht zu vergessen der gravierendste Faktor: Verrat.
Der Verrat zieht sich nämlich durch das ganze Leben von Angela Merkel bis zum heutigen Tage. Aus der ehemaligen linientreuen FDJ-Sekretärin für Agitation und Propaganda wurde eine bundesdeutsche Ministerin. Diese verriet dann irgendwann ihren Förderer und Gönner Helmut Kohl. Dann verriet sie ihre ganze Partei, die CDU. Letztendlich verriet sie dann noch ganz Europa und ihr eigenes Land, indem sie auf eigene Faust eine Massenzuwanderung in Gang setzte, deren Auswirkungen wir bereits zu spüren bekamen, weiterhin zu spüren bekommen und deren Folgen wir bis heute noch gar nicht abschätzen können.
Angela Merkels kümmerlicher Auftritt in den USA hat der ganzen Welt bewiesen, was aus der einstmals „mächtigsten Frau der Welt" inzwischen geworden ist: eine politische Leiche. Jede andere Politikerin hätte vielleicht einen Funken Mitleid verdient.
Nicht jedoch Angela Merkel, die für das grenzenlose Leid von sehr vielen Menschen persönlich verantwortlich ist. Sie verdient kein Mitleid, sondern nur noch ein rechtsstaatliches Verfahren vor einem ordentlichen Gericht.

Tim K.

Öffentlicher Brief an den ehemaligen Steineschmeisser und Polizistenschläger Joschka Fischer:

Joschka Fischer entzückt : „Merkel ist ein Glück für das Land“

Früher fand Joschka Fischer oft keine guten Worte für Angela Merkel – jetzt lobt der frühere Außenminister die Kanzlerin über den grünen Klee. Merkel habe...

FAZ.NET

Ach Gottchen, Joschka Fischer,
was treibt denn Sie als ehemaligen Pflastermaler, Pornoübersetzer und Steineschmeisser auf Polizeibeamte wieder dazu, uns mit Ihren comedyreifen Aussagen zu belästigen? „Merkel ist ein Glück für das Land.“ Das haben Sie tatsächlich gesagt!

Großartig, lieber Herr Fischer. Das sind fürwahr große Worte, die einem die Tränen in die Augen treiben. Tränen vor Lachen und Tränen vor Weinen. Merkel habe mit den Jahren „gewaltig gelernt“, sagten Sie zudem in einem Interview mit dem „Stern“. Was hat sie denn gelernt, Herr Fischer? Ein einstmals blühendes und sicheres Land in eine Landschaft der steigenden Armut und des Chaos zu verwandeln? Meinten Sie das?
Es ist ja auch kein Geheimnis, dass Sie Zeit Ihres Lebens Deutschland verachtet und sich schon sehr früh gegen das System und den Rechtsstaat aufgelehnt haben. Die Ablehnung und die Verachtung des eigenen Landes haben Sie zumindest mit Angela Merkel gemeinsam. Dass Sie damals das Amt des Außenministers erhalten haben, ist fürwahr eine besondere "Erfolgsgeschichte" dieses Landes, denn alles, was Sie im strengen Sinne in Deutschland jemals erreicht haben ist meiner Meinung nach nur eines: Einen Taxischein.
Und das ist doch wirklich der Beweis dafür, dass jeder in diesem großartigen Land alles erreichen kann, selbst wenn er dieses ablehnt und verachtet. (siehe auch Angela Merkel) Man kann auf Polizisten Steine geschmissen und auf sie am Boden liegend eingeschlagen haben oder ehemalige FDJ-Sekretärin für Agitation und Propaganda gewesen sein. Ganz egal, in diesem Deutschland ist eben alles möglich. Selbst zum Einsatz von Molotow-Cocktails sollen Sie damals als linker Szeneführer laut dem „Stern“ aufgerufen haben. Was also soll

man von Ihnen halten?
Lieber Joseph Fischer, „Die Forderung nach der Wiedervereinigung halte ich für eine gefährliche Illusion. Wir sollten das Wiedervereinigungsgebot aus der Präambel des Grundgesetzes streichen." Dieses Ihre Zitat stammt aus „Die Welt" vom 29. Juli 1989. Diese Aussage alleine reicht für mich aus, ein finales Urteil über Sie und Ihren Charakter für mich zu ziehen.
Es ist traurig, dass einer Person wie Ihnen überhaupt noch irgendeine Aufmerksamkeit zuteilwird. Tun Sie uns allen doch zukünftig eine großen Gefallen und verschonen Sie uns mit Ihren eher peinlichen „Weisheiten".
Ich danke Ihnen im Voraus.

Tim K.

Herr Rupert Geußer,

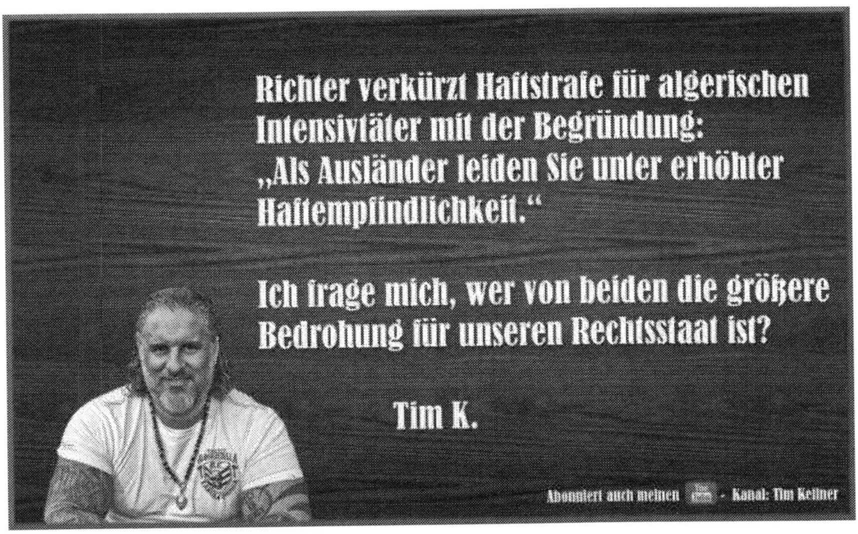

auf die Anrede „Richter" verzichte ich bewusst, denn dieses empfände ich bei diesem Ihrem „Urteil" als vollkommen unangebracht. Es würde zudem sehr viele andere Richter regelrecht beleidigen, die immer noch wahrhaftig im Namen des Rechts und des Volkes Urteile sprechen.
Schauen wir uns Ihr „Urteil" aber noch einmal genauer an. Der abgelehnte algerische Asylbewerber Adel S. (28) beging in sieben Monaten sechs Straftaten und bekam dafür dreieinhalb Jahre Haft. Vor 14 Monaten zerschnitt er einem

Bekannten mit einem Messer das Gesicht, als der ihn nach einem gestohlenen Handy fragte. Ihr Kollege Richter Stephan Zantke (56) vom Zwickauer Amtsgericht verurteilte ihn daraufhin zu dreieinhalb Jahren Haft und ergänzte noch: „Wir haben genügend deutsche Straftäter, da brauchen wir keine ausländischen."

Adel S. ging in Berufung und geriet zu seinem großem Glück an Sie. Sie, Herr Geußer, reduzierten nun die Strafe auf zweieinhalb Jahre Haft mit der Begründung: „Als Ausländer leiden Sie unter erhöhter Haftempfindlichkeit." „Auch die Geständigkeit führte zu der moderateren Strafe als in der ersten Instanz", erklärten Sie in Ihrem Urteil.
Herr Geußer, Hand aufs Herz, haben Sie Angst vor dem Täter? Haben Sie Angst, angemessene Urteile zu sprechen? Die sogenannte „Haftempfindlichkeit" begründeten Sie gegenüber der Presse mit der „Sprachbarriere" im Gefängnis. Der Algerier würde nämlich kaum Deutsch sprechen. Also wäre die Haft für ihn besonders „schlimm", wenn er kein Deutsch im Gefängnis sprechen kann? Herr Geußer, Adel S. konnte doch aber auch ohne Deutschkenntnisse viele Straftaten begehen, nicht wahr? Warum sollte er dann nicht auch ohne Deutschkenntnisse im Gefängnis seine Strafe absitzen? Haben Sie sich das auch schon einmal gefragt? Und haben Sie auch nur einmal an die Opfer gedacht? Zum Beispiel an Jihad A., der durch den Täter mit einer zehn Zentimeter langen Wunde, die dieser ihm mit einem Messer ins Gesicht schnitt, für immer entstellt bleiben wird.
Trotz Bewährung raubte Adel S. Leute aus, brach in Wohnungen ein und zerschnitt ein Gesicht. Der Asylantrag von Adel S. war längst abgelehnt und auf die Frage ob sein Asylantrag angenommen wurde, konnte S. selbst nicht antworten. Daraufhin fügten Sie hinzu: „Sie wissen es sicher nicht, weil sie nicht erreichbar waren".
Verständnis, Verständnis, Verständnis für diesen Intensivtäter. Nicht nur Verständnis, sondern sogar noch eine Belohnung, denn Sie persönlich verkürzten die Gefängnisstrafe um ein ganzes Jahr!
Herr Rupert Geußer, ich stelle mir die Frage, wer von Ihnen beiden die größere Gefahr für unseren Rechtsstaat darstellt. Diese Frage kann ich mir beim besten Willen nicht beantworten.

Tim K.

Lügen, Lügen, Lügen!

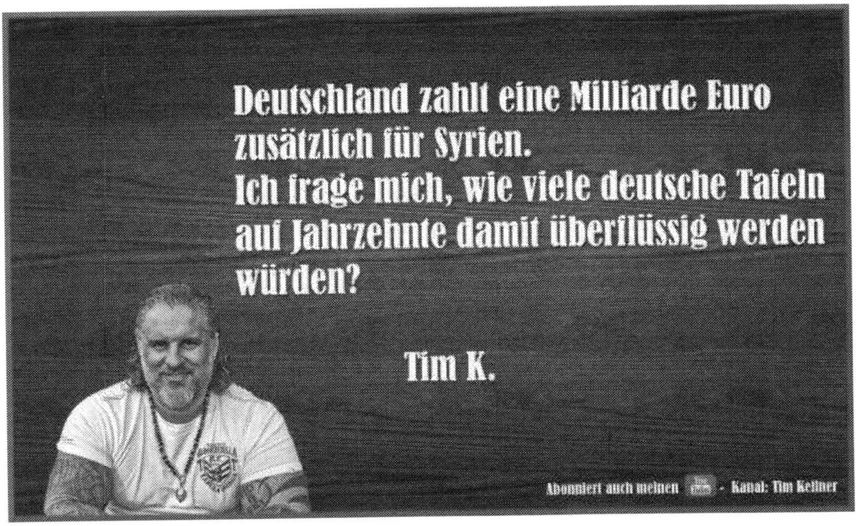

So langsam sollte nun aber auch der Letzte begreifen, dass genügend Geld vorhanden ist. Das Problem ist allerdings nur, dass alles dieses Geld nicht für die Eigenen ausgegeben wird.
Altersarmut, deutsche Tafeln, bedürftige deutsche Familien, marode Bundeswehr… Die Liste ist noch sehr viel länger.

Politiker werden normalerweise gewählt, um als Volksvertreter das eigene Volk zu vertreten und zuallererst für dieses da zu sein.
Fazit: Auf ganzer Linie versagt!

Tim K.

Der Rechtsstaat hat kapituliert!

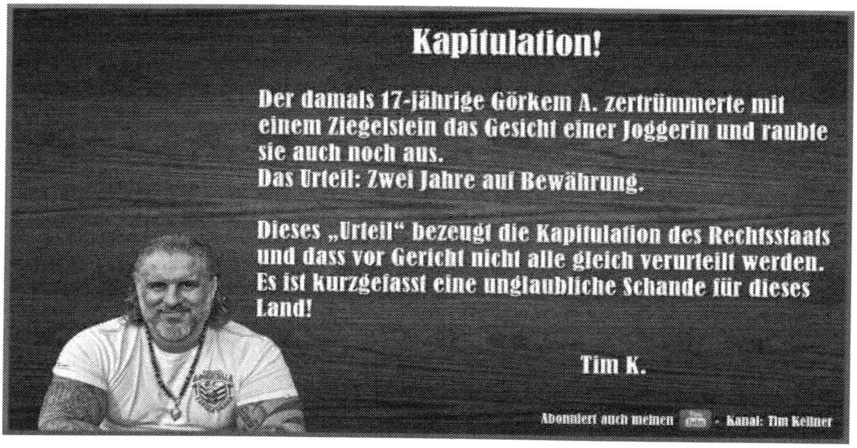

Dieses abscheuliche Verbrechen schockte die Öffentlichkeit im März 2017, als eine Joggerin in Berlin brutal niedergeschlagen und ausgeraubt wurde.
Der damals 17-jährige Täter Görkem A. schlug mit einem Ziegelstein immer und immer wieder auf die 40-jährige Frau ein, die dabei einen Kieferbruch und eine Handfraktur erlitt. Nur ihre dicke Kapuze und die Kopfhörer bewahrten die Frau vor lebensgefährlichen Verletzungen. Mit ihrem iPhone 6 flüchtete der Täter.

Das Kuschelurteil lautete nun vor wenigen Tagen: 2 Jahre auf Bewährung!
Görkem A. muss zudem zur Verhaltenstherapie. Und er muss Freizeitarbeit verrichten, um das Schmerzensgeld zu erarbeiten, das der überfallenen Frau zusteht: 2000 Euro. Görkem A. wird von einer namhaften und teuren Anwaltskanzlei vertreten. Ihr ist das Urteil immer noch zu streng. Sie ging gegen das Urteil in Berufung.
Dieses Urteil ist für mich der Beweis, dass unser Rechtsstaat kapituliert hat. Vor deutschen Gerichten wird viel zu oft kein Recht, sondern Unrecht gesprochen. Es gibt Boni für Täter und Verhöhnung für die Opfer. Dieser Täter hätte viel härter bestraft und nach Verbüßung der Haftstrafe umgehend ausgewiesen werden müssen.
Das Urteil macht das Jugendschöffengericht des Amtsgericht Tiergarten nachträglich zum Mittäter und ist eine regelrechte Einladung für zukünftige Gewaltdelikte.
Dieses Urteil ist eine Schande!

Tim K.

Herr Bundeswirtschaftsminister Altmaier,

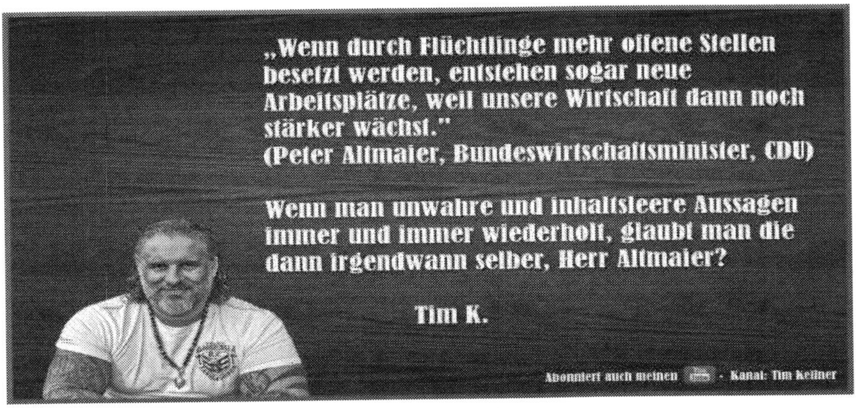

was möchte man mit derartigen Aussagen eigentlich noch bezwecken? Grenzt das nicht schon an feinste „Regierungspropaganda"? Wenn mich eines übermäßig stört, dann ist es, wenn man mich für dumm verkaufen will.

Bei allem Respekt, Herr Altmaier, aber derartige Äußerungen ziehen doch wohl nur noch bei einigen Wenigen, die selber absolut uninformiert und ahnungslos sein müssen, oder nicht?
Habe mich köstlich amüsiert.

Tim K.

Was steckt hinter dem Militärschlag?

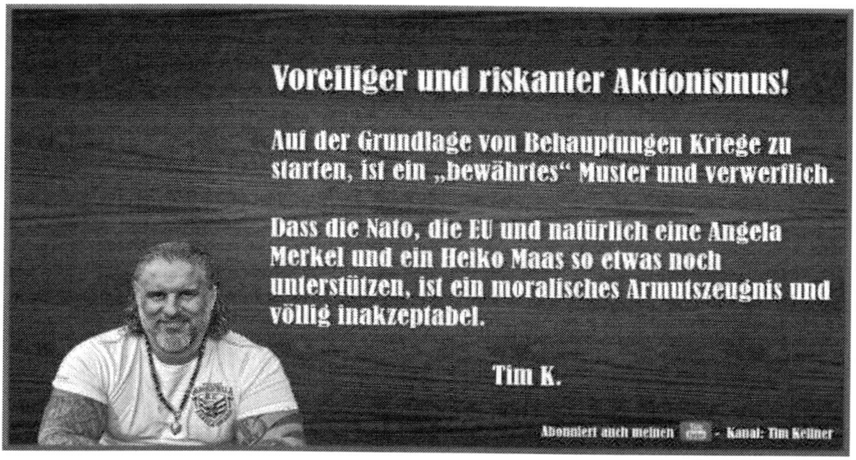

Es gibt bis heute keine handfesten Beweise, dass das Assad-Regime Giftgas eingesetzt hat, oder irre ich mich? Assad steht kurz vor dem endgültigen Sieg und nur noch eine kleine Bastion wird von den Rebellen gehalten, die überwiegend aus radikalislamischen und salafistischen Kämpfern bestehen.

Ich frage mich persönlich deswegen, warum sollte man dann noch Chemiewaffen einsetzen und den ganz klar zu erwartenden Zorn der USA und der Staatengemeinschaft auf sich ziehen?
Der Einsatz von Chemiewaffen ist ohne jede Frage widerwärtig, verwerflich und niemals hinnehmbar und deshalb muss man fragen, wessen Ziel dieses Mal damit verfolgt wurde?
Spezialisten der Organisation für das Verbot von Chemiewaffen (OPCW) wurden in die Region entsandt, aber die angreifenden Länder hatten es nicht für nötig befunden auf deren Untersuchungsergebnisse zu warten. Warum nicht? Wie will man also handfeste Beweise erlangt haben?
Durch diesen Angriff wurde die Situation in Syrien nur noch erneut wieder angeheizt, was zu einer erneuten Flüchtlingswelle führen kann.
Dass die EU und unsere Politiker sich noch hinter diesen voreiligen Aktionismus stellen ist ein moralischer Offenbarungseid!

Tim K.

Einwanderung in unser Sozialsystem

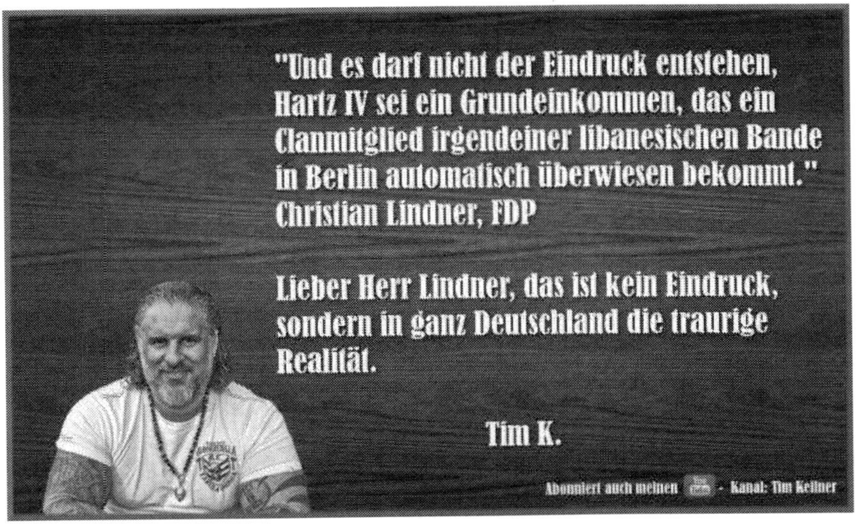

Freunde,
ich möchte Euch zwar nicht das Wochenende erschweren, aber derzeit keimt wieder diese Diskussion auf. Deshalb von meiner Seite aus nur die Wiedergabe von wohlgemerkt offiziellen Zahlen:

Nach Angaben der Bundesagentur für Arbeit sind 55,2 Prozent der 4,3 Millionen erwerbsfähigen Leistungsberechtigten Personen mit Migrationshintergrund. Der Hartz-IV-Anteil liegt mit ca. 90 Prozent bei Libanesen am höchsten. (Focus Online)
Das war es auch schon. Obgleich dieser Zahlen, die zumindest nicht in einem außerordentlichen Maße für „Bereicherung" sprechen, spreche ich Euch dennoch ein schönes Wochenende aus.

Tim K.

Was passiert wirklich in Syrien?

Fakten zur aktuellen Lage in Syrien: Syrien ist mittlerweile ein größtenteils befriedetes Land, in dem in Damaskus und anderen Städten das Leben längst wieder seinen regulären Gang geht. Zwei Regionen in Syrien werden allerdings noch hart umkämpft. Die eine ist Ost-Ghouta und die andere ist Afrin.

In Ost-Ghouta, in der immer wieder von unseren Leitmedien darüber berichtet wird, dass „böse“ Soldaten mit „bösen“ russischen Verbündeten Zivilisten, Frauen und Kinder angreifen, sollte einem jedem aber auch klar sein, dass sich genau in diesem Gebiet auch die sogenannten „Rebellen“ befinden. Diese „Rebellen“ sind Dschihadisten und andere islamische Söldner, die sich vor allem aus der Al-Nusra Front rekrutieren. Diese „Aufständischen“ sind also ein Zusammenschluss aus islamistischen und salafistischen Einheiten unter denen sich mit „Tahrir al-Sham“ sogar ein syrischer Ableger der Al Qaida befindet. Ich lasse das einfach mal unkommentiert so stehen. Dazu kann und soll sich ein jeder seine eigene Meinung bilden.
Ich stelle mir persönlich aber derzeit einige Fragen: Wenn ein Land nahezu befriedet ist und der Sieg in greifbarer Nähe, warum setzt man dann Giftgas ein? In welchem Interesse wäre so ein furchtbarer Giftgaseinsatz? Gibt es schon klare Beweise dafür, wer das Giftgas eingesetzt hat?
Es ist für meinen Menschenverstand einfach nicht zu fassen, dass überhaupt jemand eine derartig widerwärtige und perverse Waffe einsetzt. Es ist für mich

aber genau so wenig nachvollziehbar, wie schnell, überhastet und leichtsinnig man anscheinend einen 3. Weltkrieg in Kauf nimmt. Es ist nur zu hoffen, dass dieses Szenario nicht eintreffen wird und am Ende irgendwie noch die Vernunft siegt.
Es ist einfach nur erdrückend, wie abhängig und hilflos man gewissen Menschen ausgeliefert zu sein scheint.

Tim K.

Der kleine Heiko

Der Außenministerdarsteller Heiko Maas (SPD) ist eine schier unerträgliche Blamage.

Das kleine „Männchen", das mit seinen geschätzten 1.67m Körperkleine sich vorzugsweise von unten fotografieren lässt, ist nicht nur optisch eine einzige Verfehlung, sondern auch immer dann, wenn er krampfhaft versucht, sich öffentlich zu artikulieren.

Das Ergebnis ist dann beinahe immer das Gleiche. Ein stets beleidigt wirkender

Konfirmand, der immer aussieht als hätte man ihm soeben Hausarrest und Computerspielverbot erteilt und der seine offensichtlich sehr tief sitzenden Komplexe mit aller Kraft irgendwie kompensieren möchte.

Man spricht auch oft dabei von einem „Napoleon-Syndrom".

Der kleine Außenministerdarsteller Heiko Maas verteidigte dann mal eben die Ausweisung russischer Diplomaten nach der wahrscheinlich künstlich inszenierten Skripal-Affäre.

Wohlgemerkt nachdem gerade öffentlich bekannt wurde, dass es keinen einzigen Nachweis gibt, dass das Nervengift mit dem der Doppelspion Skripal und seine Tochter lebensgefährlich vergiftet wurden tatsächlich aus Russland stammen würde.

Heiko Maas hielt vielmehr die Entscheidung für „verhältnismäßig und auch für notwendig" wie er bei einer Pressekonferenz in Jordanien von sich gab.

Aber es wäre nicht unser Heiko, wenn er nicht noch einen richtigen Kalauer vom Stapel lassen würde.

„Deutschland sei nicht mehr bereit, alles hinzunehmen."

Großartig, kleiner Heiko! Ausgerechnet Deutschland. Das Land, das bereit ist, alles hinzunehmen. Und zwar in jeglicher Hinsicht und dazu von jedem.

Kurz nachdem die regelrechte Entgleisung auf außenpolitischem Parkett beendet war, pochte der kleine „Feldherr der Gerechtigkeit" noch auf den Familiennachzug und dass das Kontingent von 1000 Personen monatlich auch voll ausgeschöpft wird.

Der kleine Heiko ist ein Gesicht des neuen Deutschlands.

Klein, wehleidig, komplexbehaftet und voller Fehler.

Passt doch absolut.

Hoffentlich nur noch für eine bestimmte Zeit.

Tim K.

Weiter so!

„Die Stadt Köln zahlt horrende Mieten für Flüchtlinge“ berichtet der WDR. Die „Flüchtlingsfamilie“ Qaidi, die mit 8 Personen in einer Einzimmerwohnung lebt, kostet die Stadt Köln alleine an monatlicher Miete 6800,- Euro. Aber keine Sorge, Frau Qaidi ist bereits wieder schwanger und die Kosten werden demnach schon bald steigen. Trotzdem weiter keine Sorge, denn es handelt sich ja „nur“ um die Miete. Dazu erhalten die Qaidis natürlich noch einen sehr großen Geldbetrag an zusätzlichen finanziellen Unterstützungen. Beiläufig sind noch die Wohnungsvermieter zu erwähnen, die mit unverschämt hohen Mieten den Steuerzahler zusätzlich schröpfen. Das ist aber alles gelebte „Willkommenskultur“. Und so gesehen, brauchen wir noch Tausende von derartigen Fällen, denn wie ein bekanntes Sprichwort schon sagte: Der Krug geht so lange zum Brunnen, bis er bricht. Und dieses System muss auf früh oder lang erst brechen, bis es wieder besser wird für die eigene Bevölkerung!

Tim K.

Meinungsfreiheit abgeschafft! Erneute 30-tägige Sperre bei Facebook! Lest selbst:

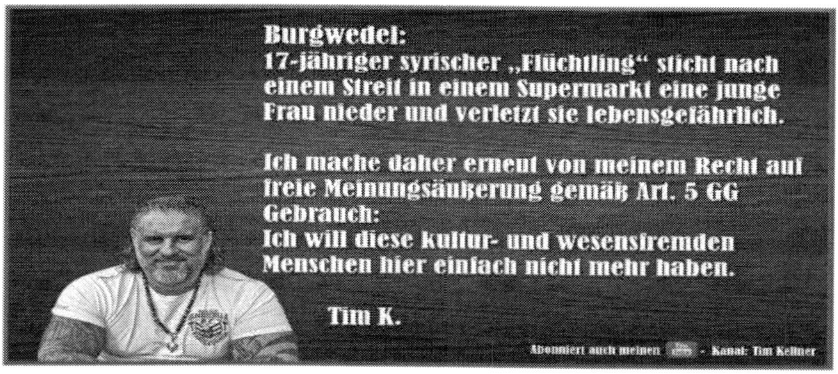

Dies ist der Text und die Grafik für die ich mit meinem Privatprofil Tim Kellner aktuell und zum wiederholten Male erneut für 30 Tage bei Facebook gesperrt wurde:

Grundgesetz für die Bundesrepublik Deutschland Artikel 5

(1) Jeder hat das Recht, seine Meinung in Wort, Schrift und Bild frei zu äußern und zu verbreiten.

Dann fange ich mal an:

Ich möchte diese kultur- und wesensfremden Menschen hier nicht mehr haben! Für mich gehören sie nicht nach Deutschland und auch nicht in unsere Gesellschaft. Ob diese Meinung „rechts“ oder „rechtspopulistisch“ ist, interessiert mich nicht im Geringsten. Ich bin dafür, dass jeder wirkliche Flüchtling bei uns Schutz und temporäre Hilfe bekommen sollte.

Jeder Wirtschaftsflüchtling, Betrüger oder Kriminelle sollte sich allerdings nicht einen einzigen Tag in Deutschland aufhalten dürfen! Es widert mich allmählich immer mehr an, dass die Deutschen zu einem Volk von Duckmäusern und Ja-Sagern verkommen sind. Millionen müssten frei und offen zu ihrer Meinung stehen. Was ist nur aus diesem Land geworden? Eine einzige Meinungsdiktatur, die schon an Nordkorea und den Iran heranreicht. Ich schäme mich für das, was aus Deutschland geworden ist.

Tim K.

Endlich mal gute Nachrichten!

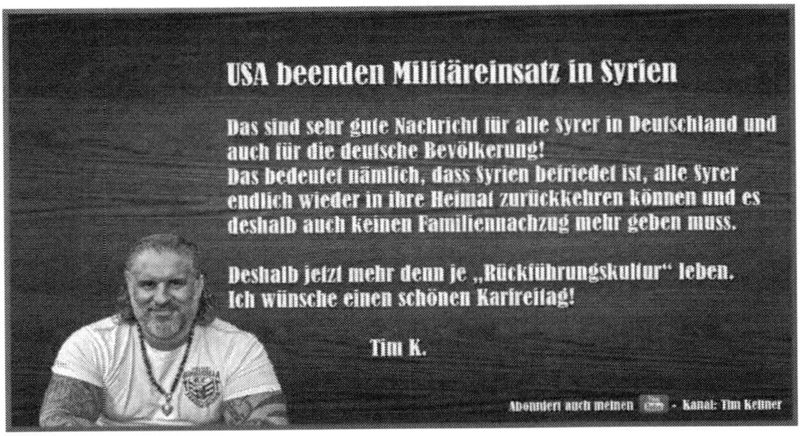

Die USA wollen nämlich in Kürze ihren Militäreinsatz in Syrien beenden. Das bedeutet, dass Syrien befriedet ist, alle Syrer endlich wieder in ihre Heimat zurückkehren können und es deshalb auch keinen Familiennachzug geben muss.

Es wird Zeit, dass man unsere Intelligenz nicht länger beleidigt und die Dinge beim Namen nennt. Wir haben nun lange genug die mehr als gastfreundlichen Gastgeber gespielt, was uns viele Milliarden von Euro gekostet hat. Milliarden, die wir erstrangig für die bedürftigen Menschen in unserem Land hätten ausgegeben müssen. Warum? Ganz einfach, weil sie unsere Mitbürgerinnen und Mitbürger sind und weil die Losung immer lauten muss: Zuerst für die Eigenen!
Die Kriminalitätszahlen sind außerdem exorbitant in Deutschland angestiegen.
Auch das brauchen wir uns nicht länger bieten zu lassen.
Die falschen Behauptungen, Lügen und Täuschungen der Politiker und Medien, die uns die Notwendigkeit eines Familiennachzugs suggerieren sollten, sind ab jetzt auch entlarvt. Dieser Familiennachzug ist demnach absolut nicht nötig.
Vielmehr ist ein Familiennachzug in Syrien von größter Notwendigkeit.
Es ist wirklich eine Blamage, wie sich ein aufgeklärtes Land so dermaßen blenden lässt.
Ich wünsche einen schönen Karfreitag!

Tim K.

Mit Blick auf die furchtbare und lebensgefährliche Messerattacke eines 17-jährigen Syrers auf eine 24-jährige Frau sprach sich Doris Schröder-Köpf (SPD) für einen schnellen Familiennachzug bei Flüchtlingen aus.
Weiterhin betonte sie, dass Zuwanderer statistisch betrachtet nicht aggressiver seien als Einheimische.

Ich weiss nicht, ob man Mitleid oder Scham bei Frau Schröder-Köpfs Äußerungen empfinden soll. Ich entscheide mich für beides.

Tim K.

Liebe Frau Schröder Köpf,

wenn man wirklich denkt es geht nicht mehr, kommt irgendwo eine Integrationsbeauftrage daher. Dieses Amt scheint wirklich für absolute Realitätsferne und freche Anmaßungen zu stehen.

Hinsichtlich der widerwärtigen Messerattacke eines 17-jährigen Syrers auf eine 24-jährige Frau, die danach mit dem Leben ringen musste, fällt Ihnen nichts Besseres ein, als einen schnellen Familiennachzug zu fordern. Was ist die Steigerungsform von pietätlos, schlicht strukturiertem Denken und unverschämt? Ich würde diese Form „Schröder Köpf" nennen.
„Wir wissen, dass Perspektiv- und Sprachlosigkeit die Aggression erhöht und zugleich die Anwesenheit von Frauen mäßigend wirkt", sagten Sie gegenüber der Presse. Da hat die „Anwesenheit" des 24-jährigen Opfers aber nicht gerade „mäßigend" auf den jungen Syrer gewirkt, der zufälligerweise wieder einmal „erst" 17 Jahre alt ist, nicht wahr?
Weiterhin betonten Sie, dass Zuwanderer statistisch betrachtet nicht aggressiver seien als Einheimische. „Aber es kommen eben vor allem junge Männer, und gerade bei Männern zwischen 13 und 35 ist das Gewaltpotenzial in allen Kulturen erhöht." Die täglichen Nachrichten und die polizeilichen Statistiken sprechen da aber eine absolut andere Sprache. Belügen Sie also die Bürgerinnen und Bürger? Und wenn ja, warum tun Sie das? Und ist das Gewaltpotential bei unseren jungen Männern zwischen 13 und 35 auch so immens hoch? Laufen die

auch schon vermehrt mit Messern durch die Gegend?
Ich weiß so langsam nicht mehr, ob Menschen wie Sie entweder total verblendet, nicht hinreichend informiert oder einfach nur naiv sind. Jeder einzelne Punkt wäre schon vorwurfsvoll, aber alle zugleich kommen einem Realitätsoffenbarungseid gleich.
Deshalb sei es wichtig, dass Flüchtlinge nicht beschäftigungslos in großen Einrichtungen sitzen und dass der Familiennachzug umgesetzt wird, „damit sich weibliche Bezugspersonen wie Mütter und Schwestern im Lebensumfeld der Flüchtlinge befinden."
Frau Schröder Köpf, egal wie tief man die Latte für Ahnungslosigkeit legt, es gibt trotzdem immer noch einen, oder eine, die aufrecht darunter hindurchläuft. Dieses Mal waren Sie es.
Deshalb möchte ich Ihnen noch einen guten Rat mit auf den Weg geben: Bevor Sie nächstes Mal wieder ihre Meinung zum Besten geben, spazieren Sie doch mal durch gewisse Stadtviertel und schauen sich das alles mal an. Und dann überdenken Sie vielleicht noch mal das, womit Sie letztendlich alle Opfer und zukünftigen Opfer regelrecht beleidigen.
Ich wünsche Ihnen gute Besserung.

Tim K.

Wach auf, Deutschland!

Ich ertrage es nicht mehr, tagtäglich von Politik und Medien belogen und übergangen zu werden. Was also kann man dagegen tun? Man kann zumindest gemäß Artikel 5 GG seine Stimme mit seiner freien Meinung dagegen erheben.

Ich bin es leid, dass man mir irgendeine „Bereicherung" verkaufen will, die in Wirklichkeit zum größten Teil nur aus Rückschritt, Gewalt und Sozialbetrug besteht. Ich bin es leid, dass alles was mit diesem Land zu tun hat und was es einstmals ausgemacht hat, abgeschafft und zersetzt wird.
Was ist das für ein unglaublicher Irrsinn, dass wir einige Wenige bezahlen, die über unsere Köpfe hinweg Dinge entscheiden, die wir wiederum ebenfalls mit Hunderten von Milliarden bezahlen müssen? Griechenland, EU, Masseneinwanderung und alles zusammengefasst: Unseren eigenen Abstieg. Jeden Tag Messerattacken mit toten und Schwerverletzten ausgeführt von kultur- und wesensfremden Menschen, die meiner Ansicht nach hier nichts zu

suchen haben.
Ich weiß nicht, ob ich etwas Grundlegendes bewegen kann, aber ich will irgendwann zurückblicken und zu mir selber sagen können, dass ich NEIN gesagt habe. Dass ich Einer war, der sich mit seinen legitimen und rechtsstaatlichen Mitteln dagegen gestellt habe. Jemand, der versucht hat, möglichst viele mit dieser Meinung zu erreichen.
Das gebietet mir mein Anstand und mein vernünftiges Verhältnis zu meinem Land und zu meinen Landsleuten.
Wach auf, Deutschland!

Tim K.

Die Opferung unserer Sicherheit

Ist die völlige Aufgabe unserer inneren Sicherheit die Opfergabe der Politik an die falsche Toleranz? Ich warne davor anzunehmen, dass sich hinsichtlich der inneren Sicherheit in unserem Land auch nur das Geringste verändert oder gar stabilisiert hat. Jeden Tag gibt es weiterhin Übergriffe, Gewalttaten und Vergewaltigungen.
Die Presselandschaft verschweigt dieses natürlich so gut wie es geht oder berichtet nur vereinzelt darüber. Warum? Weil sie Hand in Hand mit der Politik zusammenarbeitet. Aber nur, weil nicht realistisch darüber berichtet wird, bedeutet es noch lange nicht, dass die Zustände nicht weiter überaus bedrohlich sind.
Ich sage es immer wieder, dieser Staat ist nicht mehr im Ansatz so handlungsfähig, wie er es noch vor einigen Jahren war. Das ist das logische Resultat davon, wenn man seine Grenzen abschafft, Millionen von Menschen, überwiegend junge Männer, ins Land strömen lässt und gleichzeitig seine Sicherheitsorgane nicht nur kaputt spart, sondern regelrecht im Stich lässt.
Vor wenigen Tagen wurde der Mörder der Studentin Maria L. Hussein K. zu einer lebenslangen Haft verurteilt. Hussein K. vergewaltigte das junge Mädchen brutal, würgte und biss sie und ertränkte sie dann in einem Fluss, indem er ihren bewusstlosen Körper zuvor ins Wasser legte. Hussein K. war bereits 2013 in Griechenland straffällig geworden, als er eine junge Frau von einer Klippe stürzte. Er wurde damals wegen versuchten Mordes zu zehn Jahren Haft verurteilt. Hussein K. konnte damals den Ermittlungsaufwand um seine Tat nicht verstehen. Seine Äußerung dazu: „Es war doch nur eine Frau.“ Nach einer

Generalamnestie reiste er unter falschem Namen, falschen Alter und falschen Personalien nach Deutschland. Wie so etwas möglich war? Weil wir nach Wunsch von Angela Merkel keine Grenzkontrollen mehr durchführen und jeder, aber auch jeder, einfach so ohne Pass nach Deutschland kommen kann. Und jeder bedeutet auch verurteilte Mörder, Vergewaltiger, Straftäter, Drogendealer und Fahnenflüchtige. Das ist Fakt!
Mehrere Sozialarbeiter und Gutachterinnen glaubten K. offensichtlich ungeprüft eine Fluchtgeschichte und eine Biografie, die sich im Prozess des Mordes an Maria als fast vollständig erfunden herausstellten. „Gefühllos, berechnend, verlogen“, so fasst Stefan Hupka von der „Badischen Zeitung“ in Freiburg den Eindruck zusammen, der nach 25 Verhandlungstagen von Hussein K. bleibt.
Meine Fragen sind nun: Wie viele potentielle Hussein K. konnten ebenfalls ungeprüft und unkontrolliert nach Deutschland kommen? Wie viele Sozialarbeiter und Gutachter lagen noch falsch bei ihren „Schützlingen“? Wie viele Menschenleben hätten gerettet werden können, wenn unsere Grenzen weiterhin kontrolliert worden wären?
"Wer auch nur ein einziges Leben rettet, rettet die ganze Welt" ist ein sehr bekannter Spruch aus dem Talmud. Er ist demnach alles andere als „rechts“ oder „rechtspopulistisch“. Deshalb sage ich auch ganz bewusst und voller Überzeugung: Man hätte mehrere Menschenleben retten können, wenn man nicht einer falschen und sogar tödlichen Toleranz gefolgt wäre.
Und weiterhin haben wir keine Grenzkontrollen mehr in Deutschland.
Und weiterhin wählen die Menschen ausrechnet die, die für all das verantwortlich und auch mitschuldig sind.

Tim K.

Regierungserklärung widerlegt und zerlegt

Auf die Entgleisungen der größten Kanzlerin aller Zeiten muss man entschieden auf allen möglichen Kanälen reagieren. Das habe ich getan.
Angela Merkel hat in ihrer Regierungserklärung auch insbesondere die Digitalisierung hervorgehoben. Deshalb habe ich daraufhin mal ein wenig in dem größten sozialen Netzwerk Facebook recherchiert und bin zu interessanten Fakten gekommen:

Anhängerzahl von Politischen Ideologien/Personen des öffentlichen Lebens: CDU: ca. 180.000 SPD: ca. 187.000 Heiko Maas: ca. 42.000 Olaf Scholz: ca. 25.000 Ursula von der Leyen: ca. 800 Tim K. : ca. 218.000

218.000 Menschen, die gemeinsam eine öffentliche Seite bilden, welche diese Kanzlerin und ihre Clique kritisiert, ablehnt und fortwährend attackiert. Eine sehr große Anzahl von Menschen, die gemeinsam, so gesehen, die größte außerparlamentarische Opposition innerhalb der sozialen Netzwerke darstellt. Menschen, die sich nicht für rechts oder links interessieren, sondern für vernünftiges Denken, Fakten und die Realität.
Und vor allem: Für die Eigenen!

Tim K.

Frau Bundeskanzlerin Angela Merkel,

Ihre Regierungserklärung, auf die ich in Teilen im weiteren Verlauf näher eingehen werde, ist nichts weiter als Ihre persönliche Verhöhnung für dieses Land und seine Bevölkerung. Ebenso spiegelt Sie Ihre vollständige Realitätsferne und die damit verbundene Handlungsunfähigkeit wider. Gleich zu Anfang bemerken Sie scharfsinnig, dass obwohl unser Land angeblich gut dasteht und es uns wirtschaftlich so gut wie noch nie ginge, hätte sich offenkundig doch etwas verändert. Es gilt gleich festzuhalten, dass unser Land nicht gut dasteht und wir noch nie so eine große Armut innerhalb der Bevölkerung hatten. Was zum Teufel also reden Sie da? Sie sprechen davon, dass der Respekt vor unterschiedlichen Meinungen zurückgegangen ist, der Ton der Auseinandersetzung rauer und die Angst vor falschen Informationen gewachsen wäre. Der Respekt vor unterschiedlichen Meinungen wird durch das systemkonforme Pressewesen kontinuierlich zersetzt. Der Ton der Auseinandersetzung wird unter anderem durch asoziale Elemente wie die Antifa, die mittlerweile auch für Sie persönlich demonstriert und die seitens des Staates wirtschaftlich gefördert wird, durchaus rauer. Haben Sie Ihre neuen „Fans“ damit gemeint?
Sie haben höchstpersönlich dieses Land gespalten, wie noch niemals zuvor! Natürlich finden Sie auch klare Worte zum Islam, der Ihrer Meinung „Teil von Deutschland“ ist. Auch dieses Wunschdenken existiert alleine in Ihrem Kopf,

denn für mindestens 75 Prozent der Deutschen gehört der Islam nicht zu Deutschland und das wird sich hoffentlich auch nicht ändern. Das hoffe ich zumindest sehr.
Auch Ihre ständige Kritik an Russland nervt inzwischen ungemein und ist völlig deplatziert. Russland ist weder unser Feind, noch für die schlimmen Entwicklungen in der Welt verantwortlich. Das sind bekanntlich ganz andere. Die, denen Sie huldigen und deren Politik Sie umsetzen.
Und dann musste ja wieder die Verteidigung Ihres peinlichen Satzes „Wir schaffen das" kommen in Verbund mit Ihrem Lobeslied auf die „vielen zu uns geflohenen Menschen". Ich kann diese Lügen nicht mehr hören, Frau Merkel. Sie wissen besser als jeder andere, dass der absolute Großteil dieser sogenannten „Flüchtlinge" nicht vor Krieg und Verfolgung geflohen, sondern aus rein wirtschaftlichen Interessen durch viele sichere Länder zu uns gereist ist. Hören Sie also endlich auf, uns immer weiter zu belügen! Wenn dieser immense Sozialbetrug und hunderttausendfache Bruch unserer Gesetze nicht von Ihnen gefördert worden wäre, dann würden wir hier auf Marmorbürgersteinen spazieren gehen und niemand müsste sich an irgendeiner Tafel das Essen zusammenklauben. Das sind die Fakten! Pro Jahr über 20 Milliarden alleine nur für die sogenannten „Flüchtlinge"! Was könnte man diesem all diesem Geld nicht alles für die Eigenen machen? Für unsere alten Menschen, die Bedürftigen, die innere Sicherheit, unsere Bundeswehr, Straßen, Altersvorsorge und ein würdiges Leben für die, die unser Land wieder aufgebaut haben und denen es vor allen anderen zusteht. Was sagen Sie dazu?
Wir hätten uns zu spät mit der ganzen Thematik befasst. Sie meinen die Thematik, dass die Vereinigten Staaten in jedes Land wegen der Ölvorkommen und gewünschten Regimewechseln einmarschiert sind und wir die ganzen Folgen ausbaden müssen? Meinen Sie diese Thematik? Tun Sie doch nicht so unwissend! Dann sprechen Sie, ausgerechnet Sie, von geltendem Recht und Asylverfahren. Das grenzt doch schon an Satire, Frau Merkel. Sie haben es doch ermöglicht, dass Millionen rechtswidrig zu uns gekommen sind und unter anderem hier ihr Scharia-Recht ausleben. Wir finanzieren das auch noch. Da muss ich mich als Deutscher doch in Grund und Boden schämen!
Wir hätten die Aufgabe hinsichtlich der „Flüchtlinge" im Großen und Ganzen bewältigt und könnten stolz darauf sein? Was reden Sie da nur? Nichts ist bewältigt und dieses Land ist Jahrzehnte nach hinten geworfen worden. Darauf kann man nicht stolz sein, sondern dafür muss man sich schämen! Dann sprechen Sie davon, die europäischen Außengrenzen schützen zu wollen. Sie sind fürwahr eine große Komikerin. Sie können oder wollen ja noch nicht einmal die deutschen Grenzen schützen! Köstlich, Frau Merkel! Hören Sie sich eigentlich ab und zu selber dabei zu, was Sie da für einen Unsinn von sich

geben?
Dann reden Sie allen Ernstes von „Rückführungen“ und vermeiden damit den echten Begriff „Abschiebung“. Frau Merkel, Deutschland schiebt bewusst und vorsätzlich nicht ab. Das ist ein Faktum! Warum also belügen Sie uns weiter? Sie wollen das doch gar nicht! Sie wollen, dass noch viel mehr von diesen sogenannten „Flüchtlingen“ zu uns kommen. Sie reden dann immer weiter aber sagen hingegen nicht wirklich etwas aus. Ihr ganz eigenes schwammiges und inhaltsleeres Gerede eben.
Sie wären aber nicht die, die Sie sind, wenn Sie nicht zumindest auch einen großen Kalauer in Ihrer Rede drin hätten. Und der kommt ganz am Schluss: „Inzwischen kennen Sie mich. Ich werde jeden Tag von morgens bis abends meine ganze Kraft und Energie nach bestem Wissen und Gewissen dafür einsetzen, das Beste für die Bürgerinnen und Bürger Deutschlands, für alle Menschen in unserem Land zu erreichen. Denn ich möchte alles dafür tun, dass die Menschen am Ende dieser Legislaturperiode sagen: Die in Berlin haben aus dem Wahlergebnis vom September 2017 etwas gelernt.“
Frau Merkel, bei allem Respekt, aber bei diesen Sätzen weiss ich nicht, ob ich meinen Bauch vor Lachen oder vor Weinen halten soll. Das ist doch wohl wirklich nicht Ihr Ernst? Deutschland geht Ihnen vollkommen am Allerwertesten vorbei und Sie interessieren sich auch nicht für seine Bürgerinnen oder Bürger. Die „Flüchtlinge“ sind Ihre einzige Zielgruppe, also Ihr ganz persönliches „Volk“. Und wenn Sie aus dem Wahlergebnis wirklich gelernt hätten, dann wären Sie sofort zurückgetreten und hätten sich selber angezeigt und sich vor einem deutschen Gericht anständig Ihrer Taten verantwortet.
Sie sind und bleiben eine Karikatur ohne Charisma, Redegewandtheit oder Stil. Sie sind und bleiben einfach immer nur Angela Merkel und kein Stück mehr. Die „Kanzlerin“, die in die Geschichte eingehen wird, als diejenige, die gegen ihr eigenes Land regiert hat.
Es ist und bleibt eine unfassbare Tragödie.

Tim K.

Dieselfahrverbote – nur ein Angriff auf die deutsche Wirtschaft?

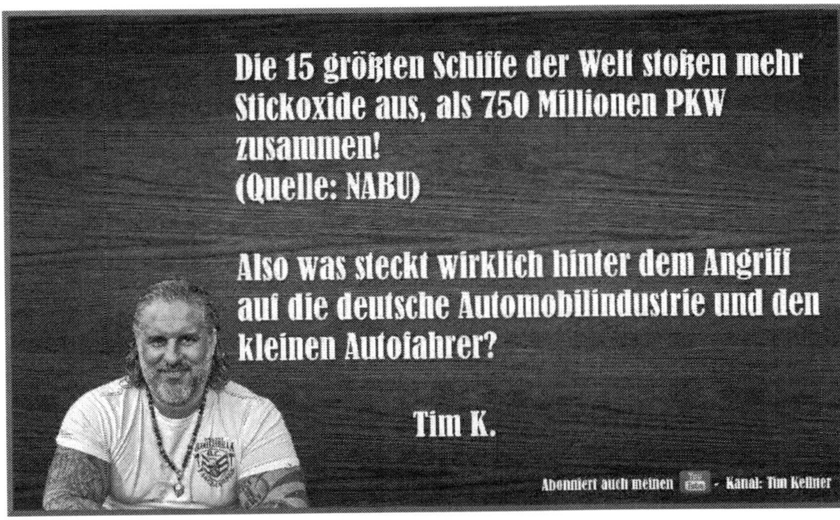

Der Dieselmotor ist einer der am wirtschaftlichsten Fortbewegungsmittel. Es mag niemanden verwundern, dass die Deutschen auf diesem Sektor federführend sind. Ebenso wie die gesamte deutsche Autoindustrie weltweit.

Um eines vorweg klarzustellen, ich bin nicht auf der Seite der arroganten und absolut überbezahlten Topmanager dieser Firmen, sondern spreche für die Millionen von Arbeitnehmern und die kleinen und mittelständischen Betriebe. Millionen von Arbeitsplätzen hängen nämlich an dieser Industrie und die deutsche Automobilindustrie ist eine der Kernindustrien in diesem Land. Plötzlich kommt das Thema Dieselverbote auf und bis heute gibt es keinen einzigen Beweis dafür, dass die Grenzwerte von 40, 60 oder wesentlich mehr Stickoxide (NO_2) Mikrogramm pro Kubikmeter schädlich für einen Organismus sind. Der Grenzwert von 40 Mikrogramm darf von nun an auf öffentlichen Straßen nur an wenigen Tagen im Jahr überschritten werden und führt sonst zum Fahrverbot für ältere Dieselfahrzeuge.
Wieso liegt aber der Grenzwert am Arbeitsplatz bei 6000 Mikrogramm pro Kubikmeter? Eine Küche mit Gasherd erzeugt 4000 Mikrogramm pro Kubikmeter. Ein Zimmer mit offenem Kamin bis zu 8000 Mikrogramm pro Kubikmeter. Die 15 größten Schiffe der Welt stoßen mehr Stickoxide aus, als 750 Millionen PKW zusammen! (Quelle: NABU) Derzeit sind übrigens rund 90.000 Schiffe sind auf den Meeren unterwegs!
Der regelrechte Angriff auf den Diesel bedeutet zwangsläufig die Enteignung der Autofahrer, einen schweren Schlag für mittelständische und kleine Betriebe

und die Zerschlagung eines großen deutschen Wirtschaftszweiges.
Warum geschieht so etwas und wem nützt es letztendlich? Das sind die Fragen, die es zu beantworten gilt.

Tim K.

Aus der Reihe „Politiker zum Fremdschämen“ heute:

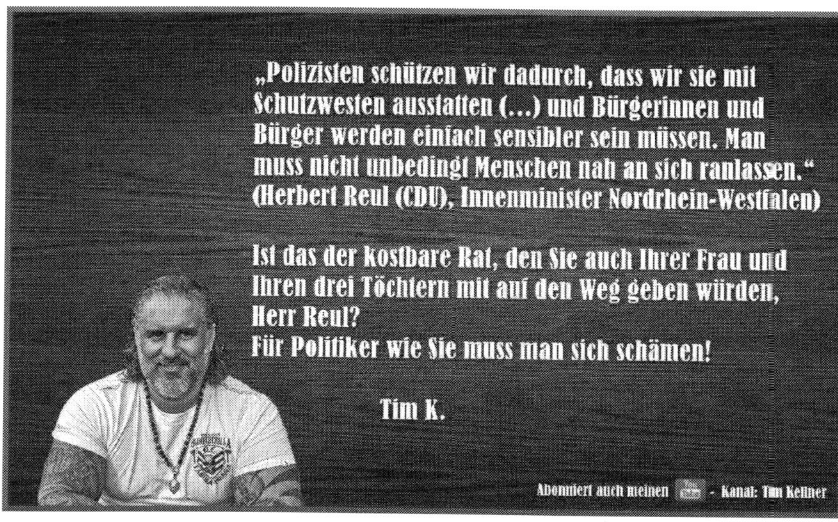

+++ NRW-Innenminister Herbert Reul! +++
Herr Reul, Sie sind fürwahr ein „würdiger“ Nachfolger der Kölner Oberbürgermeisterin Henriette Reker, die mit ihrer „Armlänge Abstand“ bereits geglänzt hat. Ist das jetzt die „Armlänge Abstand 2.0“?

Realsatire für Erwachsene und ein Beweis dafür, was für Personen bestimmte Posten innehaben.
Lächerlich und besorgniserregend zugleich!

Tim K.

Was für eine Frage? Natürlich nicht!

Eine aktuelle, repräsentative Umfrage des Meinungsforschungsinstitutes Civey hat ergeben, dass 74,3 % der Deutschen der Meinung sind, dass der Islam nicht zu Deutschland gehört.
Das Thema Islam ist eines der Themen, die in Deutschland mittlerweile nicht mehr objektiv besprochen oder diskutiert werden dürfen. Deshalb empfehle ich jedem, der sich für dieses Thema interessiert, das Lesen des Koran, des Hadith, der Biographie und zusätzlicher weitgehender Literatur.

Ich habe alles dieses mit großem Interesse gelesen und mir mein eigenes persönliches Bild manifestiert. Literarisch und in der realen Welt.
Nochmals: Das empfehle ich jedem Einzelnen. Sich seine eigene und fundierte Meinung zu bilden.
Ich bitte Euch von Beleidigungen, Zorn und Hass in Euren Kommentaren abzusehen, denn das Thema ist zu ernst, als dass wir ungebührend damit umgehen sollten. Wir müssen uns aufklärerisch, ernsthaft und seriös damit befassen. Denn nur aufgeklärte und wissende Menschen sind in der Lage, ihren Kindern die Realität zu vermitteln.

Tim K.

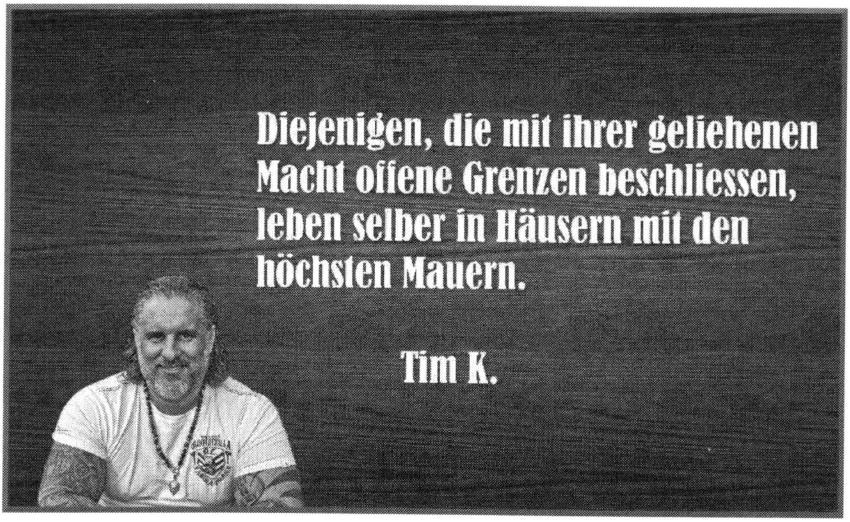

Deutschland geht tagtäglich immer mehr zugrunde

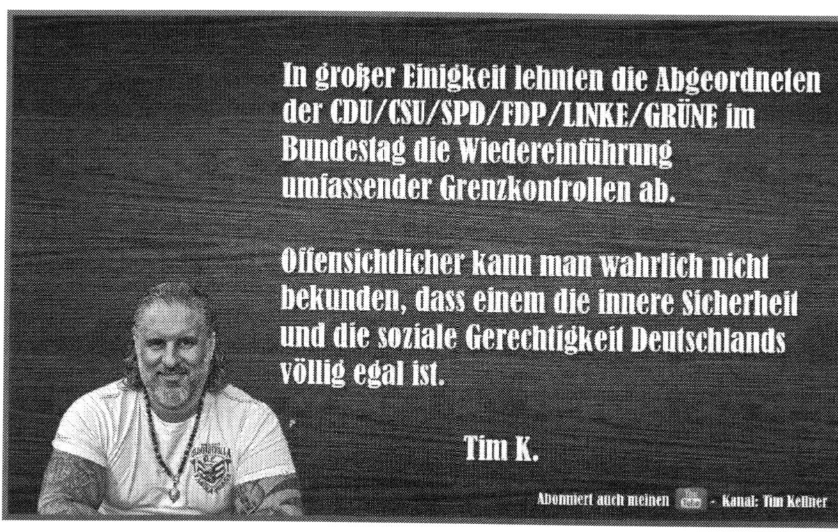

Ein großer Anteil daran ist, dass wir keine Grenzkontrollen mehr haben. Somit wird geltendes Recht vorsätzlich außer Kraft gesetzt und Straftaten legitimiert.

Im Bundestag wurde deshalb der absolut vernünftige Vorschlag eingebracht, dass wieder umfassende Grenzkontrollen eingeführt werden sollten. Völlig abgesehen von Vernunft, Sinn, Zweck und Nutzen stimmten CDU/CSU/SPD/FDP/LINKE/GRÜNE einheitlich dagegen.
Es sollte egal sein, von wem ein vernünftiger Vorschlag/Antrag kommt, insofern es zum Wohle dieses Landes und seiner Bevölkerung ist. Es ist den Etablierten aber nicht egal, denn für sie zählt nur der eigene Machterhalt und die Umsetzung einer Politik, die von Lobbyisten und auswärtigen Interessen geformt wird.
Was muss eigentlich noch alles passieren und bewiesen werden, dass letztendlich jeder versteht, worum es all diesen Parteien geht?
Sicherlich nicht um die soziale Gerechtigkeit oder innere Sicherheit Deutschlands!

Tim K.

Heiko Maas irgendwann Bundeskanzler?

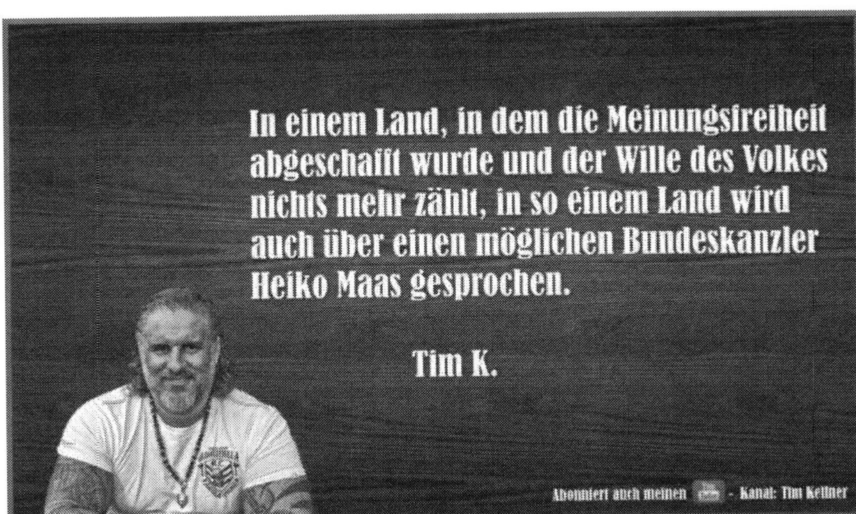

Als ich diese Schlagzeile heute las, dachte ich, dass es sich um Satire handeln würde. Dem war allerdings nicht so. Der frühere saarländische Ministerpräsident Reinhard Klimmt (SPD) spricht Maas das Potential für eine Kanzlerkandidatur zu.

Was so total abstrus, widersinnig und lächerlich heute erscheinen mag, das kann irgendwann jedoch Wirklichkeit werden. Nicht, dass Maas tatsächlich Kanzler wird, aber dass er der nächste Kanzlerkandidat der SPD werden kann.
Das Amt des Außenministers war schon seit jeher das Amt, mit dem man bei der Bevölkerung in Sachen Sympathie deutlich punkten konnte. Egal, wie unbeliebt man vorher war. Sigmar Gabriel war das beste Beispiel dafür. Ganz zu schweigen von Joschka Fischer. Alles Beispiele von Personen, die politisch nie etwas Sinnvolles auf die Beine gestellt bekommen haben. Da passt ein Heiko Maas jedenfalls perfekt. Ein ewiger Verlierer, der mehrere Landtagswahlen desaströs verloren hat. Der von der eigenen Bevölkerung abgelehnt wird. Der ebenfalls über keinerlei Aura oder Charisma verfügt. Kurzum gesagt eine Machtfigur, die optisch hervorragend zu diesem neuen Deutschland passt. Genau wie eine Angela Merkel.
Ich habe jeglichen Respekt für diese Politikerriege schon lange verloren. Ich halte hingegen in Deutschland mittlerweile alles für möglich. Es muss überhaupt gar keinen Sinn oder Logik enthalten, es muss nur in die Pläne derer passen, die Deutschland abschaffen wollen. Deshalb ist ein zukünftiger potentieller Bundeskanzler Heiko Maas auch gar nicht so unrealistisch. Zumindest in den Köpfen der eben Beschriebenen.
Da Meinungen und der Wille des Volkes nicht mehr zählen, ist dies ergo im Bereich des normalerweise Unvorstellbaren.
Deshalb: Gegen die, die uns abschaffen wollen und für die Eigenen!

Tim K.

Deutschland – Messerland!

ES REICHT!!!
Es vergeht kein anscheinend kein einziger Tag mehr, an dem nicht ein Mensch in Deutschland das Opfer einer Messerattacke geworden ist.
Das gab es doch vor einigen Jahren noch nicht? Was ist passiert, dass die Gesellschaft derart verroht ist und wir uns Verhältnisse wie im Mittelalter erschaffen haben?

Vor wenigen Tagen erst wurde die 14-jährige Keira in Berlin mit zwanzig Messerstichen brutal ermordet. Von einem Deutschen.
Kurz danach wurde die 17-jährige Mireille aus Flensburg von einem jungen Afghanen durch zahlreiche Messerstiche ermordet. Auch das war wieder eine „Beziehungstat". In diesem Fall gab es immer häufiger Streit, da Ahmad G. (Name des Täters) sehr eifersüchtig gewesen sein soll und außerdem wollte, dass Mireille ein Kopftuch trägt und zum Islam konvertieren sollte, so eine Freundin des Opfers. Ab 2017 bemerkten Nachbarn dann, dass sie tatsächlich nur noch mit Kopftuch vor die Tür ging. Ahmad G. war ein abgelehnter Asylbewerber.
Jeden Tag gibt es in Deutschland Messerstechereien, bei denen Menschen schwer verletzt oder sogar getötet werden. Ich bin es leid und für mich persönlich muss der Staat nun endlich handeln, um möglicherweise noch mehrere zukünftige Opfer zu verhindern.
Ich bin für eine rigorose Härte gegenüber derartigen Taten und ihren Tätern. Dabei interessiert mich auch nicht die Religion oder die Herkunft, denn am Ende geht es um die Opfer. Jeder muss dafür so hart wie möglich bestraft

werden.
Ein Deutscher soll so lange wie möglich ins Gefängnis, genau wie ein Täter mit Migrationshintergrund. Letzterer muss aber nach Verbüßung sofort abgeschoben werden!
Weiterhin hat sich bewahrheitet, dass sehr viele gewisse junge Menschen aus bestimmten Kulturkreisen eine unverhältnismäßige Brutalität an den Tag legen. Das Risiko ist meines Erachtens nach viel zu groß, dass von bestimmten Personengruppen weitere schwerwiegende Straftaten verübt werden.
Ich fordere daher aus Vernunftsgründen die sofortige Abschiebung aller unbegleiteter minderjähriger Flüchtlinge mit abgelehntem Asylbescheid zurück in ihre Heimatländer.

Tim K.

Öffentlicher Brief an Heiko Maas

es war nicht anders zu erwarten, dass Sie mit einem derartig tumben Auftritt Ihre Amtszeit als Außenminister beginnen würden. Sie sind eine Person, die bundesweit nicht nur nicht geschätzt oder respektiert, sondern regelrecht

belächelt und verachtet wird.
Der ewige Dauerverlierer aus dem Saarland, der bis heute noch nicht eine einzige Wahl gewonnen hat, sondern immer nur desaströs verlor, wurde von seiner Parteiclique nun in einen renommierten Posten hineingelobt. Sie sind nun tatsächlich Außenminister, beziehungsweise versuchen dies darzustellen. Das wird Ihnen allerdings nicht gelingen. Soviel garantiere ich Ihnen schon jetzt. Das spielt aber auch in unserem Deutschland gar keine Rolle mehr. Ein Politiker muss nichts mehr darstellen und kann den gröbsten und verwerflichsten Unsinn verzapfen, den man sich nur vorstellen kann. Sie sind umgeben von Ihresgleichen, die das schon eindrucksvoll bewiesen haben. Man nehme nur eine Angela Merkel. Konsequenzen hat das in der Regel nie. Im Gegenteil, man schiebt sich stattdessen noch die lukrativsten Ämter zu, um dieses Land noch weiter abzuschaffen.
Sie beklagten in Ihrer Antrittsrede einen weltweiten Riss durch die Gesellschaft zwischen „denjenigen, die für Weltoffenheit und Toleranz eintreten und jenen, die Abschottung und Rückkehr zum Nationalismus predigen.“ Ich kann dieses einseitige Gefasel nicht mehr hören. Ihr Schwarz-Weiß-Denken ist so schlicht und einfältig, dass man darüber nur den Kopf schütteln kann. Sind Sie wirklich so naiv? Glauben Sie tatsächlich, dass diese geheuchelte Denke noch viele Menschen interessiert?
Sie können sich Ihre Weltoffenheit und Toleranz sonst wo hin stecken. Meinen Sie damit die Messerattacken, Vergewaltigungen, Ehrenmorde und die erschreckend starke Islamisierung in unserem Land? Ist das Ihre Weltoffenheit und Toleranz? Dann bevorzuge ich aber lieber die sichere Abschottung in Form von Grenzkontrollen und kontrollierter Zuwanderung in Form von wirklich qualifizierten Fachkräften oder Menschen, die vor Krieg und Elend fliehen. Also ca. 1-3 Prozent von denen, die bisher kamen. Ich präferiere auch den Glauben an den Nationalstaat, an unser Wertesystem und unsere Kultur. Das Gegenteil von all dem hat uns erst in diese unfassbare Lage gebracht für die Politiker wie Sie verantwortlich sind.
Eine besondere Form von Selbstironie ist aber auch, dass ausrechnet Sie von Toleranz sprechen. Das ist wirklich zu köstlich. Derjenige, der ein rechtswidriges Zensurgesetz entworfen und durchgebracht hat, was eine Schande für diesen Rechtsstaat und jedes freie Land auf dieser Welt darstellt, ausgerechnet der spricht von Toleranz.
Herr Maas, Sie waren und Sie bleiben nur ein Persönchen, das nicht durch Leistung oder Charisma bisher in Erscheinung getreten ist, sondern nur durch Netzwerke und einer gewünschten Destabilisierung unseres Landes. Sie mögen zwar immer wieder durch Polemik und verstörende Äußerungen auffallen, aber das war es dann auch.

Genießen Sie solange die Luft an der politischen Macht wie Sie nur können. Dieses Land wird sich irgendwann wieder auf seine Werte und Stärken besinnen. Das wird die Zeit sein, in der Menschen wie Sie nichts mehr in einem derartigen Amt zu suchen haben. Abgesehen davon haben Sie das natürlich heute schon nicht.
Ich wünsche Ihnen viel Erfolg dabei, Ihr Zensurgesetz nun vielleicht auch in einigen nahöstlichen Ländern vorzustellen und anzupreisen. Normalerweise müssten Sie da damit doch Erfolg haben. Dort können Sie dann auch über Weltoffenheit und Toleranz philosophieren.
Ach, man kann Sie einfach nicht ernst nehmen.

Tim K.

Der Meineid

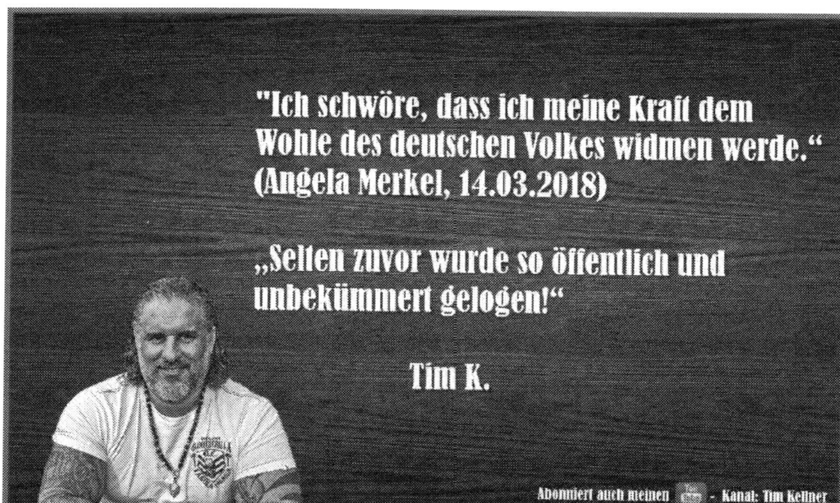

Die dunkelste Stunde der Nacht ist die unmittelbar vor Morgengrauen. Egal, wie dunkel es noch wird oder wieviel weiteres Unheil über unser Land hereinbricht, es kann und darf niemals aufgegeben werden!

Diese Frau ist unbeirrt und weiterhin mit aller Entschlossenheit mit allen demokratisch legitimierten Mitteln bis auf das Äußerste zu bekämpfen.
Sie wird niemals Deutschland im Herzen tragen. Sie wird niemals für die Eigenen regieren. Sie wird niemals den Anstand, die Moral oder das Wissen

besitzen, was erforderlich ist, um ein gutes Staatsoberhaupt abzugeben.
Angela Merkel ist ein Relikt aus alten Zeiten, die konditioniert das Programm abspult, das sie bereits von klein auf beigebracht bekam.
Der Widerstand geht unbeirrt weiter! Merkel muss weg!

Tim K.

Der Todesstoß?

Es gibt nicht viel darüber zu sagen, außer dass es einem politischen Offenbarungseid gleichkommt.
Vier weitere Jahre unter Angela Merkel bedeuten für Deutschland den Todesstoß.
Je suis Deutschland.

Tim K.

Deutschland am Abgrund!

Nach Kündigung wegen Terror-Verdacht – VW muss Islamist weiter beschäftigen

Wenn ich von so etwas lese, dann sind das Momente, in denen ich mich abgrundtief schäme, Deutscher zu sein.
Ein Islamist bedrohte Arbeitskollegen und wollte wohl in das ISIS-Gebiet reisen. Volkswagen befürchtet, dass der 30-jährige Algerier Samir B. einen Anschlag auf dem Werksgelände in Wolfsburg begehen könnte.

In der Presse steht meines Erachtens nach fälschlicherweise „Deutsch-Algerier", denn für mich war, ist und bleibt dieser Typ ein Algerier. Punkt.
Der gewisse Samir B. pflegte Kontakte zu ISIS-Kämpfern, die Teil der Wolfsburger Terror-Zelle waren. Er selber soll in Aktivitäten verwickelt worden sein. Es soll erwiesen sein, dass Samir B. bei der Rekrutierung und Unterstützung von Kämpfern aus Wolfsburg involviert war.
Aber jetzt komme ich mal zum Punkt. Wie kann es sein, dass ein deutsches Gericht diesem Islamisten Recht gibt und die Kündigung für unwirksam hält? Die Kollegen von diesem Typen haben mittlerweile immer mehr Angst vor ihm. Wieso stellt sich ein deutsches Gericht gegen die Eigenen? Wieso wird diesem Typen nicht die Staatsangehörigkeit entzogen, die ihm ohnehin nicht zusteht und man setzt ihn in das nächste Flugzeug, das ihn aus Deutschland ausfliegt? In ein Land, dessen Kultur und dessen Glauben besser zu ihm passen würde.
Dieser Typ hat nicht das Geringste mehr bei uns verloren und gehört abgeschoben!
Verschwinde und verbreite Deine Hassbotschaften woanders, denn Du gehörst nicht in dieses Land.
Es wird Zeit, dass Deutschland wieder seinen Stolz zurückgewinnt und sich auf Recht und Moral besinnt.
Mit der höchsten Form der Verachtung!

Tim K.

Herr Gesundheitsminister Jens Spahn,

das schlägt dem Fass wirklich den Boden aus! Was bildet sich so jemand wie Sie eigentlich ein, wenn er derartige Äußerungen von sich gibt?
„Niemand müsste in Deutschland hungern, wenn es die Tafeln nicht gäbe.“ Sagt der, der seit seinem 22. Lebensjahr Geld vom Staat bezieht.
„Mit Hartz IV habe jeder das, was er zum Leben braucht.“ Sagt der, der sich monatlich 15.311,- Euro und somit das 36,8-fache eines alleinstehenden Hartz-IV-Empfängers vom Steuerzahler bezahlt in die Tasche steckt.
Wenn ich Politiker wie sie höre, dann dreht sich mir nur noch der Magen um. Haben Sie in Ihrem ganzen Leben eigentlich jemals hart gearbeitet oder Ihr Leben oder Ihre Gesundheit für dieses Land aufs Spiel gesetzt? Ich habe alles davon.
Wenn Sie und die Ihren auch nur ein bisschen Anstand verfügen würden, dann würden Sie etwas gegen die Millionen von Fremden unternehmen, die illegal und rechtswidrig zu uns hineinströmen und früher oder später auch alle Hartz IV beziehen werden, ohne jemals dafür auch nur einen einzigen Cent eingezahlt zu haben!
Wenn Sie dagegen etwas getan hätten oder beabsichtigen zu tun, dann könnten alle Deutschen auf Tafeln oder Hartz IV verzichten, weil es dann genug Geld gäbe für ein ordentliches Grundeinkommen für jeden Bedürftigen und jede Bedürftige in diesem Land. Das wollen sie aber nicht! Sie wollen vielmehr dieses Land, seine Grenzen, seine Kultur abschaffen.
Was haben Sie eigentlich auf dem letztjährigen Bilderberger-Treffen gemacht, bei dem sie mit anderen illustren deutschen „Persönlichkeiten“ wie der

Milliardärin Susanne Klatten, dem Vorstandsvorsitzenden der Bild Mathias Döpfner, dem Vorstandsvorsitzenden der Allianz AG Oliver Bäte, dem Vorstandsvorsitzenden der Bayer AG Werner Baumann und dem Aufsichtsratsvorsitzenden der Deutschen Bank Paul Achleitner so alles besprochen? Etwa über die Zukunft Deutschlands? Oder etwa über die Interessen der armen Menschen in Deutschland, welche die Tafeln zum Überleben brauchen oder Hartz IV beziehen? Haben Sie über solche Themen gesprochen? Natürlich haben sie das nicht, denn es interessiert solche Menschen wie Sie nicht, wie es den Eigenen geht oder diese über die Runden kommen.
Sie sind nichts weiter als eine Marionette in der Regierung Merkel, die zumindest nach außen den Schein von älteren Werten und Konservatismus aufrechterhalten soll. In Wirklichkeit tun Sie das, was man Ihnen befiehlt und stimmen so ab, wie es erwünscht ist. Das war schon immer so und wird auch immer so bleiben.
So dreht sich Ihr persönliches Rad weiter und so können Sie weiter von Posten und monatlichen Bezügen profitieren, von denen ein Hartz IV-Empfänger nur träumen kann, über den Sie sich noch unverschämt lustig machen.
Ich werde weiter täglich dafür kämpfen und streiten, damit Personen wie Sie Ihre Maske heruntergerissen bekommen und die Menschen Ihr wahres Antlitz erkennen. Ein Antlitz, das frech und borniert auf die Eigenen herabblickt und sich nicht zu schade ist, dieses auch noch ganz unverhohlen heraus zu posaunen.
Herr Spahn, halten Sie Ihren frechen Mund!

Tim K.

Liebe Bild-Zeitung,

peinlicher geht es wirklich nimmer. Ich schäme mich wirklich dermaßen fremd, dass ich Euch diese Zeilen einfach schreiben muss.
Wer sind „wir"? Die mehr als 50 Prozent in diesem Land, welche diese Einheitspartei nicht mehr haben wollten? Meint Ihr die mit „wir"?

Da habt Ihr als westliche Version des ehemaligen SED-Zentralorgans „Neues Deutschland" Euerm Ruf aber wieder alle Ehre gemacht.
Also ich möchte für mich und ganz viele andere sprechen, welche diese unwahre und peinliche Beleidigung entschieden von sich weisen.
Diese GroKo ist der politische Offenbarungseid für Deutschland!
Heiko Maas ist ein Politiker, über den man schon gar kein Wort mehr verlieren muss. Eine freche Ohrfeige für alle Bürgerinnen und Bürger in diesem Land.
Ursula von der Leyen ist die unfähigste Ministerin, egal in welchem Amt, die dieses Land je hervorgebracht hat.
Horst Seehofer ist der „Umfall-König" aus Bayern, der sich von einer Angela Merkel persönlich das Rückgrat hat herausoperieren lassen.
Über Angela Merkel braucht auch kein einziges Wort mehr drüber verloren zu werden. Völlig indiskutabel und regelrecht grotesk.
Olaf Scholz, der Riesenverlierer aus Hamburg, der uns allen eindrucksvoll bewiesen hat, wie eine ganze Stadt sich von der Antifa hat verwüsten und auf der Nase hat rumtanzen lassen. Unfassbar!
Franziska Giffey, ehemalige Bezirksbürgermeisterin von Berlin-Neukölln. Genau, Berlin-Neukölln, einer von mehreren bereits gefallenen Bereichen

Deutschlands.
Peter Altmaier, ha ha ha ha ha ha, genau der Peter Altmaier. Ohne Worte.
Jens Spahn, Teilnehmer der Bilderberger-Konferenz 2017 und vermeintliche Hoffnung der sogenannten Konservativen. Nicht tragbar.
Julia Klöckner, die ehemalige Weinkönigin und Mitglied der Feier-Riege von Angela Merkel. Hauptsache Machterhalt!
Und so weiter, und so weiter…
Dies ist keine Regierung, sondern eine Zumutung. Eine Ansammlung von Personen, die nicht für, sondern gegen Deutschland regieren. Eine Clique von Machtmenschen, die sich gegenseitig die Posten zuschieben, egal ob sie fähig sind oder nicht. Eine Regierung, die noch niemals zuvor so inkompetent, unpatriotisch und handlungsunfähig war.
Wie bereits gesagt: ICH bin nicht diese GroKo!

Tim K.

Es reicht und zwar endgültig!

Deutsche Bürger suchen im Müll nach Pfandflaschen und ältere Menschen klauben sich Essen an deutschen Tafeln zusammen. Zeitgleich leisten wir uns den Luxus, ca. 600.000 bereits abgelehnte Asylbewerber weiter auf Kosten des Steuerzahlers zu finanzieren.

Warum werden diese nicht abgeschoben? Ist dieser Staat bereits handlungsunfähig? Ja, das ist er und das ist meine felsenfeste Überzeugung. Dieser Staat und seine Organe sind nicht mehr handlungsfähig. Das Einzige, was noch „funktioniert“ ist, dass der Steuerzahler für diesen riesigen Rechtsbruch und gleichzeitigen moralischen Irrsinn aufkommt.
Dieses Land braucht ein kollektives Aufwachen, damit unser Staat wieder handlungsfähig wird.
Dann muss geltendes Recht angewandt und durchgesetzt werden und dann muss auch kein Deutscher mehr im Müll nach Pfandflaschen suchen.
Für die Eigenen!

Tim K.

BANANENREPUBLIK DEUTSCHLAND!

Ich sage dies aus vollster Überzeugung, denn man kann mittlerweile diesen ganzen Zirkus nicht mehr für voll nehmen.
Und wenn man denkt es geht nicht mehr, kommt von irgendwo her doch noch eine Klatsche daher. Ich frage mich allen Ernstes, ob die Kriterien für ein Ministeramt wirklich aus Unfähigkeit, Unbeliebtheit und Maßlosigkeit in jeglicher Hinsicht bestehen?

Will man dieses Land wirklich mit aller Macht kaputt machen?
Diese Entscheidung kommt ja einem politischen Offenbarungseid gleich.

Nichtdestotrotz, die SPD scheint wirklich nicht mehr zu toppen zu sein und ich möchte den Genossinnen und Genossen auch zu dieser Wahl gratulieren: Schneller landet Ihr echt nicht bei 10 Prozent!
Herr Maas ist ja zudem fürwahr eine stattliche Erscheinung, die würdig unser Land in der Welt vertreten wird. Wird er im Nahen Osten dann auch Werbung für sein „NetzDG" machen?
Fragen über Fragen, die viele Menschen bewegen und hoffentlich auch bei zukünftigen Wahlen beeinflussen werden.
Trotzdem von mir nochmal ganz deutlich und persönlich: Nicht meine Regierung! Nicht meine Kanzlerin! Nicht mein Außenminister!
Ich empfinde dabei ein starkes Gefühl von Fremdschämen, Hoffnungslosigkeit und Unbehagen.

Tim K.

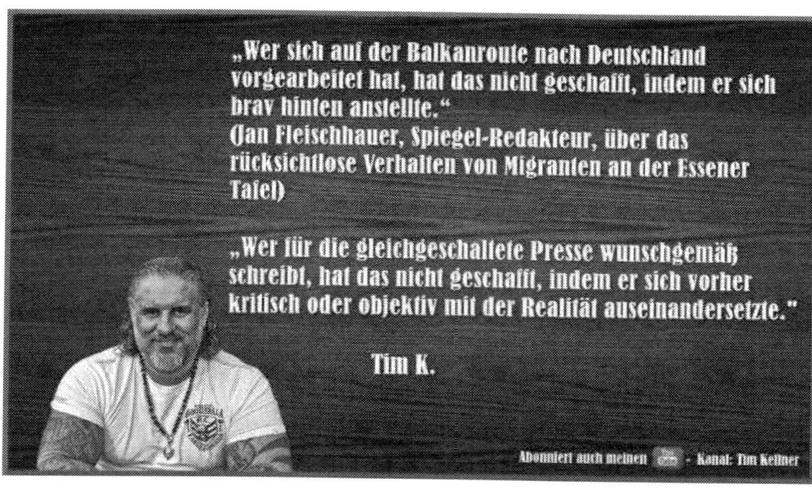

Lieber Jan Fleischhauer,

ich hätte ja einem Spiegel-Redakteur eine Menge zugetraut, aber Sie haben mich echt noch eines Besseren belehrt.
Über das rüpelhafte und aggressive Verhalten von Migranten gegenüber älteren Menschen und jüngeren Frauen äußerten Sie sich im aktuellen Spiegel wie folgt: „Ich habe dafür in gewisser Weise Verständnis. Wer sich auf der Balkanroute

nach Deutschland vorgearbeitet hat, hat das nicht geschafft, indem er sich brav hinten anstellte. Es ist eben nur sehr irritierend für Menschen, die gelernt haben, geduldig zu warten, bis sie an der Reihe sind."
Sagen Sie mal, ist das Ihr Ernst oder seit wann ist Ihre Rubrik „Meinung" eine Satire-Spalte geworden?
Einen derartig einfach strukturierten, nicht ernst zu nehmenden und zugleich unverschämten geistigen Erguss abzusondern, schlägt ja wirklich dem Fass den Boden aus.
Nach Ihrer unfassbaren „Logik" könnte man ja bequem auch andere Bereiche von nun an dementsprechend entschuldigen.
Wie wäre es mit sexuellen Übergriffen und Vergewaltigungen?
„Ich habe dafür in gewisser Weise Verständnis. Wer sich auf der Balkanroute nach Deutschland vorgearbeitet hat, hat das nicht geschafft, indem er sich brav hinten anstellte. Es ist eben nur sehr irritierend für Frauen, die gewohnt sind, normalerweise nicht begrabscht oder vergewaltigt zu werden." Ist das in etwa Ihre Logik, Herr Fleischhauer?
Oder wie sieht es mit Kinderehen und Ehrenmorden aus? Haben Sie dafür auch in gewisser Weise Verständnis? Gemäß Ihrer Logik, dass wer sich auf der Balkanroute nach Deutschland vorgearbeitet hat, hat das nicht geschafft, indem er sich brav hinten anstellte. Es ist eben nur irritierend für junge Frauen und Kinder, die sich einfach nicht selber wehren können? Haben Sie das auch in etwa so gemeint?
Körperverletzungen und Messerattacken? „Wer sich auf der Balkanroute nach Deutschland vorgearbeitet hat, hat das nicht geschafft, indem er sich brav hinten anstellte. Es ist eben nur sehr irritierend für Menschen, die gewohnt sind, nicht einfach so zusammengeschlagen oder abgestochen zu werden." Passt das auch so?
Wissen Sie, ich habe mein Spiegel-Abo unmittelbar gekündigt, nachdem Ihr systemkonformes Lizenz-Blatt öffentlich den Begriff „Flüchtlingssommermärchen" zu verwenden begann. Da war dann auch für mich die Schmerzgrenze erreicht.
Sie und die Ihren schaffen es jedoch immer wieder, Ihren Presse-Auftrag, objektiv und wahrheitsgemäß zu berichten, fortwährend zu verletzten und außer Kraft zu setzen.
Der Leitsatz eines der Spiegel-Verleger lautet „Im Zweifel links", was wiederum die scheinbar erforderliche politische Gesinnung der Schreiberlinge des Spiegels vorgibt. Richtigerweise müsste es heißen „Im Zweifel vernünftig", aber das widerspricht sich eben mit der politisch korrekten Haltung Ihres Kollektivs.
Der Spiegel ist und bleibt nun mal ein Blatt, das eine gewünschte und zudem

vorgegebene Meinung publizieren muss. Jeder, der diesem Anforderungsprofil nicht entspricht, wird entweder gar nicht erst eingestellt oder würde umgehend entlassen werden. So läuft das Spiel doch. Oder was soll der Leser anderes von dem Verleger des Spiegel Jan Fleischhauer erwarten, der langjähriges Mitglied der Atlantik-Brücke ist, die einzig und allein eine Vereinigung von „Persönlichkeiten“ und „Machtpersonen“ darstellt, die sich ausschließlich für amerikanische Interessen einsetzt?
Daher bin ich Ihnen auch gar nicht böse, Herr Fleischhauer, denn letztendlich läuft das Spiel nun mal so und jeder muss schließlich gucken, wo er bleibt. In einem anderen politischen System würde jemand wie Sie natürlich auch wieder ganz anderes schreiben, richtig?
Schwamm drüber. Ich habe Ihre Kolumne ohnehin nichts ernst genommen, bin aber dennoch besorgt darüber, wie moralisch fehlerhaft und gefährlich würdelos Sie Ihre Botschaften nach draußen posaunen.
Sie und die Ihren stellen dennoch für mich eine nicht unerhebliche Gefahr für die Meinungsfreiheit und für unser Wertesystem dar. Insbesondere nach derartigen Äußerungen.
Es bleibt weiterhin zu hoffen, dass die Entwicklung voranschreitet und sich die mündigen und interessierten Menschen in diesem Land objektiv woanders informieren.
Aber dafür sollten Sie Verständnis haben. Denn wer sich jahrelang durch Ihre politisch korrekten Gutmenschen-Beiträgen vorgearbeitet hat, hat das nicht geschafft, indem er das alles für bare Münze genommen hat. Es ist eben nur irritierend für Menschen, die gelernt haben, mit ihren eigenen Augen zu sehen und mit ihren eigenen Ohren zu hören.
In diesem Sinne trotzdem von mir: Gute Besserung!
Denken Sie nochmal drüber nach.

Tim K.

Potzblitz, Frau Merkel!

Unglaublich, was Sie da wieder für eine Sternstunde der Erkenntnis an den Tag gelegt haben. „Du, die wollen mich weghaben" sagten Sie zu Horst Seehofer nach dem Scheitern der Jamaika-Verhandlungen.

Da sind Sie in Ihrer Funktion als „Flüchtlingskönigin" ja wirklich zumindest für einen kurzen Augenblick aus Ihrem Tiefschlaf erwacht und haben ein wenig von der Luft der Realität geatmet.
Deshalb nochmal an dieser Stelle ganz persönlich und direkt an Sie: Millionen von Deutschen wollen Sie tatsächlich weghaben. So schnell wie möglich!
Sie haben dieses Land kaputt gemacht und zerstören es immer weiter. Ich kenne auch niemanden, der Sie gewählt hat, deshalb stelle ich allmählich auch die Wahlergebnisse in diesem Land absolut in Frage.
Ihnen und Ihresgleichen traue ich mittlerweile alles zu.
Also, wir wollen sie weghaben!
Tim K.

Der Rechtsstaat kapituliert – eine Schande!

Wenn es um den Einzug der GEZ-Gebühr oder um die Durchsetzung von Ordnungswidrigkeitenverfahren geht, dann zeigt der sogenannte Rechtsstaat seine volle Härte. Bei dem normalen Arbeitnehmer ist ja auch nicht mit Gegenwehr zu rechnen.

Wenn es stattdessen um hochkriminelle Araberclans, dann kuscht man und ist anscheinend handlungsunfähig.
Genau dies ist übrigens auch eines der Themen, die ich in meinem Roman „Kniefall“ sorgfältig recherchiert verarbeitet habe. (Bei Interesse an einem handsignierten Exemplar (14,80 Euro) bitte eine Privatnachricht an mich)
In gewissen Großstädten betreiben diese Clans, ungestört von staatlicher Verfolgung, Drogenhandel, Prostitution, Schutzgelderpressung und einen milliardenschweren Sozialbetrug. Verurteilungen gibt es so gut wie keine und wenn, dann selbstverständlich milde und nachsichtig.
Nach offiziellen Angaben leben c a. 90 Prozent dieses Personenkreises von Harz-IV, während ihre „Paten“ mit Ferraris und Lamborghinis frech grinsend durch die Innenstädte cruisen.
Das ist Deutschland im Jahre 2018! Ein Land, das die Selbstachtung komplett verloren hat und dessen Rechtsstaat kapituliert hat. Geführt von einer Politikerkaste, welche die Eigenen für all das zahlen lässt, damit sehr viele andere das gesamte Sozialsystem vollständig betrügen und ausnehmen können.
Die Politik könnte handeln, wenn sie es denn wollte. Sie will es aber nicht.
Den Ermittlungsbehörden werden weder das Personal, noch die Ressourcen oder die nötigen Mittel zur Verfügung gestellt. Warum eigentlich nicht? In anderen Bereichen ist dies doch auch möglich?
Es ist ein Fakt, dass wir sehr wohl in Deutschland rechtsfreie Räume und zahlreiche No-Go-Areas haben. Alles das ist der sichtbare Beweis, dass das Experiment „Einwanderungsland“ kläglich gescheitert ist.
Und trotzdem ist dies alles erst der Anfang, denn die Entwicklung ist so dermaßen düster, dass wir uns die Zukunft noch gar nicht vorstellen können.
Wir brauchen schnellstens eine politische Kraft oder Bewegung, die den Rechtsstaat stärkt, Politik für die Eigenen macht und gemäß unserer Gesetze und den Aufgaben und Pflichten eines Staates konsequent und ohne Nachsicht gegen Kriminelle und Sozialbetrüger, gleich welcher Nationalität, vorgeht.
Deutschland ist ein Land geworden, das von viel zu vielen nicht mehr ernst genommen wird. Das muss sich wieder ändern!

Tim K.

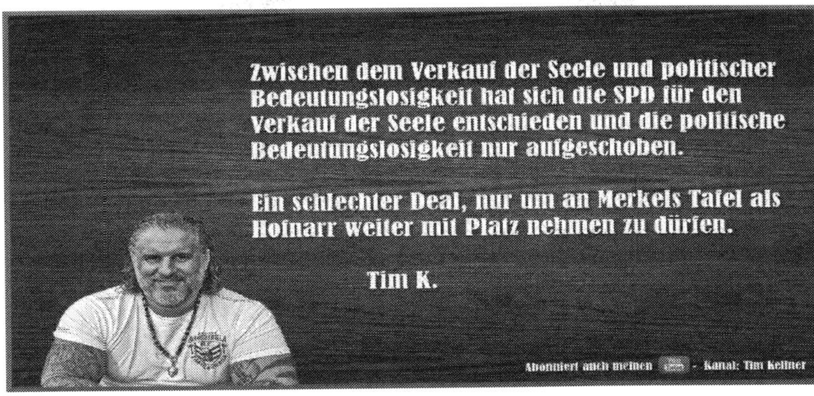

SPD sagt ja zur weiteren Merkel-Herrschaft

Das letzte bisschen Würde verkauft!
Die SPD bleibt sich treu und agiert weiter in einer Art Martin-Schulz-Manier, der selber weder Charakter, noch Wortfestigkeit kannte.

Was tut man nicht alles, um das eigene kleine bisschen Machterhalt noch über die Zeit zu retten?!
Jetzt darf man erneut zu Merkels Gnaden ein bedeutungsloser Zaunbeobachter sein, der sich nach dieser kommenden Zeit der Hoffnungslosigkeit und des Regierens gegen die eigene Bevölkerung, als eine Splitterpartei wiederfinden wird.
Eigentlich muss man der SPD zu dieser Entscheidung zur Großen Koalition gratulieren!
Danke SPD. Denn zuerst Ihr und dann irgendwann die Merkel-Sekte.

Tim K.

Frau geschäftsführende Bundeskanzlerin Merkel,

Sie sind kläglich gescheitert auf ganzer Linie! Der Kollaps der deutschen Tafeln, die erste Grundschule mit Sicherheitsdienst, der unaufhörliche steigende Sozialbetrug in Milliardenhöhe, das immense Anwachsen von Armut, der Austausch der eigenen Bevölkerung, die Zersetzung der eigenen Kultur und eine Bundeswehr, die nicht mehr einsatz- oder wehrfähig ist.

Alles das haben Sie diesem Land beschert. Und noch sehr viel mehr. Und Sie bescheren es uns allen tagtäglich weiter.
Eine gleichgeschaltete Presse, Zensur, Politische Korrektheit und eine fortwährend steigende Überwachung der gesamten Bevölkerung. Dagegen waren die alten Zeiten ja beinahe schon eine müde Amateurvorstellung!
Das Destabilisieren der inneren Ordnung und das konsequente Aushöhlen unseres gewohnten Sicherheitsempfinden dank Ihrer rechtswidrigen und verwerflichen Politik der offenen Grenzen.
Ich habe Ihnen noch niemals getraut und selbstverständlich werde ich das auch nie. Ihre Vergangenheit, Ihr Aufstieg und Ihre Karriere sind einfach zu verdächtig und unter normalen Voraussetzungen gar nicht möglich.
Dieses Land hatte noch niemals ein Staatsoberhaupt, das über so wenig Ausstrahlung und Charisma und zudem weder über eine gute Rhetorik noch eine versierte Umsetzung von wichtigen Themen verfügt.
Eine Bundeskanzlerin, die weder Nationalstolz besitzt und sich nicht im Geringsten für die eigene Bevölkerung interessiert. Die über ein Jahr damit wartet, auf die Angehörigen der Opfer vom Berliner Breitscheidplatz zu

reagieren, aber innerhalb von zwei Tagen sich persönlich zu Wort meldet, wenn Migranten nicht mehr zuerst an den Tafeln bedient werden. Was geht da eigentlich in Ihrem Kopf so vor?
Ich empfehle Ihnen stattdessen, sich einmal die Entwicklung der deutschen Tafeln über die Jahre genauer anzuschauen.
Was haben Sie eigentlich all die Jahre gemacht, geschweige denn geleistet? Wie konnte sich so eine Person über so einen langen Zeitraum überhaupt halten? Ich weiß, dass Sie sich weder für meine Worte, noch für die armen Menschen in diesem Land wirklich interessieren, aber darum geht es mir auch gar nicht.
Es geht mir nur darum, dass sich möglichst viele andere für meine Worte interessieren und so schnell wie möglich die Meinung von mittlerweile vielen Millionen Menschen teilen, die da lautet:
Merkel muss weg!

Tim K.

Eine schallende Ohrfeige!

Frau Merkel, was für eine schallende verbale Ohrfeige! Bravo!
Realisieren Sie eigentlich, dass Sie nur noch aus Ihrer eigenen Liste, also Ihrer eigenen Sekte, überhaupt noch Zuspruch erhalten? Und das auch nur noch von den paar Parteifreunden und Freundinnen, denen es auch nur um ihre eigenen Posten und Karrieren geht.

Ansonsten gibt es fast niemanden mehr, der noch für Sie ist. Ach, ich vergaß die Antifa! Die demonstriert ja mittlerweile auch für Sie! Glückwunsch! Das hat auch noch kein Kanzler zuvor vollbracht, was wiederum Ihre Einzigartigkeit unterstreicht.
Ich bleibe dabei, dass Ihre Tage gezählt sind.
Und was ich zudem mehr als begrüße: Eine weitere Tafel hat sich dazu entschlossen, keine weiteren alleinstehenden Migranten mehr aufzunehmen. Es ist die einzig richtige Entwicklung.
Absolut richtig!

Tim K.

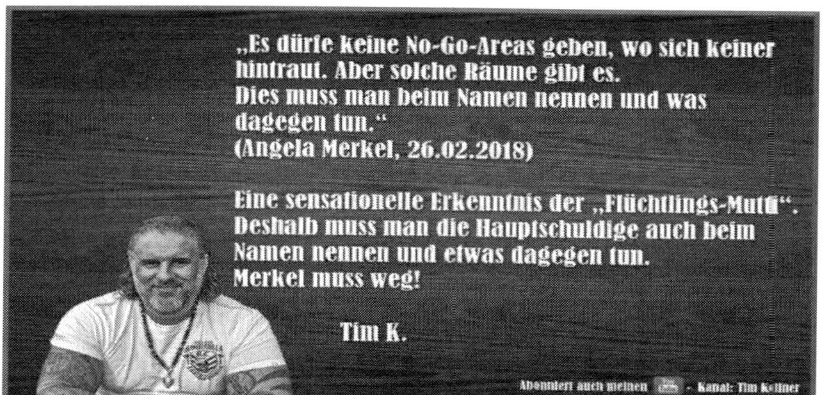

Merkel muss weg!

Angela Merkel scheint mehr und mehr den vollständigen Bezug zur Realität zu verlieren. Den Bezug zu ihrem Land, insofern es diesen überhaupt jemals gab, ist ihr schon vor langer Zeit abhandengekommen.

Alles, was ihre Mitbürger betrifft erscheint für sie langweilig und nachrangig. Alles, was mit ihren bevorzugten Schützlingen zu tun hat, wird ganz oben auf ihre Agenda gesetzt.
Dies ist ein Fakt und kann tagtäglich beobachtet werden.
Kommt man so seinen Pflichten als Bundeskanzlerin nach? Natürlich nicht, zumal ihr Amtseid in verwerflichster Art und Weise fortwährend gebrochen

wurde und weiterhin wird.
Angela Merkel hat denn völligen Bezug zur Realität verloren. Desaströse Zustände, die von ihr selber erschaffen wurden, werden dann im Nachhinein erst von ihr geleugnet, dann bestätigt und sollen dann wieder repariert werden.
Das ist dasselbe, als wenn ein Architekt ein Haus völlig verplant und zum Einsturz bringt, seine Schuld leugnet, im Nachhinein aber den Einsturz kritisiert und die Bauarbeiter antreibt, den Schaden wieder zu regulieren.
Wie schon gesagt, im eigentlichen Sinne nicht mehr handlungsfähig!
Ich will es aber abkürzen. Es gibt nur eine einzige vorläufige und notwendige Lösung für den Zustand dieses Landes und für einen Neuanfang:
Merkel muss weg!

Tim K.

Für die Essener Tafel!

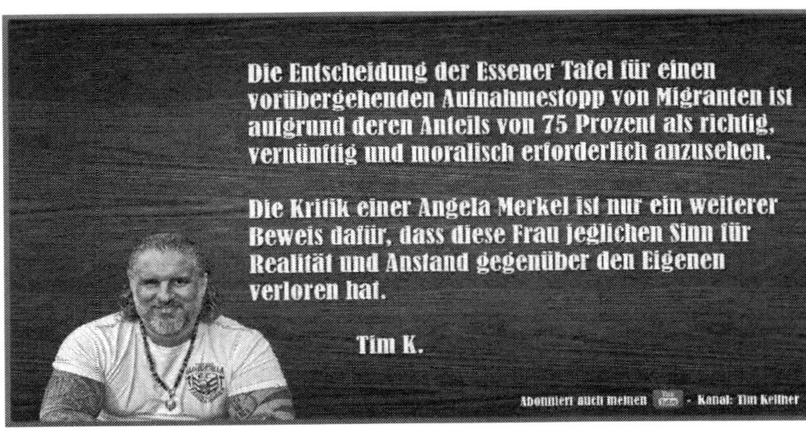

Aufgrund der von Angela Merkel geförderten Flüchtlingszunahme in den letzten Jahren ist der Anteil der ausländischen Kunden der Essener Tafel auf mittlerweile 75 Prozent angestiegen.
Insbesondere ältere Menschen und junge Mütter haben sich von den vielen fremdsprachigen jungen Männern in der Warteschlange abgeschreckt gefühlt.
Deren nicht selten rücksichtsloses und frauenverachtendes Verhalten habe zusätzlich zu nicht mehr hinnehmbaren Zuständen bei der Essener Tafel geführt.

Und wenn das alles nicht schon schlimm und schändlich genug ist, stellt sich jetzt noch eine Angela Merkel hin und kritisiert den vorübergehenden Aufnahmestopp von Migranten.
Frau Merkel, wie hätten Sie es denn gerne? Dass der Anteil der Migranten auf 80, 90 oder gar 100 Prozent steigt, weil dann kein Deutscher mehr freiwillig dorthin geht?
Sie sind eine Person, die sich noch nie für nationale Interessen interessiert oder eingesetzt hat. Sie sind vielmehr eine Person, die sich fortwährend gegen die Interessen der Eigenen einsetzt.
Sie sind das Schlimmste, das Deutschland und ganz Europa nach dem 2. Weltkrieg widerfahren ist.

Tim K.

Es ist an der Zeit, Farbe zu bekennen!

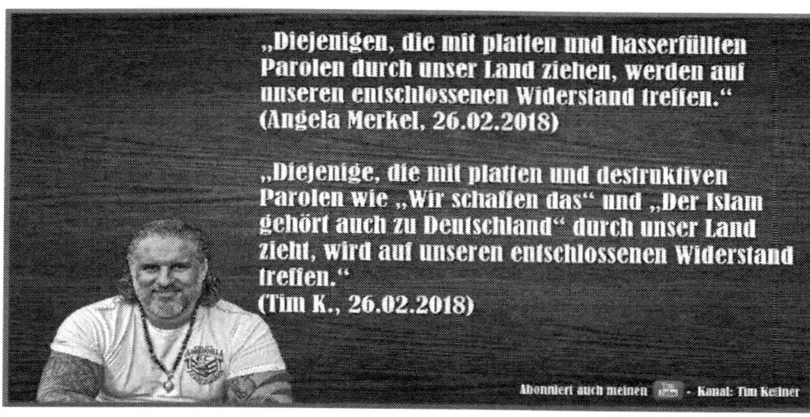

CDU-Parteitag: Merkel kündigt „entschlossenen Widerstand“ gegen diejenigen an, „die mit platten und hasserfüllten Parolen durch unser Land ziehen.“
Die einzige Comedy-Show der Angela Merkel geht weiter Die SPD hat sie bereits eliminiert, die Merkel-Sekte wird folgen und über Deutschland braucht niemand mehr zu reden. Angela Merkel zerstört, destabilisiert und zersetzt weiter, wo und wie sie nur kann.

Dennoch stimmt die Merkel-Sekte am Ende des Parteitages mit einer Riesenmehrheit für die Große Koalition und „feiert“ ihren neuen Star, so Spiegel Online.

Der „neue Star" ‚der Martin Schulz-gleich mit 99 Prozent (das erinnert doch gerne an alte Zeiten) als neue Generalsekretärin der CDU gewählt wurde, heißt Kramp-Karrenhauer. Eine Frau, die gleich mit der Parole loslegt, dass sie vor „einem Rechtsruck der Partei warnt".
Großartig liebe Frau Kramp-Karrenbauer! Weiter so!
Helfen Sie allen vernünftig denkenden Mitbürgern dabei, die richtige Wahl zu treffen. Die SPD ist bereits aus dem Rennen und dank Ihnen und einer Angela Merkel wird es die CDU auch schon sehr bald sein. Das lässt hoffen.
Ich wiederhole daher noch einmal gerne mein Zitat: „Diejenige, die mit platten und destruktiven Parolen wie „Wir schaffen das" und „Der Islam gehört auch zu Deutschland" durch unser Land zieht, wird auf unseren entschlossenen Widerstand treffen."
Für die Eigenen!

Tim K.

Wider dem Vergessen!

Noch nie gab es in Deutschland derart viele Vergewaltigungen, sexuelle Übergriffe und Messerstechereien. Der Sozialbetrug ist ins Unermessliche angestiegen.
Jeden Tag findet man irgendwo eine Meldung unter Sonstiges, die damals mühelos als Schlagzeile hätte herhalten müssen. Heutzutage ist das schon normal geworden und diese Gesellschaft verroht immer mehr.

Die gleichgeschalteten Medien verzichten bewusst darauf, genaue Angaben zu den Tätern zu machen, obwohl dies die erste Informationspflicht eines Journalisten sein müsste.
Dies erklärt sich jedoch ganz einfach: Es kann einfach nicht sein, was nicht sein darf!
Die Justiz verteilt „Boni, Rechtfertigungs- und Entschuldigungsgründe", für Straftaten, bei denen keinerlei Milde oder Nachsicht auch nur im Geringsten angemessen wären.
Ich weiß, dass die Entwicklung in Deutschland immer schlimmer wird.
Das wiederum sollte jedem klar sein, der weiterhin CDU/CSU/SPD wählen wird.

Tim K.

Merkel installiert ihren eigenen Klon!

Farblos, blass, langweilig und ohne irgendein Charisma. Das fällt mir persönlich zu einer Angela Merkel ein.

Aber aus dem Ministerium für Doppelnamen wurde nun eine scheinbar „würdige" Nachfolgerin gekürt: Annegret Kramp-Karrenbauer.
Alleine der Name scheint für Qualität zu stehen, denn wo Kramp-Karrenbauer drauf steht, da kommt auch Kramp-Karrenbauer raus. Sogleich warnt Annegret Kramp-Karrenbauer vor „einem Rechtsruck der CDU". War das Satire? Zumindest hat sie sich damit brav in die Vorgabe ihrer Chefin ergebenst

eingereiht.
Damals war die CDU eine konservative Partei. Konservativ kommt von conservare und bedeutet bewahren. Konservativ heißt heute für die CDU und Angela Merkel „rechts“ und „rechtspopulistisch“. Soweit hat sich das System Merkel schon durchgesetzt.
Und da das Mindesthaltbarkeitsdatum einer Angela Merkel und ihrer Einheitspartei CDU/CSU/SPD bereits endgültig abgelaufen ist, bringt es auch nicht das Geringste, einen langweiligen und kursbefreiten Klon mit dem Namen Kramp-Karrenbauer in das letzte Gefecht zu werfen. Es ist nämlich bereits alles für die Mannschaft Merkel verloren. Das gefällt mir überaus.
Ich wünsche Euch einen schönen Samstag!

Tim K.

Wir brauchen keine neuen Gesetze

Wir leben mittlerweile in einem Land, in dem die Bundesregierung und führende Politiker sich vorsätzlich über geltendes Recht hinwegsetzen.
Dies fängt bei einer Bundeskanzlerin Merkel an und endet bei diversen Landräten in kleineren Regionen.
Alles das muss dennoch von der Bevölkerung geschluckt und hingenommen werden. Allerdings ohne jedwede Begründung.

Dieses System, das darauf aufgebaut ist, dass eine gewünschte Politik und Meinung vorgegeben wird, verfügt über keinerlei Argumente.

Es gibt nämlich kein einziges Argument für eine unkontrollierte Masseneinwanderung!
Es gibt kein einziges Argument für steigende Kriminalität!
Es gibt keine Argumente für eklatante Rechtsbrüche!
Es gibt kein einziges Argument für massenhaften Sozialbetrug, die Zerstörung unserer Kultur und das Unterdrücken von Frauen und Homosexuellen!
Das einzige, bemitleidenswerte „Argument" dieser Obrigkeit besteht nur noch darin, dass alle kritischen Stimmen unisono als „rechts", „rechtspopulistisch" und „rassistisch" abgestempelt werden.
Wenn das alles ist, dann steht dem Wandel ja nichts mehr im Weg.
Ich möchte Euch allen einen Gruß aussenden und Euch sagen, dass die Zeiten vorbei sind, in denen man sich für seine offene und freie Meinung genieren musste, eben weil sie nicht systemkonform und erwünscht war.
Das „Argument" für „rechts" und „rechtspopulistisch" kommt ausgerechnet von denen, die geltendes Recht brechen und ansonsten keinerlei andere Argumente mehr aufbringen.
Also, wenn Euch die Leitmedien oder irgendjemand als „rechts" oder „rechtspopulistisch" bezeichnet, dann bedankt Euch und seid Euch sicher, dass Ihr es als Auszeichnung verstehen könnt.
In diesem Sinne einen schönen Freitag!

Tim K.

Es reicht jetzt endgültig! Strafanzeige Ahmad A.

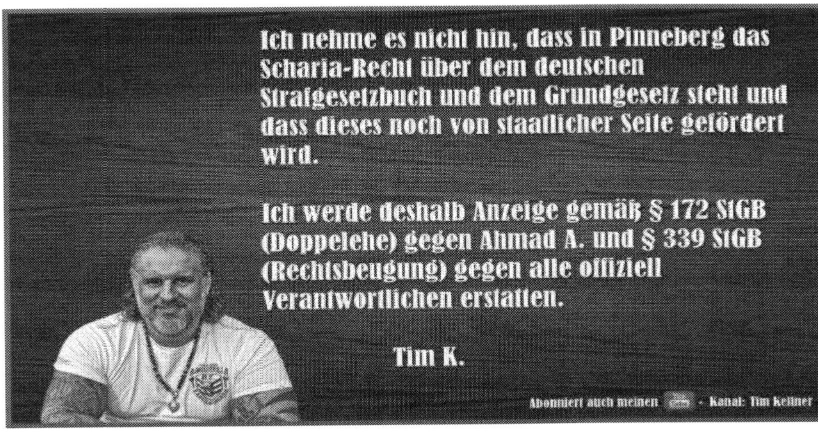

Im Landkreis Pinneberg steht das Scharia-Recht nunmehr über dem deutschen Strafgesetzbuch und dem deutschen Grundgesetz. Das werde ich als Deutscher nicht hinnehmen.
Ich werde daher Strafanzeige gegen alle Beteiligten erstatten. Als Polizeikommissar a.D. verfüge ich einerseits noch über gewisse Vorkenntnisse und den Rest habe ich nachrecherchiert. Für alle, die ebenfalls sich mit dem Gedanken trugen, ist der nachfolgende Text für meine Strafanzeige frei verwendbar. Ich werde diese Strafanzeige an die Adresse der Polizei Pinneberg mittels Einschreiben-Rückscheins senden:
Hiermit erstatte ich Anzeige gegen Ahmad A. wegen § 172 StGB (Doppelehe) und aller sonstigen in Frage kommenden Straftaten. Herr Ahmad A. gab in einem Beitrag vor einem Millionenfernsehpublikum bei Spiegel TV an, dass er mit zwei Ehefrauen verheiratet wäre. Dies ist gemäß deutscher Gesetzgebung nicht erlaubt.
Der § 172 StGB stellt dies unter Strafe und des Weiteren ist dies ein gravierender Verstoß gegen Art. 3 GG, der besagt, dass alle Menschen vor dem Gesetz gleich sind und dass niemand wegen u.a. seiner Abstammung, Rasse, Herkunft oder seines Glaubens, seiner religiösen Anschauungen benachteiligt oder bevorzugt werden darf.
Dies ist in diesem und auch zahlreichen anderen Fällen jedoch eindeutig der Fall.
Es gibt zwar durchaus die Rechtsauffassung, dass polygame Ehen, die im Ausland rechtmäßig geschlossen wurden, auch in Deutschland bis zu einem gewissen Grad anerkannt werden. Dem widerspricht aber, dass gemäß Art. 3, 6 EGBGB, private Rechtsverhältnisse, die im Ausland entstanden sind nur

insofern weitergelten, soweit sie nicht dem „ordre public" widersprechen. Der „ordre public" steht für die öffentliche Ordnung und somit für das Grundlegende der inländischen Wertvorstellungen. Dieses ist in dem besagten Fall als absolut zutreffend zu betrachten, da die nach Scharia-Recht ausgelebte Vielehe entschieden gegen die öffentliche Ordnung steht.
Außerdem ist zu klären und zu hinterfragen, inwiefern die Mehreren in der Heimat des Ahmad A. überhaupt „rechtmäßig" geschlossen wurden?
Ich insistiere weiterhin, dass innerhalb des deutschen Hoheitsgebietes auch die deutschen Gesetze und insbesondere das Grundgesetz die höchste Gesetzgebung sein müssen. Das bedeutet, dass ausländische Gesetze, geschweige denn das Scharia-Recht, keinerlei Bedeutung haben können oder dürfen.
Weiterhin erstatte ich Strafanzeige gegen alle offiziellen Beteiligten wegen § 339 StGB (Rechtsbeugung), die Herrn Ahmad A. dabei geholfen und es ihm ermöglicht haben, die Vielweiberei mit staatlicher Finanzierung bei uns auszuleben.
Wenn in Deutschland mittlerweile die Vielweiberei nach Scharia-Recht legitimiert ist, dann stellen sich mir die weiteren Fragen, wann Ehrenmorde, Genitalverstümmelungen, Steinigungen und das Abtrennen von Gliedmaßen offiziell anerkannt, legitimiert oder geduldet werden?
Ich betone noch einmal, dass ich mich auf deutsche geltende Gesetze berufe. Wenn der Rechtsstaat bereits in Teilen kapituliert oder weicht, dann empfinde ich es als meine Bürgerpflicht, diesen zu stärken oder gar zur Räson zu rufen. Das sind die Gründe für diese Strafanzeige.

Mit freundlichen Grüßen

Timm Kellner, (Polizeikommissar a.D.)

DANKE SPIEGEL-TV!!!!!

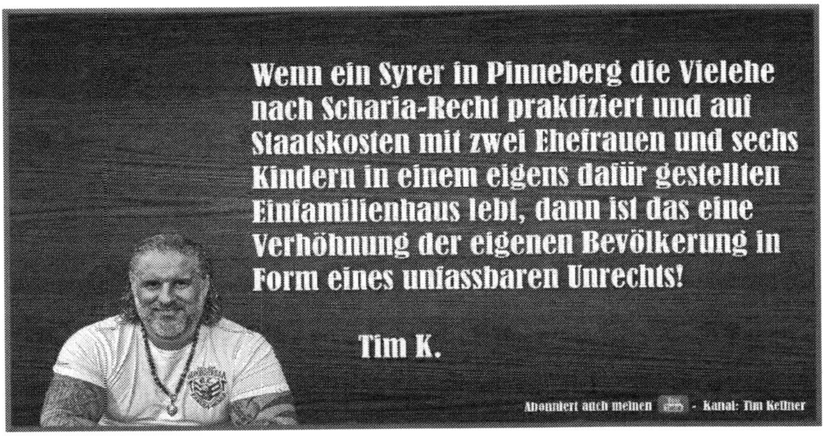

Als ich gestern Abend die Doku über den syrischen Flüchtling Ahmad A. (32) auf Spiegel TV gesehen habe, schwankte meine Stimmung zwischen Zorn und Freude.
Einerseits war ich wütend, wie so ein offizielles Unrecht und ein derartiger Gesetzesbruch staatlich noch gefördert und finanziert wird, andererseits dachte ich nur: „Sehr gut! Das müssen möglichst viele Menschen anschauen!"

An dieser Stelle noch einmal meinen Dank an Spiegel TV, die wahrheitsgemäß und erfrischend ehrlich über dieses unfassbare Unrecht berichtet haben.
Ich fasse einmal zusammen:
– Ahmad A. (32), syrischer Flüchtling und Analphabet lebt mit seinen zwei Frauen und sechs Kindern nach Scharia-Recht in einem eigenen Haus im Landkreis Pinneberg.
– Seine erste Frau heiratete er als sie 14 Jahre und seine zweite als sie 13 Jahre alt war.
+++++ Wie viel Unterstützung denn Ahmad A. bekäme? Antwort: „Weiß ich nicht. Das Geld wird überwiesen und ich gehe zur Bank und hebe es ab." +++++
– Ahmad A.: „Ich bedanke mich sehr, sehr, sehr bei Mama Merkel." – Auf die Frage, ob er auch eine Deutsche heiraten würde? „Ja, aber sie muss Muslima sein."
– Inzwischen hat die Familie einen Flüchtlingsstatus und darf für drei Jahre bleiben.
+++ Damit könnte Ahmad A. einen Deutsch-Kursus belegen und arbeiten gehen – er will aber lieber bei den Kindern sein. +++
Ich werde mich in das Thema einlesen und auch rechtlich informieren, ob eine

Anzeige wegen Bigamie bzw. Förderung der Bigamie infrage kommt. Ich werde nicht wegsehen, wenn deutsches Recht auf unserem Boden vorsätzlich und schamlos gebrochen wird!

Tim K.

DDR 2.0!

Es ist mittlerweile nicht mehr zu ertragen, was die politische Korrektheit mit diesem unseren Land gemacht hat. Die Meinungsfreiheit existiert tatsächlich nur noch auf dem Papier.

Alles, was den Systemparteien und ihren gleichgeschalteten Medien nicht passt oder genehm ist, wird im allgemeinen Chor als „rechts“, „rechtspopulistisch“ und „rassistisch“ verunglimpft.
Das ist so dermaßen widerwärtig und lächerlich, dass man sich mittlerweile nur noch für diese Meinungsblockwarte und Gesinnungspolizei schämen muss.
Ein Land, in dem eine freie Meinung nicht mehr geduldet wird, Demonstrationen gewalttätig gestört und verhindert werden, wohlgemerkt unter den Augen des Rechtsstaats, in so einem Land herrscht keine gelebte und aufrichtige Demokratie mehr.
Aus dem einstigen Land der Dichter und Denker ist mittlerweile ein Land von Duckmäusern geworden.
Die „politische Korrektheit“ ist die Zensur von heute!

Wir erleben Zeiten, die wir schon lange überlebt zu haben glaubten. Es ist eine Schande für dieses Land!
Egal ,wie „politisch korrekt“ sich dieses Land weiter zu einer totalitären Meinungsdiktatur entwickelt, es wird immer Menschen geben, deren freie Meinung niemals gebrochen werden wird.
Einer davon werde ich sein!

Tim K.

Deniz Yücel ist wieder in Deutschland

Ich bedauere dieses zutiefst. Nicht weil ich diesem Mann jeweils mit Schadenfreude begegnet wäre, aber eine Person, die dieses Land so ablehnt und verachtet, so eine Person ist für mich eine Persona non grata.

Jemand, der letztendlich nichts in diesem Land zu suchen hat.
„Der baldige Abgang der Deutschen ist Völkersterben von seiner schönsten Seite.“
„Etwas Besseres als Deutschland findet sich allemal.“
„Diese freudlose Nation kann gerne dahinscheiden.“
„Thilo Sarrazin, eine lispelnde, stotternde, zuckende Menschenkarikatur, dem man nur wünschen kann, der nächste Schlaganfall möge sein Werk gründlicher verrichten.“
Das alles sind entlarvende Beispiele, die dem „deutschen Patrioten“ seine Maske

vom Antlitz reißen. Ich schäme mich für einen Außenminister Gabriel.
Deniz Yücel, Dein Schicksal hat mich nicht interessiert und wird mich auch niemals interessieren. Du bist und bleibst für mich ein Niemand, der nur Aufsehen erregen konnte, indem er völlig niveaulose, beleidigende und abartige Äußerungen von sich gegeben hat.
Und da sich etwas Besseres als Deutschland allemal findet: Gute Ausreise!

Tim K.

Die Tage sind gezählt!

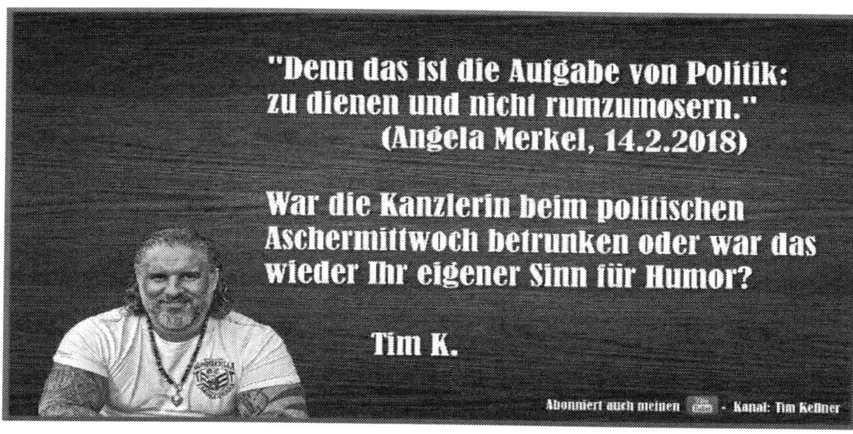

Mittlerweile wird der „Aufstand“ innerhalb von SPD und selbst der „Merkel-Sekte“ immer größer.
Jetzt fordern auch immer mehr Junge-Unions Verbände, dass sowohl die Neuauflage einer Groko (die mittlerweile ohnehin nur noch ca. 45 Prozent hätte), als auch die personelle Erneuerung innerhalb der Partei vollzogen werden muss.

Es werden also auch innerhalb der „Merkel-Sekte“ immer mehr wach, die keine weiteren vier Jahre Merkel mehr wollen.
Ich freue mich schon jetzt auf den Tag, wenn diese Person, die so viel Unheil über Deutschland und Europa gebracht hat, endlich kläglich politisch gescheitert sein wird.

Tim K

Es ist eine Schande!

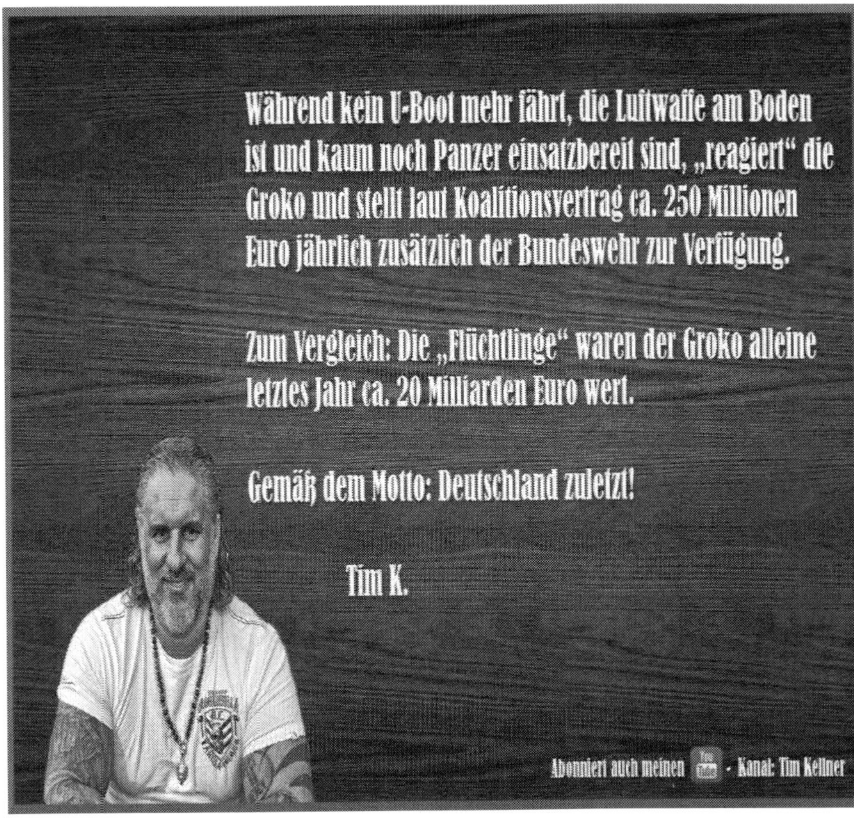

Der Unmut wächst!

Die „größte Kanzlerin aller Zeiten" gerät mehr und mehr in die Kritik aus ihrer eigenen Sekte.
Nun wirft ihr selbst der frühere Verteidigungsminister Volker Rühe vor, dass „sie desaströs verhandelt habe". Das wiegt schwer.

Zuvor hatte sie bereits der SPD-Generalsekretär mit folgenden Worten Lars Klingbeil verhöhnt: „Einen halben Tag länger und sie hätte uns das Kanzleramt auch noch übergeben!"
Das sehe ich allerdings anders, denn nur darum ging und geht es einer Angela Merkel.
Sie kennt keine Loyalität und keine Aufrichtigkeit. Sie interessiert nur der eigene Machterhalt und die damit verbundene Freiheit, Deutschland weiter abschaffen zu können. Merkel hat bisher alles zugunsten ihres eigenen Erfolges geopfert. Zuletzt sogar ihre gesamte eigene Partei CDU, die nur noch einer sektenähnlichen Gemeinschaft ähnelt.
Es bleibt weiterhin zu hoffen, dass der Merkel-Spuk irgendwann vorbei sein wird.

Tim K.

ES GEHT VORAN!!!

Die SPD fällt in einer Insa-Umfrage für die „Bild“-Zeitung auf ein Rekordtief von 16,5 Prozent – nur noch 1,5 Punkte vor der AfD. Die Union kommt auf nur noch 29,5 Prozent. „CDU und SPD müssten Neuwahlen fürchten. So unbeliebt war die Groko noch nie“, sagte Insa-Chef Hermann Binkert dem Blatt.
Das ist eine hervorragende Tendenz!

Wünsche Euch einen schönen Abend!

Tim K.

WO IST ULRICH NÖLLE, WENN MAN IHN BRAUCHT?

Liebe Frau Angela Merkel,

Sie sprachen von einer personellen Neubesetzung innerhalb Ihrer Partei. Leider haben Sie sich selber dabei ausgenommen.

Ich wollte Sie deshalb fragen, ob es Herrn Ulrich Nölle noch in der CDU gibt und ob man diesen gescheiten und vernünftig denkenden Parteifreund von Ihnen nicht irgendwo ganz oben positionieren kann?
Den würde sogar ich wählen! (aber natürlich nur, wenn Sie endlich abtreten)

Tim K.

HA HA HA HA HA HA HA HA HA HA HA HA HA HA HA HA HA

Die Kanzlerin in Karnevalslaune!
Nachdem sich die größte Kanzlerin aller Zeiten selbst ins ZDF eingeladen hatte, bewies sie wieder einmal ihren großen Sinn für Humor und verkündete folgenden Kalauer:

„Ich gehöre zu den Menschen, die Versprochenes einhalten."
HA HA HA HA HA HA HA HA!
Großartig! Helau! Kölle Alaaf!
Ich möchte anmerken, dass es nach dem "Abgang" von Martin Schulz jetzt weiterhin nur noch heißen darf:
Merkel muss weg!

Tim K.

Für die Eigenen!

Wenn heutzutage normale Bürger für ihr Land und gegen die Abschaffung des selbigen demonstrieren, werden sie von den völlig gleichgeschalteten Medien als „rechts“ und „rechtspopulistisch“ dargestellt.
Von Medien, deren Aufsichtsräte allesamt Parteibücher der gleichen Parteien besitzen und deren kleine Angestellte nur eine vorgegebene Meinung vertreten dürfen, weil sie ansonsten ihre Anstellung verlieren.
Wir haben mittlerweile Zustände wie in Nordkorea und dem Iran!

Wenn millionenfach geltendes Recht gebrochen wird, dann gilt das als „willkommen“ und „bereichernd“.
Wenn die Bundeswehr über so gut wie keine einsatzfähigen Panzer mehr verfügt, die Luftwaffe nicht mehr einsatzbereit ist und die Marine kaum noch fahrbereite Schiffe oder U-Boote hat, dann wird eine Ursula von der Leyen erneut mit dem Amt des Bundesverteidigungsministers belohnt?
Alles das richtet sich konkret gegen unser Land und gegen die Eigenen.
Einen besonderen Gruß nach Cottbus!

Tim K.

Die große Koalition der Verlierer zerfleischt sich weiterhin selbst

Das sind fürwahr sehr gute Neuigkeiten!

Jetzt bleibt zwar Sigmar Gabriel Außenminister, der Teile Deutschlands als „Pack" bezeichnet und dem die deutsche Geschichte zumindest in Teilen gänzlich unbekannt ist, ansonsten würde er nicht die Falschaussage verbreiten, dass „Türken Deutschland wieder aufgebaut hätten".

Das ist nämlich absolut falsch, denn die türkischen Gastarbeiten kamen erst im Jahre 1959 nach Deutschland. Da war schon längst wieder alles von unseren Trümmerfrauen aufgebaut.

Anbei noch angemerkt: Die Aufenthaltserlaubnis für die türkischen Gastarbeiter war zunächst auf 2 Jahre beschränkt. Danach sollten sie wieder zwingend in die Heimat zurückkehren und durch neue Arbeiter ersetzt werden (Rotationsprinzip). So viel dazu.

Aber wem man damals schon eher die Sonderschule nahegelegt hat, von dem kann man auch keine großen Sprünge erwarten, nicht wahr, Herr Gabriel?

Wie dem auch sei, es geht voran, wenn auch nur in kleinen Schritten.

Die Machtgeilheit der Angela Merkel, die ihre eigenen Partei mehr und mehr hinunterzieht, wird auch irgendwann auf sie zurückfallen.

Dann bleibt nur noch zu hoffen, dass der politische Aufprall mehr als hart sein wird.

Die Tage einer Angela Merkel sind ohne jeglichen Zweifel gezählt.

Erfreuen wir uns derweilen an den kleinen Erfolgen.

Ich wünsche Euch einen schönen Abend!

Tim K.

Was ich derzeit über Demonstrationsaufrufe denke:

Ich denke, dass die Mägen der Deutschen noch zu satt sind.

Solange wir nicht Zehntausende auf die Straße bekommen, wird jede kleine Demo entweder ignoriert oder aber als eine kleine Versammlung von Rechtsradikalen durch unsere gleichgeschalteten Medien verunglimpft.

Ein Aufruf von mir würde meiner Ansicht nach höchstens ein paar Tausend Demonstranten zusammenbringen.

Was würde das bewirken? Nur das, was ich bereits oben beschrieben habe.

Wenn die Zeiten noch viel schlimmer werden, werden wir hoffentlich auch die Massen wieder auf die Straße bekommen, die erforderlich sind.

Der Osten hat es damals vorgemacht.

Derzeitig ist das utopisch.

Tim K.

Letzte Chance

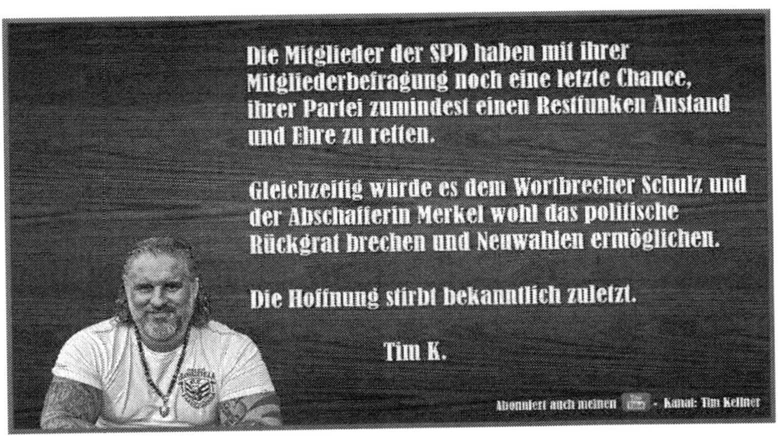

»In eine Regierung von Angela Merkel werde ich nicht eintreten.«
(Martin Schulz, zukünftiger Außenminister in der Regierung Merkel)

„Ich kann nicht erkennen, was wir jetzt anders machen müssten."
(Angela Merkel, wenige Tage nach ihrer größten Wahlniederlage)

Es gibt nur eine einzige Antwort für diese Personen:
Abwählen!
Damit Deutschland überhaupt noch eine Zukunft hat!

Tim K.

Es ist besiegelt!

Alles beim Alten und weiter in Richtung Abgrund.

Je suis Deutschland!

Die Liste Angela Merkel, ehemals CDU und heute nur noch eine inhaltlose Mogelpackung koaliert mit dem rückgratlosen Horst Seehofer und dem Doppel-Wortbrecher Martin Schulz.

Die SPD hat sich damit den letzten Sargnagel selber hineingeschlagen.

Angela Merkel geht es ohnehin nur um den eigenen Machterhalt und insbesondere damit verbunden, ihre ganz eigene Politik der Destabilisierung Deutschlands weiter voranzutreiben.

So soll das Kabinett aussehen:

► Außenminister: Martin Schulz (SPD)

(Neue SPD-Chefin soll, nach Informationen der „Süddeutschen Zeitung“ Andrea Nahles werden.)

- ► Innenminister: Horst Seehofer (CSU)
- ► Finanzminister/Vizekanzler: Olaf Scholz (SPD)
- ► Verteidigung: Ursula von der Leyen (CDU)
- ► Wirtschaft: Peter Altmaier (CDU)
- ► Familie: Katarina Barley (SPD)
- ► Gesundheit: Annette Widmann-Mauz (CDU)
- ► Bildung: Hermann Gröhe (CDU)
- ► Kanzleramt: Helge Braun (CDU)
- ► Landwirtschaft und Ernährung: Julia Klöckner (CDU)

Justizminister soll höchstwahrscheinlich Heiko Maas bleiben.

Alleine die Namen Schulz, Seehofer, Von der Leyen, Altmaier und möglicherweise Maas sprechen für sich.

Mein Resumee:

Es hätte nicht schlimmer für Deutschland kommen können!

Tim K.

Es geht bergab!

Die Einheitspartei CDU/CSU/SPD, die mittlerweile nur noch als „Interessengemeinschaft Flüchtlinge" von sich reden macht, hat allmählich ausgedient.
Was sind die möglichen Gründe?
Hat es damit zu tun, dass unsere Grenzen weiterhin für jedermann offen sind?

Oder hat es damit zu tun, dass die Masseneinwanderung noch forciert werden soll?
Hat es mit dem unausweichlichen Kollaps unseres Sozialsystems zu tun?
Dass Vielehen für andere, außer natürlich den Einheimischen, möglich sind und von den Sozialämtern auch finanziell unterstützt werden?
Vielleicht ist einer der Gründe auch, dass die Religion des Friedens immer mehr und mehr unseren Alltag „bereichert"?
Hat es damit zu tun, dass die Bundeswehr nicht mehr wehrfähig ist?
Oder dass die Leitmedien in diesem Land alle vollkommen gleichgeschaltet sind?
Man könnte noch unzählige Fragen diesbezüglich stellen. Auf jeden Fall ist die Einheitspartei für jede Fragestellung einzig und allein verantwortlich.
Der Bürger scheint dies immer deutlicher zu erkennen. Sehr gut!
Auf das die Umfragen der „IG Flüchtlinge" ins Bodenlose stürzen!

Tim K.

18-jähriger afghanischer Sexualstraftäter und Asylant vergewaltigt weiter!

In Esslingen bei Stuttgart wurde eine 13-jährige vermutlich von einem jungen Asylbewerber vergewaltigt.
Der 18-jährige Afghane soll das minderjährige Mädchen nach der Tat mit Todesdrohungen eingeschüchtert haben.
Die 13-Jährige wandte sich dennoch an die Polizei.

Der mutmaßliche Täter war erst im Dezember 2017 wegen einer zuvor begangenen Sexualstraftat aus der Haft entlassen worden und stand noch unter der Aufsicht des Landgerichts Stuttgart.
Die "Qualitätsmedien" berichten derweilen nur noch von einem "Mann".
Warum wurde der Kriminelle nicht abgeschoben?
Warum hat der Staat erneut versagt?
Warum wird die Bevölkerung nicht vor diesen verurteilten Sexualstraftätern geschützt?
Wie viel muss noch passieren?

Tim K.

Willkommen im Mittelalter!

Wenn ich mir immer wieder kopfschüttelnd die gleichgeschalteten Medien durchlese oder überaus unangenehme neue Werbespots von bekannten Firmen anschauen muss, dann kann ich nur folgende Statements zum Besten geben:
Kinderehen sind nicht chic!
Vielweiberei ist nicht cool!

Genitalverstümmelungen sind nicht modern!
Frauen zu unterdrücken ist nicht hip!
Antisemitismus ist nicht in!
Schwulenfeindlichkeit ist nicht angesagt!
Ich will damit nur eines sagen. Wehret den Anfängen und fallt nicht auf diese verschleiernden und auf modern und liberal gemachten subtilen Botschaften herein!
Die Dinge sind so, wie sie sind, egal wie cool und hip man sie verpackt!
Ich werde mir beispielsweise im Leben kein Katjes-Produkt mehr kaufen und ich würde mir wünschen, dass jeder, der das hier gelesen hat, es mir gleich tut.
Ich wünsche Euch ein schönes Wochenende!

Tim K.

Meldungen, die wertvoller sind als Gold!

Die SPD stürzt in Baden-Württemberg auf 12 Prozent. Bundesweit auf ca. 17-19 Prozent.

Martin Schulz, der ehemalige „100 Prozent"-Kanzler ist mittlerweile so unbeliebt, wie noch nie zuvor. Großartig!
Das sind doch einmal schöne Nachrichten zum Wochenende.
Das kommt nun einmal dabei raus, wenn man Mutti Merkel in Sachen Zuwanderung noch übertreffen möchte, was eigentlich gar nicht möglich ist.
Multimillionär Schulz, der dank seiner EU-Zeit in Brüssel zu ansehnlichem Reichtum gekommen ist, interessiert sich ohnehin nur noch für die Massenzuwanderung und die „Vereinigten Staaten von Europa".
Das Ziel für jeden vernünftig denkenden Menschen in Deutschland muss aber weiterhin heißen: SPD und CDU jeweils unter 10 Prozent.
Dann kann man zumindest das Ruder hier noch einmal umreißen.
Schönes Wochenende!

Tim K.

Der große Syrien-Schwindel!

Die Trump-Regierung lässt das Schutzprogramm für Syrer auslaufen! Die USA stufen nämlich Syrien mittlerweile als sicheres Herkunftsland ein. Die 7000 aufgenommenen Syrer dürfen demnach nur noch 18 Monate bleiben und müssen dann in ihre Heimat zurückkehren.

In Deutschland läuft alles genau andersrum. Obwohl Syrien ein sicheres Herkunftsland ist, bemüht sich die „Interessensgemeinschaft Flüchtlinge", also die Koalition der Wahlverlierer CDU/CSU und SPD, händeringend darum, dass noch mehr Syrer zu uns kommen dürfen.
Wie kann man dieses Verhalten deuten oder gar verstehen? Dies ist meines Erachtens nach mit einigen Sätzen zu erklären. Deutschland soll weiterhin destabilisiert und wirtschaftlich geschwächt werden, um von seinem immer noch gehobenen Niveau herabgesetzt zu werden. Dies ist eine der Voraussetzungen, dass die angestrebte Globalisierung noch schneller voran getrieben werden kann und die „Vereinigten Staaten von Europa" endlich realisiert werden können. Damit dies auch dem letzten klar wird: Weder eine Frau Merkel, noch ein Herr Schulz, ein Seehofer oder Özdemir waren und sind für die Interessen dieses Landes da. Kein Einziger hat irgendein Interesse an den wirklichen Belangen dieses unseren Landes. Anderenfalls würde man nicht so verbissen und gegen den Willen der Bevölkerung weiterhin so eine Politik betreiben.
Wir brauchen endlich wieder eine gesunde Einstellung zu unserem Land. Das geht aber nicht mit solchen Politikern.
Die Antwort kann und muss heißen: Sich politisch dagegen stellen und diese Personen und ihre Parteien nie wieder wählen, um endlich eine neue Richtung einzuschlagen.
Und diese Richtung kann nur heißen: Für die Eigenen!
Tim K

"IG Flüchtlinge"

Na, wer hätte das gedacht?
Union und SPD haben beim Thema Familiennachzug für Flüchtlinge eine Einigung erzielt. Das stand allerdings schon im Vorhinein fest.

Fest steht nämlich auch schon seit einer geraumen Zeit, dass sich unsere ehemaligen Volksparteien, die ich mittlerweile nur noch als „Interessensgemeinschaft Flüchtlinge" (IG Flüchtlinge) bezeichne, einzig und alleine die weitere Masseneinwanderung in unser Land auf ihre Fahnen geschrieben haben.
Für die deutsche Regierung gab und gibt es inzwischen nämlich nur noch ein Thema: „Flüchtlinge"!
Für die deutschen Qualitätsmedien, also die Medien, die der „IG Flüchtlinge" nahestehen gab und gibt es mittlerweile auch nur noch ein Thema: „Flüchtlinge"!
Mich würde es deshalb interessieren, wann mit einer überwältigenden Mehrheit im Bundestag beschlossen wird, dass der höchste Grundsatz in diesem Land nur noch eines sein darf. Kommt Ihr drauf? Richtig: „Flüchtlinge"!
Ich mache hier von meinem Recht auf freie Meinungsäußerung Gebrauch, ohne irgendjemand zu beleidigen oder zu Straftaten aufzurufen und deshalb sage ich Folgendes: Ich möchte keine Masseneinwanderung in unser Land!
Ich möchte, dass die, die wirklich vor Krieg und Folter geflüchtet sind, hier auch solange bleiben dürfen und unterstützt werden, bis in ihrer Heimat wieder Frieden herrscht.
Ich möchte, dass unsere Kinder in ihrer Lernentwicklung nicht gebremst und

inmitten ihrer eigenen Kultur aufwachsen. In einer westlich geprägten, liberalen und offenen, in der weder Frauen unterdrückt, noch Homosexuelle verachtet werden.
Für mich gehört der Islam nicht zu Deutschland und das wird sich auch nicht ändern.
Je mehr man mir weismachen will, dass ich falsch liege, umso mehr weiss ich, dass ich für mich absolut richtig liege.
Für die Eigenen!

Tim K.

Der 15-Prozent-Kanzler!

Was ist aus dem „100-Prozent-Kanzler“ geworden???
Nur noch 15 Prozent der Bundesbürger würden Martin Schulz laut aktuellen Umfragen des Forsa-Institutes direkt als Kanzler wählen.
Potzblitz! Was ist denn da nur passiert?

"Was die Flüchtlinge mit zu uns bringen, ist wertvoller als Gold."
„In eine Regierung von Angela Merkel werde ich nie eintreten."
Martin Schulz fordert die Vereinigten Staaten von Europa – binnen acht Jahren.
Das ist möglicherweise unter anderem alles so passiert.
Martin Schulz ist ein Politiker, der nicht mehr ernst zu nehmen ist und der vor laufender Kamera gelogen hat, wenn er demnächst in die Regierung Merkel sehr wohl eintreten wird. So jemand ist natürlich charakterlich nicht tragbar an der Spitze dieses Landes.
Was allerdings genau so bedenklich ist, dass Kanzlerin Angela Merkel in der selben Umfrage mit 47 Prozent erneut direkt als Bundeskanzlerin gewählt werden würde.
Das ist natürlich unterirdisch. Ich frage mich allen Ernstes, wer da abgestimmt hat?
Des Weiteren würden Neun von zehn Unions-Anhängern sich für sie entscheiden. Ein Beleg dafür, dass die CDU für die nächsten Jahrzehnte keine wählbare Partei mehr darstellt.
In diesem Sinne wünsche ich Euch einen schönen Abend!

Tim K.

Merkel ist das große Problem!

Also für derartige klare und ehrliche Worte kann man nur applaudieren! Zumal sie von einem Experten kommen, der weiss wovon er redet und dieses Interview in der renommierten „Wirtschaftswoche" veröffentlicht wurde. Auch die weiteren Aussagen sollten an dieser Stelle noch einmal klar herausgestrichen werden, denn sie haben es fürwahr in sich:

– „Leider herrscht in der Union immer noch die Duckmäuserei."
– Aber solche Rückgratlosigkeit tut nicht gut – nicht in Unternehmen und nicht an der Spitze von Staaten."
– Ich fürchte, den meisten Deutschen ist überhaupt nicht klar, was das bedeutet. Nämlich die finanzielle Entmachtung der Nationalstaaten in der EU. Für Deutschland wird das sehr teuer."
– Auch die Bundeskanzlerin hat den ökonomischen Sachverstand eines Grundschülers. Ihr scheint ja auch überhaupt nicht klar gewesen zu sein, welchen volkswirtschaftlichen Schaden sie mit der plötzlichen Energiewende verursacht hat. Leider sind regierende Politiker für ihre Taten nicht in persönliche Haftung zu nehmen. Ein Geschäftsführer einer GmbH müsste nach solchen Fehlentscheidungen vermutlich ins Gefängnis."
– Die Migrationsforschung zeigt eindeutig, dass Integration nur gelingen kann, wenn der Anteil, der zu Integrierenden ein gewisses Maß nicht überschreitet. Wenn zu viele kommen, dann bleiben sie unter sich. Wenn wenige kommen, müssen sie sich mit den Einheimischen zusammentun. Darum hat die Integration der Gastarbeiter im Großen und Ganzen gut geklappt. 200 000 Zuwanderer jährlich – und selbst diese Grenze scheint ja vom Tisch zu sein – sind

gesellschaftlich nicht integrierbar."
Herr Schauf, danke für Ihre klaren Worte! Wir bräuchten mehr Menschen in diesem Land, die endlich die Wahrheit laut aussprechen.

Tim K.

Frau geschäftsführende Bundeskanzlerin Merkel,

Sie scheinen es immer noch nicht begriffen zu haben, was einen guten Politiker oder eine gute Politikerin ausmacht, richtig?

Ich will es Ihnen daher nochmal versuchen, zu erklären.

Eine gute Politikerin macht aus, dass sie auf die Stimmung in Ihrer Bevölkerung reagiert und deren Ängste und Sorgen erkennt. Eine gute Politikerin muss zudem Ihr Mandat erfüllen, was bedeutet, dass sie das Vertrauen und den Auftrag der Eigenen ausführt.

Zusammenfassend und für Sie verständlich:

Politik für die Eigenen!

Sie hingegen reagieren auf keinerlei Stimmung, geschweige denn erkennen Sie die Lage in Ihrem eigenen Land. Dass Sie Ihr Mandat nicht erfüllen und Ihren Eid gebrochen haben, davon einmal ganz zu schweigen.

Sie und die Ihren sind so unbeliebt, wie noch nie. Sie erleiden eine desaströse Wahlschlappe nach der anderen und haben die Zeichen der Zeit immer noch nicht erkannt?

Statt auf die Stimmung und die Sorgen der eigenen Bevölkerung auch nur im Ansatz zu hören, philosophieren Sie in Davos, vor einer erlauchten Clique der Mächtigen und Reichen dieser Welt, weiterhin von Globalisierung und den damit verbundenen offenen Grenzen, den riesigen Zuwanderungsbewegungen und der Allmacht der großen Konzerne.

Ihre größten Sorgen sind der Nationalismus und das Abschotten? Sie haben wirklich nichts verstanden oder wollen oder dürfen Sie es einfach nicht verstehen?

Nur weil die meisten Menschen keine offenen Grenzen oder eine ungezügelte und unkontrollierte Massenzuwanderung nicht wollen, sind sie doch nicht automatisch nationalistisch und wollen sich abschotten.

Und nur weil wir lebensnotwendige und rechtlich verankerte Grenzkontrollen wieder einführen, kapseln wir uns doch nicht von der ganzen anderen Welt ab.

Ihre Ansichten grenzen ja regelrecht schon an einer Lächerlichkeit, die Sie da preisgeben.

Ausgerechnet Sie und der neue „Messias“ Macron sprechen erneut nur noch von Globalisierung und einem europäischen Weg.

Ich hingegen sagen Ihnen, dass genau diese Art von Politiker, wie Sie und Macron es sind, Europa spalten, es destabilisieren und letztendlich in den Abgrund regieren.

Der ehemalige Investmentbanker Macron und die ehemalige FDJ-Sekretärin bilden nun das Duo, welches sich für offene Grenzen und im nächsten Zug für die Vereinigten Staaten von Europa stark macht? Schon irgendwie lustig und bedenklich zugleich, nicht wahr?

Frau Merkel, auch wenn CDU-nahe Zeitungen Ihre Rede in Davos, wie in alten Zeiten, gefeiert haben, so ist nichts in der internationalen Presse davon bekannt geworden.

Ich will Ihnen auch den Grund nennen. Ihre politische Zeit ist abgelaufen. Sie können sich drehen und wenden, wie Sie wollen, aber Sie haben das Vertrauen der Menschen in diesem Land und in großen Teilen Europas schlichtweg verspielt. Und das ist gut so!

Sie haben zur damaligen Zeit nicht über Ihre Entscheidungen und Ihr Handeln ausführlich nachgedacht und brauchen das jetzt sowieso nicht mehr tun.

Wenn ich Sie und Ihre unveränderte Haltung betrachte, dann erinnern Sie mich an einen der letzten Staatsratsvorsitzenden der DDR, der auch nicht erkannt hat, was das Volk wünscht, wie es denkt und das daraus resultierend seine Zeit schon lange um ist.

Das sind Sie, Frau Merkel, eine Frau, die auf ganzer Linie verloren hat.

Die in verantwortungsloser Art und Weise entschieden hat, niemals Ihre Fehler eingesehen oder eingestanden hat und die bis zum bitteren Ende mit einer biestigen und starrköpfigen Art ihre Meinung so lange wie möglich noch der Welt da draußen verkünden möchte.

Ich sage es noch einmal:

Die größte Herausforderung dieses Landes muss es sein, Sie politisch zu verabschieden und Ihren Eidbruch rechtlich zu würdigen.

Ich werde solange weiter Stellung gegen Sie beziehen, wie es notwendig ist!

Tim K.

Es reicht endgültig!!!!!!!!!!!!!!!

Der öffentlich-rechtliche „Kinderkanal" hat sich jetzt den dritten großen Fauxpas in Folge geleistet.
Erst gab es eine „Liebes-Doku" zwischen einer Minderjährigen und einem nicht mehr minderjährigen syrischen Flüchtling. Dann gab es ein sogenanntes „Busen-Memory".

Jetzt wurde der Vogel aber endgültig abgeschossen: Eine Doku über das Öffnen von BHs, in der junge Migranten lachend und voll motiviert an einer Schaufensterpuppe das Öffnen von Busthaltern trainieren.
Hinsichtlich des Zielpublikums von 3-13-Jährigen, also unseren Kindern, ist die Scham- und Schmerzgrenze mittlerweile endgültig überschritten.
In Zeiten von „Metoo"-Debatten kann es nur noch eine einzige Antwort auf dieses fragwürdige Sendeprogramm geben:
KIKA abschalten!!!

Tim K.

Für die Eigenen!

Die SPD mit Martin Schulz sinkt laut aktuellen Umfragen auf 17 Prozent und die allmächtige Kanzlerin ist mit der CDU ebenfalls schwer angeschlagen.

Warum? Ganz einfach, weil keine der genannten Personen mit ihren Parteien sich für die Eigenen einsetzt. Es scheint, als wenn alles, was mit Deutschland und seinen Interessen zu tun hat, für diese Politiker und ihre Parteien etwas Anstößiges zu sein scheint.

Ich habe inzwischen, dank Eurer Unterstützung, eine sehr große Reichweite in den sozialen Medien erreicht, obwohl man alles dafür tut, dass diese nicht noch größer wird. Und ja, ich gebe Vielen auch bedingt recht, die schreiben, dass man etwas tun muss, um letztendlich etwas zu verändern.

Ich schreibe seit mehreren Jahren gegen eine Angela Merkel und ihre Einheitspartei, die so viel Unheil angerichtet haben. Deshalb gilt es irgendwann auch für mich, mich mit möglichen politischen Veränderungen auseinanderzusetzen.

Ich möchte mich engagieren. Ich möchte diesen Personen die Fakten ins Gesicht sagen und ich möchte dazu beitragen, dass sich in diesem Land wieder etwas ändert.

Ich möchte, dass unsere Regierung unser Land und seine Eigenen wieder als erstes berücksichtigt. Dass sich für unsere Familien, unsere Frauen und Kinder in jeglichem Bereich eingesetzt wird.

Egal, ob es sich um soziale Unterstützung, freie Kindertagesstätten, Erhöhung des Kindergeldes oder sonstige Fördermaßnahmen handelt.

Ich möchte mich dafür einsetzen, dass wir wieder in Verhältnissen leben, wie wir sie beispielsweise in den 90`er Jahren hatten. Dazu gehört, dass wir wieder Grenzkontrollen einführen und den Menschen, die kein Aufenthaltsrecht bei uns haben, dabei helfen, umgehend wieder den Weg in ihre Heimat zu finden.

Wir brauchen keine neuen Gesetze, denn unsere alten reichen vollkommen aus.

Wir brauchen nur neue Politiker, die diese durchsetzen und sie gleichzeitig respektieren und achten.

Ich glaube an die gesunde Mitte in unserer Gesellschaft, denn diese war und ist es, die alles immer schon getragen hat.

Ich bin der festen Überzeugung, dass unsere Sicherheitsorgane sowie die Bundeswehr viel mehr unterstützt werden müssen.

Das Gleiche gilt für alle Beschäftigten, die ihren Dienst an der Allgemeinheit leisten.

Rettungskräfte, Krankenschwestern, Pfleger, Müllabfuhr, um nur einige davon zu nennen.

Ich war selber zehn Jahre lang Polizeibeamter und ich lehne weiterhin jede extreme oder kriminelle Richtung in diesem Land ab. Ganz gleich ob diese politisch, religiös oder wirtschaftlicher Natur ist.

Ich werde mich auch immer gegen jegliches Extrem oder Kriminelle, ganz gleich welcher Nationalität, besonders stark einsetzen.

Ein Krimineller schadet immer der Gemeinschaft und bereichert sich auf ihrem Rücken.

Er unterdrückt und schadet.

Deshalb gilt es, angemessen dagegen vorzugehen und die bestmöglich auszustatten, die dieses tun.

Geld für all diese Belange ist mehr als ausreichend vorhanden, wie uns die heutige Zeit eindrücklich beweist. Die finanziellen Mittel werden meiner Ansicht nach aber ungerecht verteilt, wobei wir wieder beim Thema sind.

Für die Eigenen. Erst kommt Deutschland und dann kommt Europa.

Ich werde in den nächsten Wochen hinter den Kulissen viele Gespräche führen, die mein mögliches politisches Engagement bestimmen werden.

Bis dahin werde ich meine Reichweite auf diversen Kanälen natürlich weiterhin dafür einsetzen, dass sich im Bewusstsein vieler Menschen etwas ändert.

Wir müssen endlich begreifen, dass wir nur eine Zukunft haben und dass die, die sie derzeit bestimmen, grundlegend falsch liegen.

Euer

Tim K.

Deutschland verliert!

Es geht nicht um das eigene Land, sondern es geht nur noch um eigene Interessen und den Machterhalt.
Es geht darum, globale Interessen durchzusetzen und eine vorgegebene Linie weiterzuführen, die über die Köpfe der Bevölkerung hinweg weiter vorangetrieben werden soll.

Die SPD hat das letzte Fünkchen Ehre preisgegeben und die größte Wahlverliererin Merkel wird weitere vier Jahre nutzen, um die Umvolkung unseres Landes voranzutreiben.

Ihre Zeit ist zwar schon um, aber ein Macron wird ihr Werk gegen Europa fortsetzen.

Auswüchse einer unsäglichen Politik

Ein Einzelfall von außergewöhnlicher "Qualität" ereignete sich in meiner unmittelbaren Heimat im Kreis Gütersloh.

Eine Abschiebung eskalierte, Familienmitglieder nahmen einem Polizisten die Waffe ab, es fielen mehrere Schüsse und zwei Geiseln wurden genommen.

Die Polizisten konnten die Flüchtlingsunterkunft verlassen, während sich die Familie mit den Geiseln darin verschanzte.

Bevor das SEK zum Einsatz kam, gaben die Geiselnehmer auf.

Es ist mir immer wieder unerklärlich, wie sich ausgebildete Polizeibeamte ihre Dienstwaffen abnehmen lassen?! Wie ist so etwas möglich? Gehört das zum modernen Konzept der Deeskalation?

Wie dem auch sei, den Rädelsführern der Geiselnahme sollte umgehend der Prozess gemacht werden, um eine zeitnahe Verurteilung zu erzielen. Dann sollten Verhandlungen mit dem Heimatland aufgenommen werden, um die Familie vollständig und unmittelbar abzuschieben, damit die verurteilten Straftäter in ihrer Heimat die Haftstrafe absitzen werden.

Die finanziellen Aufwendungen dafür können gerne von Deutschland aus bezahlt werden, zumal das wahrscheinlich um ein Vielfaches günstiger sein wird, als wenn hier unsere Gefängnisse "genutzt" und die restlichen Familienmitglieder mit Vollpension und Exklusiv-Versorgung durchgefüttert werden.

Tim K.

Realsatire für Erwachsene?

Ich bin normalerweise ein interessierter Mitleser der Epoch-Times, die ich für ihre Berichte durchaus schätze.

Aber dieser Beitrag kann von mir fürwahr nur belächelt werden.

Wer sich mittlerweile bestimmte Organisationen anschaut, der erkennt sofort, dass es Sammelbecken für eine gewisse Klientel geworden sind.

Komisch wird es zudem, wenn sich mittlerweile auch Leute bewogen fühlen, auf einen fahrenden Zug aufzuspringen, die es jahrelang nicht interessiert zu haben scheint.

Ich weiß, wovon ich rede und ich empfehle dazu jedem das Kapitel „Falsche Engel“ in meiner Autobiographie „Treibjagd“ zu lesen.
(Wer Interesse an dem Buch hat, schreibt mir eine private Nachricht)

Wie kann es sein, dass sich heutzutage Menschen groß aufspielen, die seit jeher diesen Rechtsstaat abgelehnt haben?

Damit es auch in Zukunft keine Missverständnisse gibt, nur weil auch ich Mitglied in einem Motorradclub bin:
Ich war Soldat und danach zehn Jahre Polizist und habe einen Eid geschworen.
Ich distanziere mich ausdrücklich von derartigen Personen und bekenne mich voll zu diesem Rechtsstaat.

Egal welcher Herkunft oder Religion, es muss entschlossen und entschieden gegen Kriminelle in diesem Land vorgegangen werden.

Das ist einer der Punkte, für die ich einstehe und für die ich mich weiterhin engagieren werde.

Für die Eigenen! Für das Recht und die Gerechtigkeit!

Tim K.

Deutschland weiter auf Erfolgskurs!

Martin Schulz scheint keine Obergrenze zu interessieren.

Und der Präsident des deutschen Städtebundes Lewe meldete sich wie folgt zu Wort: „Unsere Städte müssen bunter werden."…
Weiter sagte er:
"Der Aufbau und die Sicherung der europäischen Stadt mit Diversität und kultureller Vielfalt, die für alle attraktiv ist, bleibt ein zentrales Ziel."

Das klingt doch alles ganz wunderbar.

Aber wo ist Angela Merkel?
Hat irgendjemand was von ihr gehört?

Weiterhin noch mehr gute Neuigkeiten zusätzlich am Schluss:

– 2017 wurden 118.000 Visa für Angehörige von Drittstaaten zum Familiennachzug ausgestellt.
– 2017 haben insgesamt 222.683 Flüchtlinge in Deutschland Asyl beantragt.

Deutschland soll und muss bunter werden!

Vollgas in Richtung Erfolg.

Ich hoffe dieser Beitrag war einigermaßen politisch korrekt. Lach

Tim K.

Hallo Niedersachsen,

ich dachte erst ich gucke nicht richtig, aber es hat sich dann doch bewahrheitet.

Zu was Eure große Koalition aus CDU und SPD, oder besser gesagt, die "Einheitspartei" fähig ist, hat sie mit der Absicht der Einstellung von Polizisten ohne deutsche Staatsangehörigkeit bewiesen.
Ich frage mich mittlerweile täglich, ob das alles nur ein schlechter Film ist?

Die Regierungserklärung der Liste Merkel, deren totaler Einfluss auch die Länderregierungen mit einschließt, müsste kurz und knapp lauten:
Flüchtlinge, Flüchtlinge, Flüchtlinge, Migranten, Migration, Zuwanderung, EU-Haushalt und unter Sonstiges alle weiteren Themen, welche die Einheimischen betreffen, die aber nicht so wichtig sind.

Das ist meine subjektive Auffassung.

Ich bin selbst Polizeikommissar A.D., habe zehn Jahre als Polizist gearbeitet und kann mir vorstellen, was große Teile der Belegschaft der Polizei Niedersachsen von den neuen Aufnahmekriterien halten.

Die Politik nimmt leider alle Teile und Institutionen unserer Gesellschaft, ähnlich einer allumfassenden Krake, in Beschlag und hält diese wie in einem Würgegriff fest umklammert.
Das muss nun auch die Polizei Niedersachsen erfahren.

Also gehe ich recht in der Annahme, dass ich mich zukünftig in Niedersachsen beispielsweise von einem Libanesen, einem Iraker, Syrer oder Afghanen belehren und maßregeln lassen muss?

Ich schließe zwar aus, dass ich kriminell auffällig werde, aber es würde mir persönlich schon reichen, wenn ich im Straßenverkehr bei einer möglichen geringfügigen Ordnungswidrigkeit gemaßregelt werden würde. Wohlgemerkt in meinem eigenen Land von einem Beamten, der noch nicht mal die deutsche Staatsangehörigkeit besitzt.

Kann so jemand überhaupt verbeamtet werden?

Mir stellt sich auch die Frage, wo das aufhört und wo das endet?

Schließen sich bald andere Landesregierungen an und wird dies bundesweit so eingeführt?

Stellt die Bundespolizei demnächst auch Beamte ein, die noch nicht mal die deutsche Staatsangehörigkeit besitzen?

Was ist mit der Bundeswehr?

Alle diese Institutionen besitzen bereits einen gewissen Anteil an Beamten und Beamtinnen mit Migrationshintergrund und muslimischen Glaubens und das soll bekanntlich in den nächsten Jahren auch noch maßgeblich angehoben werden.

Mir missfällt das absolut und ich halte das nicht nur für falsch, sondern für überaus gefährlich.

Unsere Sicherheitsorgane sollten nämlich durchgängig nur aus Personen bestehen, die sich voll und ganz mit unserem Wertesystem, unserer Kultur und Identität identifizieren.

Abgesehen davon, ist die Mindestvoraussetzung die deutsche Staatsangehörigkeit.

Ich sehe allerdings auch etwas Gutes in Ihrem Unterfangen. Sie, und damit meine ich die große Koalition auf Landesebene, zeigen ganz Deutschland zu was die Liste Angela Merkel fähig ist.

Ich hoffe deshalb weiterhin inständig, dass große Teile der Bevölkerung irgendwann doch noch aufwachen werden, weil sie anhand der Taten erkennen, was die Einheitspartei noch alles unserem Land antun wird.

Deutschland muss wieder ein Land werden indem man gut und sicher lebt.

Das geht aber nicht unter Eurer Regierung.

Tim K.

Der Untergang ist eingeleitet!

Alles scheint weiter zu gehen, wie bisher und das bedeutet für mich ganz klar: Es geht weiter in Richtung Abgrund!...

Die größten Wahlverlierer, angeführt von der unbeliebtesten Politikerin schlechthin,
der allmächtigen Kanzlerin, die Deutschland aufgegeben und ihren Amtseid vollständig und fortwährend gebrochen hat, nehmen also die nächsten vier Jahre in Angriff.

Was bedeutet das für Deutschland?

Die Zuwanderung wird nicht aufhören.

Der Familiennachzug wird fortgesetzt.

Die Kriminalität in unserem Land wird weiter steigen.

Frauen und Kinder werden weiter Ängste ausstehen müssen.

Der Sozialstaat wird weiterhin durch einen riesigen und flächendeckenden Betrug regelrecht ausgesaugt und in die Knie gezwungen werden.

Noch höhere Beiträge Deutschlands für den EU-Haushalt.

Die innere Sicherheit wird mehr und mehr auf der Strecke bleiben.

Die Bundeswehr wird weiterhin ein Ersatzteillager bleiben, das nicht einem wehrfähigen Auftrag mehr nachkommen kann.

Die Islamisierung wird weiter fortschreiten.

Wirtschaftsasylanten werden weiterhin nicht ausgewiesen und kriminelle Ausländer nicht abgeschoben werden.

Weihnachten wird weiterhin an vielen Stellen "Lichterfest" heißen und Schweinefleisch wird in Rücksicht auf Andersdenkende aus unseren Schul- und Arbeitskantinen verschwinden.

Es bedeutet aber auch, dass unser aller Stimmen immer lauter werden müssen!

Ein Land, in dem man gut und sicher lebt?
Nein, ein Land, das mehr und mehr zersetzt und zerstört wird.

Für mich ein Land, in dem viele Menschen endlich aufwachen müssen!

Für die Eigenen, für das Recht und die Gerechtigkeit!

Tim K.

Pfui Teufel, Kindersender KIKA!

Macht der sogenannte „Kindersender“ KIKA jetzt allen Ernstes Werbung für das Verkuppeln von erwachsenen „Flüchtlingen“ mit minderjährigen deutschen Mädchen und verbreitet gleichzeitig frauenverachtende Werte aus dem Mittelalter?
Schämt Ihr Euch nicht?...

Es ist mir auch völlig egal, wie Ihr das wieder dreht und wendet, es ist und bleibt eine Zumutung.

Fakt ist, dass dort eine „interkulturelle Liebesbeziehung“ ausgestrahlt wurde, deren Protagonisten ein augenscheinlich erwachsener Mann um die 27 Jahre und eine 16-jährige Minderjährige waren.
Was soll das?
Was wollt Ihr damit bezwecken?

Gerade in einer Zeit, in der sich vor kurzem noch ein widerwärtiger Mord eines ebenfalls augenscheinlich erwachsenen afghanischen Flüchtlings an einem 15-jährigen Mädchen ereignete.

Diese ganze „Liebes-Doku“ nennt Ihr tatsächlich noch „Malvina, Diaa und die Liebe“.

Der „sympathische“ und „weltoffene“ Syrer äußert dann noch, dass „Malvina keine kurzen Sachen mehr anziehen dürfe und Röcke mindestens knielang sein müssten. Auch würde er ihre Liebe nicht akzeptieren, wenn sie andere Jungs umarme.“
Wortwörtlich sagt er noch im Film: „Sie gehört mir.“

Ich habe mittlerweile so dermaßen die Schnauze voll, was in diesem Land abgeht, dass ich es kaum noch in Worte fassen kann!
Da maßt sich ein von unseren GEZ-Gebühren finanzierter Sender an, so einen Schund auszustrahlen?

Was zur Hölle haben Sie sich eigentlich dabei gedacht, diesem Typen mit seinen altertümlichen, kruden und frauenverachtenden Ansichten eine Plattform zu bieten?

Keine kurzen Sachen mehr anziehen? Röcke knielang? Keine anderen Jungen umarmen?

Pass mal auf, lieber Diaa, wenn Dir unsere Kultur und unsere fortschrittlichen Gepflogenheiten hier nicht passen, dann geh doch bitte ganz schnell wieder dahin zurück, wo Du hergekommen bist!
Abgesehen davon herrscht in fast ganz Syrien wieder Frieden.
Da Du und Deine Familie mittlerweile beinahe vollständig hier Eure Zelte aufgeschlagen habt, denkt doch bitte an Eure Heimat und kehrt dahin zurück, um diese zu unterstützen und wieder aufzubauen.

Ich persönlich, und das ist das Recht auf freie Meinungsäußerung, würde es sehr begrüßen, wenn ein Mann mit Deinen veralteten und hier absolut nicht hingehörenden und unpassenden Ansichten ganz schnell wieder dorthin zurückkehrt! Punkt.

Es reicht mir! Es reicht langsam vollkommen!
Was bildet Ihr Euch eigentlich mittlerweile ein?
Dass Ihr hier herkommt und dass unsere minderjährigen Mädchen nur auf Euch gewartet haben?
Dass sie darauf gewartet haben, in Ihrer Freiheit beschnitten zu werden und irgendwann ein Kopftuch tragen zu dürfen?

Das ist Deutschland und wir waren, sind und bleiben ein christlich geprägtes, liberales und fortschrittliches Land, zu dem der Islam nicht gehört.
Das ist so und das bleibt so. Punkt!

Da könnt Ihr, lieber KIKA noch so viel Schund ausstrahlen und bewerben, wie Ihr wollt.

Pfui Teufel!

Tim K.

Ich schätze Viktor Orban für seine ehrlichen Worte und seine klare Haltung

Der Sturm der Entrüstung über eben diese Aussagen, ist fürwahr eher als bemitleidenswert anzusehen.
Jeder seiner Sätze trifft den Nagel auf den Kopf und entspricht der Wahrheit….

„Um aus Syrien in Ungarn einzutreffen müsse man vier Länder durchqueren, sagte der ungarische Regierungschef. Die Menschen würden nicht „um ihr Leben" rennen, sondern „ein besseres Leben suchen". Die Flüchtlinge hätten vorher um ihre Aufnahme bitten sollen, stattdessen aber hätten sie die Grenze illegal durchbrochen." Chapeau!

Völlig richtig und das gleiche gilt aus deutscher Sicht.

Natürlich würde, mit ein paar Ausnahmen, kein deutscher Politiker oder keine deutsche Politikerin den Mut besitzen, die Wahrheit so offen auszusprechen.
Das wäre ja dann im deutschen Interesse und das möchte man ja nun beileibe nicht.
Germany last!
Das ist das Credo unserer Regierung unter der allmächtigen Kanzlerin.

„Er habe nie verstanden, „wie in einem Land wie Deutschland [...] das Chaos, die Anarchie und das illegale Überschreiten von Grenzen als etwas Gutes gefeiert werden konnte“.

Herr Orban, für diese Aussage müsste man Ihnen jeglichen öffentlichen Preis verleihen, der für Freiheit, Meinungsfreiheit und Menschenrechte verliehen wird.

Ich möchte Ihnen deshalb auch noch einmal persönlich meinen Dank und die besten Grüße aussprechen und ich wünsche mir aus tiefem Herzen, dass Ungarn standhaft bleibt und weiterhin die Aufnahme von sogenannten „Flüchtlingen“ nach einem von der EU vorgeschlagenen Schlüssel verweigert.

Deutschland ist noch nicht so weit, aber ich bin guter Hoffnung.

In Respekt und herzlichst

Tim K.

Merkels Flüchtlingspolitik ist gnadenlos gescheitert

Und jeden Tag wacht einer mehr auf.
Wenn schon die „Stuttgarter Nachrichten“ einen derartigen Kommentar bringen, dann gibt es wahrlich noch Hoffnung in diesem Land....

Allmählich bekommt die größte Kanzlerin aller Zeiten die Rechnung präsentiert, die sie sich wahrlich verdient hat.
Eigenmächtig im Jahre 2015 eine „Willkommenskultur“ auszurufen, die Millionen von Fremden in unser Land geholt hat, wird ihr von großen Teilen der Bevölkerung nie wieder verziehen werden.

Angela Merkel hat Deutschland und sogar ganz Europa gespalten.
Anstelle von angeblichem Fortschritt und Bereicherung kamen ein erhebliches Maß an Armut und Kriminalität nach Deutschland.

Unkontrolliert Millionen von Menschen in unser Land zu lassen ist brandgefährlich, völlig irrsinnig und zudem rechtswidrig.
Dazu kommt, dass jene „Flüchtlinge“, die keine Bleibeperspektive haben, also der größte Teil, besonders häufig negativ auffallen.

Derzeitig ist weiterhin zu befürchten, dass die große Mehrheit der „Flüchtlinge“ dauerhaft von Hartz IV leben wird.

Alles das ist das Vermächtnis von Angela Merkel und einer kleinen Clique, für die ihr eigenes Wohl und der persönliche Vorteil alles und das Wohl des Landes und der Bevölkerung nichts ist.

Wenn der ganze Spuk irgendwann hoffentlich vorbei sein sollte, muss man sich genau dieser Personen, politisch gesehen, erinnern, was konsequenterweise zur Folge haben muss, dass sie nie wieder ein politisches Amt in Deutschland bekleiden dürfen.

Angela Merkel ist schon jetzt eine politische Leiche, die nur noch künstlich beatmet wird.

Das zumindest ist schon mal eine gute Nachricht.

Tim K.

Das Erste

Startseite Sendungen TV-Programm Live Mediathek Teletext Service Über uns

Themenabend "Flucht aus Europa"

am 14. Februar 2018 im Ersten

Jan Schneider ist mit seiner Frau Sarah und Tochter Nora auf der Flucht

Der Fernsehfilm "Aufbruch ins Ungewisse" (WDR/ARD Degeto), am Mittwoch, 14. Februar 2018, um 20:15 Uhr, schildert das Schicksal einer Familie, die unter lebensbedrohlichen Umständen vor der Verfolgung durch ein totalitäres System flieht, aus einer ungewöhnlichen Perspektive: In naher Zukunft: Europa ist im Chaos versunken. Rechtsextreme haben in vielen Ländern die Macht übernommen. Aus dem demokratischen Staat, der Deutschland einmal war, ist ein totalitäres System geworden, das Andersdenkende, Muslime und Homosexuelle verfolgt. Jan Schneider (Fabian Busch) hat sich als Anwalt auf die Seite enteigneter Opfer gestellt. Als er erfährt, dass ihn das Regime erneut ins Gefängnis stecken will, beschließt er zu fliehen. Sein Ziel ist die Südafrikanische Union, die nach einem Wirtschaftsboom politische und ökonomische Stabilität genießt. Ein Frachter soll ihn, seine Frau Sarah (Maria Simon) und die beiden Kinder Nora (Athena Strates) und Nick (Ben Gertz) gemeinsam mit anderen Flüchtlingen nach Kapstadt bringen, doch die Schlepper setzen ihre Passagiere in viel zu kleinen Booten vor der Küste Namibias aus.

(Screenshot – ARD/Das Erste)

Sehr geehrter Herr Programmdirektor der ARD Volker Herres,

unter der großen Fragestellung „Wofür zahle ich GEZ-Gebühren?“ möchte ich Sie heute zu dem Fernsehfilm „Aufbruch ins Ungewisse“ befragen, der im Rahmen eines Themenabends „Flucht aus Europa“ am 14.2.2018 in Ihrem Programm ausgestrahlt wird.

Vorab und auf die Schnelle: Ist das Comedy?

Wenn ich mir das Werbebild des Films angucke, auf dem der Hauptprotagonist mit seiner Frau und Kind dargestellt wird, muss ich im ersten Moment an „The Walking Dead“ (allerdings für Arme) denken. Beim Lesen des nachfolgenden Textes, der die Handlung des Films beschreibt, erfuhr ich dann, dass diese kleine Familie „Flüchtlinge“ darstellen soll. Mit Verlaub gesagt und ohne irgendwelche rassistischen oder vorurteilsbehafteten Äußerungen hier möglicherweise abzugeben, aber sieht der aktuelle „Flüchtling“ nicht irgendwie anders aus?

Meiner Meinung nach differiert „Aufbruch ins Ungewisse“ schon weitestgehend dahin, dass die „Flüchtlinge“ heutzutage wesentlich jünger sind und zudem ohne Frau und Kind geflüchtet sind.

Ich sehe auch auf dem Bild keine saubere und modische Kleidung, geschweige denn ein modernes Smartphone. Wo und wie haben die Regisseure des Films

recherchiert?
Dann musste ich lesen: „In naher Zukunft ist Europa im Chaos versunken, weil Rechtsextreme in vielen Ländern die Macht übernommen haben? Ist das Ihr Ernst? Mal ehrlich, Herr Herres, das ist wirklich ein Film für Erwachsene im Abendprogramm? Oder steckt da die „Heute-Show“ hinter? Ach nee, die kommt ja im Zweiten.
Ich möchte dennoch nachhaken. Wenn überall in Europa Rechtsextreme an die Macht gekommen sind, wer hat die alle dann gewählt? Und wieso wurden diese sogenannten „Rechtsextremen“ überhaupt erst gewählt? Berichtet „Aufbruch ins Ungewisse“ auch darüber? Das muss ja alles einen Grund gehabt haben, oder etwa nicht? Oder gab es einen Putsch von ein paar Hundert Schlichtstrukturierten mit Reichskriegsfahnen und Springerstiefeln? Fragen über Fragen, verzeihen Sie, Herr Herres.
„Aus dem demokratischen Staat, der Deutschland einmal war, ist ein totalitäres System geworden.“ Ja, das kommt ja in etwa heutzutage schon hin.
Aber dann heißt es weiter: „... das Andersdenkende, Muslime und Homosexuelle verfolgt.“ Im Ernst?
Der Anwalt Jan Schneider (Fabian Busch) will auf jeden Fall mit seiner Familie in die Südafrikanische Union fliehen, doch die Schlepper setzen ihre Passagiere in viel zu kleinen Booten vor der Küste Namibias aus. Klingt spannend. Wird es Fabian Busch in die Südafrikanische Union schaffen? Schmeißt er vorher seinen Pass weg? Wie wird er aufgenommen werden? Werden er und seine Familie eine wirtschaftliche Vollversorgung in der Südafrikanischen Union erhalten? Weitere Fragen würden sich anschließen, sind aber der möglichen Zensur geschuldet.
Wissen Sie was, Herr Herres, ich gucke zwar so gut wie nie ARD oder ZDF, aber ich glaube, dass ich mir dieses „Meisterwerk“ vielleicht doch einmal anschauen werde. Selbstverständlich nur aus Unterhaltungsgründen, denn ernsthaft damit auseinandersetzen kann man sich nun beim besten Willen damit nicht.
In diesem Sinne einen schönen Abend! Ach ja, und dafür zahle ich allen Ernstes GEZ-Gebühren?

Tim K.

Frohes neues Jahr!

Was ich mir vor allem wünsche:

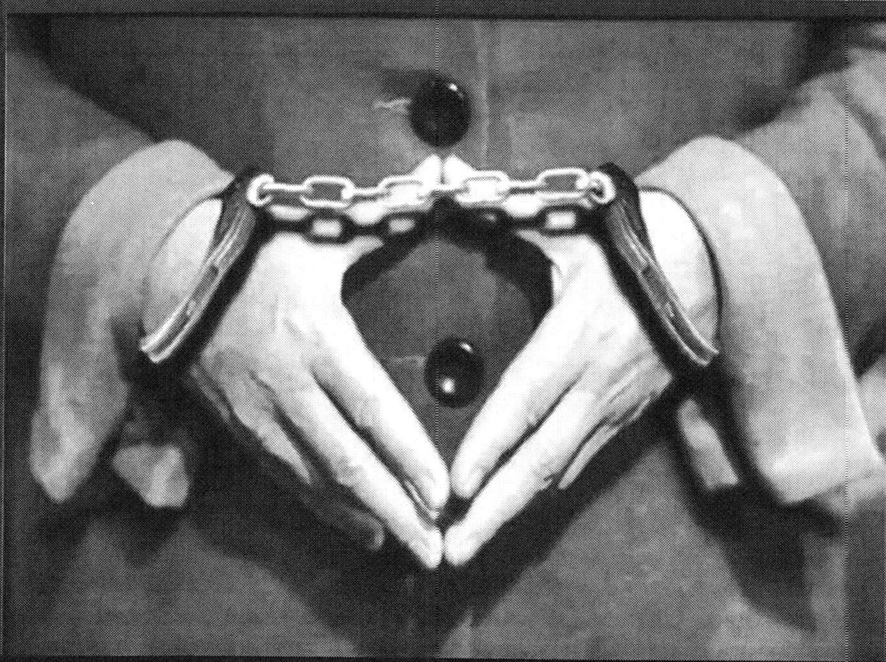

GERECHTIGKEIT!

Tim K.

Frohes neues Jahr und Glück, Gesundheit und Erfolg für 2018!

Frohes neues Jahr und Glück, Gesundheit und Erfolg für 2018!
Ich wünsche mir für dieses neue Jahr, dass
– keine deutsche Behörde mehr auf Arabisch irgendetwas postet – es keine Schutzzonen mehr für Frauen geben muss – Großveranstaltungen keinen Festungen mehr ähneln – die Meinungsfreiheit wieder zurückkehrt – Obdachlose vom Staat unterstützt werden – Rentnerinnen und Rentner würdig behandelt werden – die Grenzen geschlossen werden – Grenzkontrollen inklusive Altersbestimmungen stattfinden – Wirtschaftsasylanten abgeschoben werden – kriminelle ausländische Straftäter ausgewiesen werden – Familienzusammenführungen nur in den jeweiligen Heimatländern stattfinden – die Islamisierung gestoppt wird – ein starker Staat sich endlich für die Eigenen engagiert – der Tierschutz noch mehr gefördert wird – usw.

Aber das Allerwichtigste ist, dass die Person und die Personen, die für den jetzigen Zustand Deutschlands verantwortlich sind, rechtlich dafür belangt werden!

Tim K.

Liebe Freunde, liebe Mitbürgerinnen und Mitbürger,

2017 war ein weiteres Jahr der Beschämung für Deutschland. Bevor nachher wieder die falschen Personen heuchlerisch ihre Neujahrsbotschaften dem Volk verkünden, spreche ich heute zu Ihnen als "Einer, der hier schon länger lebt" und der demnach zum Volk der 2. Klasse gehört.
Dank unserer politischen Elite, allen voran Bundeskanzlerin Angela Merkel, ist dieses Land jedes Jahr weniger wiederzuerkennen. Warum das so ist? Die Antwort ist einfach. Weil unsere Interessen nicht mehr zählen und vollkommen nachrangig, wenn nicht sogar bedeutungslos sind.
Ich nenne Ihnen allen jetzt eine einzige Zahl, die beweist, dass wir alle und die Organisationen und Einrichtungen vollkommen unbedeutend sind. 20 Milliarden Euro!
Sie wollen wissen, was diese Zahl bedeutet? Ich werde es Ihnen sagen. Das ist die Summe der "Flüchtlingsrücklage", die sich bis jetzt angehäuft hat. 20 Milliarden Euro, die vorhanden sind und die noch nicht einmal aktuell benötigt werden.
Verstehen Sie jetzt, was ich Ihnen mitteilen möchte?
Demgegenüber möchte ich Ihnen allen ein paar zusätzliche Fakten nennen. Es gibt 400.000 Obdachlose in Deutschland. 350.000 Rentner müssen sich Lebensmittel an den Tafeln zusammenklauben. Gibt es für diese Menschen auch eine Rücklage? Nein. Wird für diese Menschen auch nur ein Euro abgezweigt? Nein.
Die Bundeswehr lässt ihre Piloten aufgrund des schlechten Zustandes ihrer Hubschrauberflotte künftig in ADAC-Hubschraubern trainieren. Gibt es für die Bundeswehr eine Rücklage? Nein. Und nein, es wird auch nichts hierfür abgezweigt.
Die Schere zwischen arm und reich klafft immer weiter auseinander und selbst Familien, deren Vater arbeiten geht, können sich keinen Urlaub mehr leisten. Werden die Armen und Bedürftigen in Deutschland auch mit einer Rücklage bedacht? Die Antwort lautet nein.
Liebe Mitbürgerinnen und Mitbürger, diese Liste lässt sich endlos weiterführen

und man kommt immer wieder zu demselben Ergebnis: Die Eigenen zählen nicht so viel, wie andere.
Deutschland hat sich verändert. Unsere Frauen und Kinder haben Angst, Opfer von Übergriffen oder Gewalttaten zu werden. Die Menschen fürchten sich vor Anschlägen. Der Sozialbetrug in unserem Land hat Ausmaße erreicht, die nahezu unvorstellbar sind. Das Märchen vom verfolgten "Flüchtling" trifft nur auf einen sehr geringen Prozentsatz zu. Die große Masse besteht aus männlichen Wirtschaftsflüchtlingen, die mit falschen Pässen oder ohne irgendwelche Papiere zu Hunderttausenden zu uns kommen. 600.000 sogenannte "Flüchtlinge" beziehen jetzt schon Hartz IV.
Sie glauben, dass alles wäre Zufall? Dies ist keinesfalls ein Zufall, sondern wurde und wird von unseren Volksvertretern noch gefördert und unterstützt. Das Resultat sehen und hören wir jeden Tag, obgleich wir nur die Spitze des Eisberges mitbekommen.
Ich möchte meine ganz persönliche Neujahrsansprache mit wenigen Aussagen noch beenden: Die Handlungsfähigkeit dieses Staates muss wieder hergestellt werden und dieses geht nur mit neuem Personal, denn das alte hat kläglich versagt.
Deutschland ist und bleibt ein christlich geprägtes Land, was bedeutet, dass der Islam nicht zu Deutschland gehört. Punkt!
Die hier geltenden Gesetze müssen geachtet, eingehalten und durchgesetzt werden, was bedeutet, dass Wirtschaftsflüchtlinge und ausländische Straftäter umgehend abgeschoben oder ausgewiesen werden müssen.
Deutschland war ein wunderbares Land, das unseren Kindern einst eine gute Zukunft versprach. Es ist nur noch ein Fragment dessen.
Ich wünsche mir dieses Deutschland zurück und werde mit allen rechtlich legitimierten Mitteln weiterhin dafür streiten.
Es bedarf zwar ein wenig Mut und Standfestigkeit, aber die freie Meinung kann und darf nicht unterdrückt werden.
Ich wünsche Ihnen und Ihren Familien einen guten Rutsch ins neue Jahr, Glück, Gesundheit und dass Deutschland wieder zu dem Land wird, das ich aus meiner Jugend her kenne.

Tim K.

Sehr geehrter Bundesinnenminister Thomas de Maiziere,

Ihr Ministerium ist offiziell für die innere Sicherheit, insbesondere die Kriminalitätsbekämpfung, den Grenzschutz und den Zivilschutz zuständig. Weiterhin sollen Abschiebungen von Ihnen unterstützt und begleitet werden. Deshalb frage ich Sie nun ganz direkt: Warum kommen Sie Ihren Aufgaben nicht nach?

Weiterhin frage ich Sie, wie viele Morde, Vergewaltigungen und Körperverletzungen wurden innerhalb des letzten Jahres von abgelehnten Asylbewerbern verübt?
Wie viele der minderjährigen unbegleiteten Flüchtlinge sind wirklich minderjährig?
Ich möchte Ihnen auch meine Fragen begründen. Fakt ist, dass in Deutschland so gut wie gar nicht abgeschoben wird. Fakt ist auch, dass in sehr vielen Fällen abgelehnte Asylbewerber die Täter waren. Fakt ist ebenfalls, dass nach beinahe jedem Mord und jeder Vergewaltigung eines angeblichen "Minderjährigen" im Nachhinein herauskommt, dass dieser nicht minderjährig, sondern vielmehr viele Jahre älter und demzufolge volljährig und erwachsen ist.
Daher schließt sich nun folgende Frage an: Wie viele Morde und Vergewaltigungen hätten verhindert werden können, wenn die Politik und insbesondere Ihre Behörde schlichtweg den ihnen aufgetragenen Aufgaben nachgekommen wären?
Ich akzeptiere nicht die scheinheilige Aussage, dass die federführende Person Angela Merkel und ihre Gefolgschaft eine derartige Linie nicht für gut heißen würde. Es ist mittlerweile überall bekannt, dass sich eine Angela Merkel weder für die innere Sicherheit, noch für eine Grenzsicherung oder die Opfer und ihre Angehörigen in außerordentlicher Art und Weise interessiert. Aber was ist mit Ihnen? Was ist mit Ihren zahlreichen Mitarbeiterinnen und Mitarbeitern? Fühlen Sie sich einer Angela Merkel oder der Bevölkerung und diesem Land verpflichtet? Können Sie sich ansatzweise in die Gemüter der Angehörigen

versetzen, deren Kinder, Töchter, Söhne ermordet oder geschändet wurden? Können Sie das? Oder wollen Sie das gar nicht, weil es Sie an Ihre eigene Verantwortung erinnern würde?
Ich bin ein freier Mann, der sagt, was er denkt und der sein Recht auf freie Meinungsäußerung wahrnimmt. Deshalb sage ich Ihnen auch ganz deutlich, dass ich mich schäme. Ich schäme mich für Sie und dass dieses Land handlungsunfähig geworden ist. Personen, wie Sie sind daran maßgeblich beteiligt. Personen, die völlig abgehoben und entrückt agieren, beziehungsweise untätig verweilen, weil ein klarer Standpunkt zu diesem himmelschreienden Unrecht einfach nicht der gewünschten "politischen Kultur" entsprechen würde. Mein Beileid gilt all den Opfern und ihren Angehörigen. Ich werde nicht aufhören damit, Unrecht anzuprangern. Es macht Menschen nicht mehr lebendig, aber vielleicht bewirken all unsere Stimmen eines Tages, dass ein Umdenken erfolgt, welches wiederum zukünftige Opfer verhindert.
Ich bleibe bei meiner Meinung: Abschiebungen gefährden keine Leben, sondern retten welche.

Tim K.

Diese widerwärtige Doppelmoral ist nicht mehr zu ertragen!

In den letzten zehn Tagen wurden zwei junge Mädchen von "Schutzsuchenden" lebensbedrohlich angegriffen. Eine 17-Jährige sollte ertränkt werden und eine andere 17-Jährige wurde abgestochen.
Nun wurde eine 15-Jährige durch zahlreiche Messerstiche ermordet.

Beinahe zeitgleich verleiht das deutsche Fußballmagazin "Kicker" einem Mann den Titel "Mann des Jahres", der genau so einen Mord verbal heruntergespielt hat.

Der Trainer des SC Freiburg äußerte sich vor gut einem Jahr zu dem Mord an der 19-jährigen Medizinstudentin Maria, die von einem 32-jährigen afghanischen "Flüchtling" vergewaltigt und ermordet wurde, wie folgt: "Und jetzt ist der Bub, der was ganz Schlimmes gemacht hat, aus Afghanistan." (Welt, 9.12.2016)
So ein Mann erhält von einem angeblichen "renommierten" Sportmagazin die Auszeichnung "Mann des Jahres"?
Was ist aus diesem Land nur geworden? Wie tief sind wir gesunken? Aber nun gut, mit dieser Entscheidung, die Ihr getroffen habt, müsst Ihr leben, "Kicker" und nicht ich.
Ich bemitleide Euch zu Eurer charakterlosen und opportunen Haltung! Ein Christian Streich ist für mich schlichtweg nicht zurechnungsfähig!
Ich stehe hier mit meiner freien Meinung und ich äußere sie ganz klar und deutlich: Ich bin für die sofortige Ausweisung jedes Wirtschaftsasylanten und jeden Ausländers, der hier straffällig geworden ist.
Das macht mich zu einem "Rechtspopulisten"? Gerne, dann bin ich, mit Verlaub gesagt, der größte "Rechtspopulist", den es gibt.
Und ich bin stolz darauf!

Tim K.

Frau Bundeskanzlerin Merkel,

Ihre Tage sind gezählt. Das ist ein klarer Fakt und eine logische Konsequenz Ihres eigenmächtigen und verwerflichen Handelns.
„Die Zeit nach Merkel naht" und „Umfrage-Klatsche für Merkel" sind die aktuellen Schlagzeilen, die bestätigen, dass, offiziell, die Hälfte der Bevölkerung Sie nicht mehr als Bundeskanzlerin möchte.
Ich bekämpfe Sie und Ihre furchtbare Politik mit allen legitimen Mitteln nunmehr seit mehreren Jahren und diese Überschriften gehen bei mir runter wie Öl. Es scheint, als wenn mein größter Wunsch und das Streben all meines freidenkenden Handelns in greifbare Nähe zu rücken scheint.
Wer nämlich allen Ernstes glaubt, dass die deutsche Bevölkerung auf kurz oder lang mit ansieht, wie Hunderttausende Wirtschaftsasylanten durch offene Grenzen marschieren, um dann bei uns auf Kosten des Steuerzahlers Hartz IV zu beziehen, der ist noch verblendeter als ich dachte.
Die Mehrheit der Bevölkerung möchte nicht, dass die Terrorverfahren sich weiter vervielfachen, die unmissverständlich mit Ihrer rechtswidrigen Grenzöffnung in Verbindung stehen.
Die Mehrheit der Bevölkerung möchte keinen Familiennachzug aus einem Land, in dem mittlerweile Frieden herrscht und deren Hauptstadt Damaskus nahezu männerfrei ist.
Die Mehrheit der Bevölkerung möchte auch nicht von einer EU regiert werden, deren Präsident Juncker ein drakonisches Alkoholproblem zu haben scheint, wie diverse öffentliche Videobeiträge über ihn fortwährend bestätigen.
Die Mehrheit der Bevölkerung möchte nicht, dass unsere Fußgängerzonen eher ausländischen Städten gleichen.
Die meisten Deutschen wollen auch keine Beschneidung ihrer Meinungsfreiheit.
Ein weiterer entscheidender Punkt ist zudem, dass die Mehrheit der Bevölkerung nicht der Ansicht ist, dass der Islam zu Deutschland gehört.
Jeder einzelne der gerade aufgezählten Punkte ergibt ein Ganzes.
Das Ganze bedeutet für Sie, dass dieses Land Ihre Taten, Ihre unerträgliche Bevormundung, Ihre abstoßende Veränderung eines ganzen Landes, nicht mehr gewillt ist, noch länger hinzunehmen. Ihre politische Zeit ist um, Frau

Bundeskanzlerin. Tagtäglich wittern Ihre noch verbliebenen Getreuen bereits, dass Sie in dieser Position nicht mehr zu halten sind, weil Sie letztendlich gescheitert sind. Kläglich gescheitert. Tagtäglich naht Ihr politisches Ende. Die deutsche Bevölkerung ist keine Bevölkerung 2. Klasse, so wie es von Ihnen gewünscht wurde.
Wir sind keine, „die hier schon länger leben." Wir sind die, die hier geboren wurden und dessen Land es ist. Die, welche, leider, Ihnen einmal das Mandat anvertraut haben, was Sie uns mit einem unverzeihlichen Bruch des Vertrauens gedankt haben.
Wir sind die, die sich einen handlungsfähigen Staat wünschen. Einen Staat, dessen Gesetze geachtet und vor allem auch umgesetzt werden. Einen Staat, der für die Eigenen da ist.
Ein Staat, der seinen älteren Menschen, die dieses Land aufgebaut haben, Respekt und Wertschätzung entgegenbringt und sie nicht an Lebensmitteltafeln Essen zusammenklauben lässt. Der seine Sicherheitsbehörden unterstützt und finanziell und personell bestmöglich ausstattet.
Der seine Armee wertschätzt und sie als Garant des Friedens einsatzfähig hält. Ein Staat, der insofern auch handlungsfähig bleibt, als dass er Wirtschaftsasylanten, Rechtsbrecher und Betrüger unverzüglich abschiebt.
12 Jahre Angela Merkel haben dazu geführt, dass dieses Land so tief gespalten ist, wie noch niemals zuvor. Dass Frauen mittlerweile Angst haben müssen, alleine abends noch spazieren oder joggen zu gehen. Dass die Schere zwischen arm und reich immer weiter auseinanderklafft. 12 Jahre sind im Angedenken an Helmut Schmidt, Helmut Kohl und Hans-Dietrich Genscher unterm Strich 12 Jahre zu viel.
Eine Frau, die schon damals nicht uneingeschränkt hinter der deutschen Wiedervereinigung stand, hätte niemals irgendein politisches Amt in Deutschland bekleiden dürfen.
Sie sind unpatriotisch, empathielos und, Gott sei Dank, kläglich gescheitert.
Ihre Zeit ist um!

Tim K.

Was für eine Schande!

Man erkennt den Charakter der Mächtigen immer daran, wie sie mit den Schwächsten des Landes umgehen.
Frau Merkel, Herr Steinmeier, Herr Schulz, Herr Gabriel und wie sie noch so alle heißen: Ich schäme mich dafür, was Sie alle aus diesem Land gemacht haben!

Tim K.

Frohe Weihnachten und besinnliche Feiertage wünsche ich Euch und Euren Familien!

Ich werde die nächsten Tage dafür nutzen, ein wenig die Ruhe zu genießen, gut zu essen und viel zu lesen. Dabei werde ich immer wieder reflektieren, was mittlerweile um uns herum passiert und wie es wohl weitergehen wird.
Als ich heute die Weihnachtsansprache des Bundespräsidenten und das vorgefertigte Geschreibsel der Bundeskanzlerin zumindest überflogen habe, weiß ich es ohnehin schon heute. Es wird immer schlimmer und es wird weiterhin mit Hochdruck gefördert und lanciert werden.

In dieser Zeit der Stille, in denen ihre Taten so laut sprechen, müssen wir mit unserer Meinung immer lauter werden.
Gefestigt sein in unserer Haltung und gewappnet vor dem, was auf uns zukommen wird.
Uns besinnen auf unsere Heimat, unsere Kultur und unseren Glauben. Auf unsere Prägung und unser einstmals freies und fortschrittliches Weltbild.

Die Zukunft wird von uns allen fordern, dass wir nicht weiter bedingungslos das hinnehmen, was man uns mit aller Macht versucht, aufzudrücken.
Das alles das schwinden lässt, was dieses Land so viele Jahrzehnte ausgemacht und großgemacht hat. Das Land, in dem wir einst gut und gerne lebten. Dieses Land möchte ich zurück und dafür werde ich mich tagtäglich weiterhin einsetzen.
Ich möchte mich bei allen Soldaten, Soldatinnen, Sicherheitskräften, Krankenschwestern, Krankenpflegern und allen Menschen, die Weihnachten für die Allgemeinheit ihren Dienst tun, bedanken. Ich wünsche Euch eine fröhliche Weihnachtszeit.
Nutzt die Stille und das Zusammensein mit Euren Lieben, denn die Familie ist alles.
Frohe Weihnachten und besinnliche Feiertage!

Tim K.

Sehr geehrter Herr Gabriel,

Wir kaufen uns eine neue Bevölkerung?
Die Kommunen sollen mehr Geld bekommen, wenn sie Flüchtlinge aufnehmen?
Der Bund soll die Kosten für die Integration ersetzen und den gleichen Betrag obendrauf für Investitionen "für ihre Bürger" zahlen?

Das klingt für mich so, als wenn die Umvolkung dieses Landes und seiner Bevölkerung jetzt auch noch finanziell durchgesetzt und den letzten Zweiflern in den Kommunen schmackhaft gemacht werden soll.
Und was heißt hier überhaupt "für ihre Bürger"? Sie meinen damit sicherlich die Eingeborenen, also die Bio-Deutschen, nicht wahr? Ich finde schön, dass Sie damit endlich Ihr wahres Gesicht zeigen, Herr Gabriel.
Sie sagen damit nämlich letztendlich aus, dass das Geld für uns Bio-Deutsche natürlich vorhanden wäre, wir es aber erst als Belohnung bekommen würden, wenn wir auch "Flüchtlinge" aufnehmen würden. Eine sehr interessante aber auch beschämende Aussage.
Durch solche doppelten Bundeszuwendungen solle die Akzeptanz in der Bevölkerung steigen? "So können wir auch verhindern, dass bei den Bürgern der Eindruck entsteht: Für die Flüchtlinge wird alles getan, für uns nichts" waren Ihre scharfsinnigen Worte. Dadurch verhindern Sie also den richtigen Eindruck,

der faktisch belegbar ist?
Ist Ihnen die Vielfliegerei zu Kopf gestiegen, oder wie kommen Sie zu dieser lächerlichen Ansicht? Dadurch wird vielmehr der richtige Eindruck entstehen, dass Geld zwar da ist, aber nur in Verbindung mit Wohlverhalten gegenüber "Flüchtlingen" den Einheimischen ausgezahlt wird. Das ist doch gewissermaßen "Gutmenschen-Rassismus", oder nicht?
Zumindest ist es eine ungeheuerliche Arroganz und Anmaßung, die Sie da von sich gegeben haben. Was bilden Sie sich eigentlich ein, über die Verwendung meiner und unser aller Steuerausgaben zu entscheiden? Die Steuern wurden und werden von der Bevölkerung gezahlt und sollen verdammt nochmal auch für die eigene Bevölkerung vorrangig wieder verwendet werden.
Und da kommen sie daher und schlagen sinngemäß vor: "Wenn Ihr "Flüchtlinge aufnehmt, dann bekommt Ihr zur Belohnung auch Eure Steuern wieder für Euch und Eure Kinder und älteren Menschen zurück." Das ist wirklich der Gipfel der Unverfrorenheit.
Sie bekennen damit ja regelrecht Ihre völlige Abgehobenheit von denen, die Ihren Sold und Ihre Reisen inklusive horrenden Spesen durchgängig bezahlen.
Summa summarum kann man immer und immer wieder nur den Kopf über Ihre verbalen Entgleisungen schütteln. Sie sind für mich weder mein Außenminister, noch sonst jemand, der mir irgendwas erzählen kann, was mich ernsthaft interessieren würde.
Sie sind für mich einfach nur der ewige Zweite und Flatrate-Verlierer, der aber auch immer wieder nur durch derartige Äußerungen überhaupt noch Beachtung findet.
Trotzdem wünsche ich Ihnen und Ihrer Familie ein frohes Weihnachtsfest.
Einer aus dem Pack

Tim K.

Ehrlichkeit: Fundstück gleich abgeliefert

. Die Verständigung war schwierig, aber die Freude riesengroß, als der ehrliche Finder Issa A. die verlorene Geldtasche übergab. Vor kurzem hatte der syrische Flüchtling und ehemalige Journalist aus Damaskus auf einem Flohmarkt in Porz…

KSTA.DE

(Screenshot Kölner Stadtanzeiger)

Ein herzzerreißendes Weihnachtsmärchen

Ach, es gibt doch noch Zeichen und Wunder. Als ich diesen Artikel las, konnte ich mir die ein oder andere Träne nicht verdrücken. (vor Lachen)

Issa A., der schon einmal einen Geldbeutel mit 2000 Euro gefunden hatte, fuhr durch ganz Köln, um einen erneut gefundenen Geldbeutel einer aus Bulgarien stammenden Putzfrau zurückzubringen.
Den Finderlohn von 50,- Euro lehnte er natürlich ab. Für den ehemaligen Journalisten (Ressortleiter? Nachrichtensprecher? Medienmogul?) war es eine Selbstverständlichkeit, das wertvolle Fundstück sofort der Eigentümerin wieder zurückzubringen. Wow! Das nenne ich mal Engagement!
Ich bin schon jetzt gespannt, was Issa A. nächstes Jahr dann findet, denn bekanntlich sind ja aller guten Dinge drei!
Issa A. wird demnächst eine Ausbildung zum Erzieher beginnen. Mit seiner schwangeren Frau sucht er eine Wohnung, deren Miete selbstverständlich die Stadt übernehmen würde. Ach, es ist einfach alles so wunderbar romantisch und harmonisch.
Das ist unser Deutschland im Jahre 2017. Ein Land, das von der Liste Angela Merkel regiert wird und dass solche Weihnachtsmärchen überhaupt erst möglich macht.
Fällt mir gerade noch so ein: Ist in Syrien eigentlich noch Krieg?
In diesem Sinne noch einen schönen Abend

Tim K

Unser Land zurück!

Ich bin gegen Ströme von Wirtschaftsasylanten. Ich bin gegen eine Islamisierung dieses Landes und ich bin für die uneingeschränkte Meinungsfreiheit!
Unter Helmut Schmidt (SPD) durfte man diese Meinung noch frei äußern. Unter Helmut Kohl (CDU) ebenfalls. Auch zu Zeiten von Hans Dietrich Genscher (FDP) war es völlig legitim, eine derartige Meinung zu vertreten. Es waren schließlich auch ihre Meinungen.

In Zeiten von einer Angela Merkel und eines Martin Schulz sind derartige Meinungen mittlerweile fast schon verboten. Äußert man sich trotzdem in diese Richtung, so gilt man als "Rechtspopulist", "Menschenfeind" und "islamophob". Lächerlich!
In den heutigen Zeiten, in denen die Kriminalität drastisch in die Höhe geschossen ist. In denen Weihnachtsfeiern abgesagt werden, weil es Einzelnen missfällt, dass der christliche Brauch vollzogen wird. In denen es bestimmte Gerichte in den Kindergärten nicht mehr gibt. In denen um öffentliche Veranstaltungen Grenzbefestigungen installiert und die richtigen Grenzen ungeschützt sind. In denen Weihnachten "Lichterfeste" heißen.
In genau diesen Zeiten ist diese Meinung für mich eine moralische Notwehr und Selbstverständlichkeit, die vom Grundgesetz vom Recht der freien Meinungsäußerung abgedeckt ist.
Je mehr man mir diese Meinung schwermachen will, je gefestigter wird sie und je mehr werde ich in ihr bestätigt.
Die Menschen fürchten sich, ihre freie Meinung zu sagen. Sie sollten sich vielmehr davor fürchten, was passiert, wenn sie es nicht tun!

Tim K.

Mutter des getöteten Laster-Fahrers Lukasz Urban – »Merkel hat das Blut meines Sohnes an ihren Händen

Lkw-Fahrer Lukasz Urban (37) wurde von Anis Amri erschossen. Die Mutter des Fernfahrers erhebt Vorwürfe gegen die Bundesregierung.

BILD.DE

(Screenshot Bild)

Sehr geehrte Frau Urban,

ich möchte Ihnen, mittlerweile ein Jahr später nochmalig, mein tiefstes Beileid für den Tod Ihres Sohnes aussprechen. Ich tue dies, da bin ich mir sicher, auch für unzählige meiner Mitbürgerinnen und Mitbürger.
Ich danke Ihnen auch für Ihre ehrlichen und wahren Worte, dass „Bundeskanzlerin Merkel das Blut Ihres Sohnes an ihren Händen hat". Ich sehe das genauso. Sehr viele Deutsche sehen das genauso.

Sie hat, meines Erachtens nach, das Blut von noch sehr vielen anderen ermordeten Menschen an ihren Händen. Sie müssen wissen, Frau Urban, dass Angela Merkel von sehr vielen Menschen in Deutschland verachtet und abgelehnt wird. Sie ist eine Bürde für dieses Land und für ganz Europa geworden.
Ihre gespielte Anteilnahme für die Opfer und deren Hinterbliebenen vom Anschlag auf dem Breitscheidplatz bezeichne ich persönlich als reine Heuchelei. Ich begründe es damit, dass Angela Merkel sich ein Jahr lang Zeit gelassen hat, um mit Hinterbliebenen der Opfer zu sprechen und an den Ort des Attentates persönlich zurückzukehren. Alleine schon die Tatsache, dass von deutscher Seite niemand zu der Beerdigung Ihres Sohnes, Lukasz Urban, gekommen war, ist eine unglaubliche Schande. Ich entschuldige mich dafür, denn es beschämt mich ungemein.
Wie pietätlos, kaltherzig und ignorant muss man eigentlich sein? Das eine Angela Merkel aber auch rein gar nichts aus diesem Anschlag gelernt hat, beweist die Tatsache, dass die deutschen Grenzen weiterhin für jedermann offen sind, es keine Grenzkontrollen gibt und das somit weiterhin jeder potentielle

Terrorist mit gefälschten Ausweisen und zig Identitäten zu uns kommen kann. Das ist auch ein Grund, warum ich die politische Haltung Ihrer Regierung diesbezüglich bewundere und achte.
Bundeskanzlerin Merkel ist inzwischen an nahezu allem gescheitert, was Sie sich persönlich vorgenommen hat oder was Sie eigenmächtig voran treiben wollte. Sie ist kläglich bei den letzten Bundestagswahlen gestrandet und Deutschland hat immer noch keine Regierung.
Frau Urban, alles das mag Ihren Schmerz nicht lindern, aber Sie sollen wissen, dass viele Menschen in Deutschland Ihres Sohnes gedacht haben und immer noch gedenken. Sie stehen nicht alleine mit Ihrer Meinung.
Trotz Ihres Verlustes und des Schmerzes wünsche ich Ihnen und Ihrer Familie trotzdem besinnliche Feiertage und dass Sie im Kreise Ihrer Lieben genügend Kraft haben, um dieses Weihnachten doch noch angemessen feiern zu können. Überall dort, wo das Angedenken und die Liebe für Ihren Sohn weiterbesteht, wird er niemals vergessen sein.

Mein tiefstes Beileid
Tim K.

Ein Schlag ins Gesicht!

Merkel besucht Breitscheidplatz.

Auch wenn es schon ein paar Tage her ist, aber dieser Besuch muss doch noch einmal erwähnt und zudem analysiert werden.
Taten sprechen bekanntlich lauter als Worte. Vor allen Dingen spricht aber auch der zeitliche Aspekt für einen ehrlichen und aufrichtigen, oder eben unehrlichen und unaufrichtigen Grund.

Aber dies sei, am Rande bemerkt, nur mal so dahingestellt. In Zeiten der Zensur und des NetzDG muss man ohnehin höllisch aufpassen, wie man seine „freie“ Meinung überhaupt noch kundtut.
Ein Jahr, und ich wiederhole noch einmal, EIN JAHR!!! nach dem verheerenden und widerwärtigen Terroranschlag auf dem Breitscheidplatz, bemüht sich Bundeskanzlerin Merkel dann auch einmal an den Ort des Attentats.
Dieses auch erst, nachdem zuvor Hinterbliebene harte Kritik an ihr geübt haben. Wie dem auch sei, 30 Minuten nahm sich die Kanzlerin dann doch, um den Weihnachtsmarkt zu besuchen und unter anderem mit Schaustellern zu sprechen. Eine weiße Rose wurde von ihr dann auch noch niedergelegt.

Zwischen Glühweinständen und Bratwurstbuden bezeugte Angela Merkel dann ihre Solidarität mit den Betroffenen. Trank dann noch einen Glühwein und verschwand wieder.
Ich komme noch einmal auf den Anfang zurück: Taten sprechen lauter als Worte.
Ich frage mich wirklich: Wie laut muss eine Angela Merkel eigentlich noch schreien und brüllen, damit auch der Letzte in diesem Land endlich begreift, was diese Frau antreibt?
Nämlich rein gar nichts, was irgendwie im Entferntesten mit Deutschland zu tun hat!

Tim K.

BAMF-Fehlentscheidung: Afghane „sehr froh", wieder in Deutschland zu sein - WELT

Obwohl sein Anwalt einen Eilantrag gestellt hatte, erlaubte das Bundesamt für Migration und Flüchtlinge (BAMF) die Abschiebung von Haschmatullah F....

WELT.DE

(Screenshot Welt)

Germoney – wir sind verloren!

Liebes Bundesamt für Migration und Flüchtlinge,
In Zeiten der Zensur und der unterdrückten Meinungsfreiheit in Deutschland kann ich Ihnen leider hier nicht klar und deutlich schreiben. Dennoch versuche ich es, irgendwie mit Ironie zu kompensieren.
Erst einmal finde ich es unglaublich toll, was Sie da wieder möglich gemacht haben! Auf Staatskosten einen abgelehnten Asylbewerber aus Afghanistan mal

eben wieder einzufliegen. Wow! 17 Millionen Deutsche träumen von einer Urlaubsreise und das BAMF macht so etwas möglich. Toll!

Ich möchte auch auf diesem Wege Haschmatullah F. wieder herzlich bei uns willkommen heißen.
Lieber Haschmatullah, Dein großer Wunsch war es, wieder nach Deutschland zu kommen. Nun bist Du wieder da. Trotzdem sollst Du wissen, dass dies nichts Außergewöhnliches ist, denn Niemand muss Deutschland jemals wieder verlassen, wenn er es erst einmal durch offene Grenzen ohne Papiere geschafft hat. Es wird auch Niemand jemals abgeschoben, abgesehen von den paar Hundert Alibi-Abschiebungen, die medienwirksam präsentiert werden.
Was soll man zu all dem eigentlich noch sagen? Ist es von der Meinungsfreiheit gedeckt, dass ich persönlich, diesen Staat, seine Regierung und seine gelenkten Institutionen nicht mehr ernst nehmen kann?
Unterliegt es der Zensur, dass ich diesen Vorgang nicht gut heiße?
Dürfte ich eigentlich noch sagen, dass es zig Tausende von Obdachlosen gibt, für die bei weitem nicht so ein Aufriss veranstaltet wird?
Wie dem auch sei, liebes BAMF, wie viele „Verfahrensfehler", also bereits abgeschobene Asylbewerber, müssen jetzt noch zurückgeholt werden? Ihr habt da nämlich jetzt einen rechtskräftigen Präzedenzfall geschaffen. Also jetzt aber auch alle anderen wieder zurück holen! Das ist ja wohl das Mindeste!
Haschmatullah, stylisch gekleidet, wurde auf dem Flughafen bei seiner Ankunft bereits von Reportern erwartet. Wie ein Rockstar winkte er lächelnd in die Kamera. Da geht mein Herz auf.
Einzigartig, was dieses Land immer wieder möglich macht.
Auch beim Verwaltungsgericht Sigmaringen müssten heute ja die Sektkorken geknallt haben. Dieses Gericht hatte die „Rückholaktion" ja überhaupt erst möglich gemacht. Bravo!
Ich möchte meinen Brief, in Zeiten der Zensur, deshalb mit den folgenden Worten beenden:
Und wenn man denkt es geht nicht mehr, kommt irgendwo ein willfähriger Gehilfe daher.
Die Summe aus vielen Teilen ergibt dann das Ganze.
Und das Ganze heißt Deutschland – das Land der unbegrenzten Möglichkeiten!
Tim K.

(Screenshot Tichys Einblick)

"Respect" für einen derartigen Schwachsinn!

Liebe Henriette Reker,
mit Spannung habe ich heute auf die Vorstellung Ihres neuen Projektes „Respect" gewartet und ich muss sagen, dass ich wieder einmal total überwältigt bin. Es stimmt einfach: Wo Henriette Reker drauf steht, da kommt auch Henriette Reker raus. Lach

Nach Ihrer „Armlänge Abstand" kommt nun das nahezu gleichwertig effiziente Armbändchen mit dem bunten Aufdruck „Respect". „Es soll ein Erkennungsmerkmal und ein Selbstbekenntnis der Trägerinnen und Träger für einen respektvollen Umgang sein". Wow! Bei diesen grandiosen Einfällen muss man wirklich auf die Knie gehen. (vor Lachen)
Das wird die Grabscher, Pöbler und sonstigen Flegel natürlich absolut interessieren und auch von Übergriffen abhalten.
Ich habe persönlich für Sie auch noch ein paar weitere tolle Ideen: – „Respect"-Bändchen an unseren offenen Grenzen verteilen! – Abziehbilder auf die Stirn kleben mit dem Aufdruck „Vergewaltigungen sind doof!" Oder vielleicht noch ein Blaulicht mit Kinnriemen auf dem Kopf tragen, was dem Aggressor anzeigt, dass hier eine Belästigung absolut nicht willkommen ist.
Ich kann Ihnen leider keine noch zutreffenderen Tipps geben, da ich sonst in diesem freien Land aufgrund der Äußerung meiner freien Meinung, zumindest hier wieder, höchstwahrscheinlich erneut gesperrt werden würde.
Auch an dieser Stelle noch einmal meinen großen „Respect" für

Meinungsfreiheit!
Echt tolle Idee mit der Produktion von 15.000 !!! Armbändchen. Wollen Sie meine ehrliche Meinung wissen? Was für eine absolut schwachsinnige Art und Weise, Geld zu verbrennen! Haben Sie mal ausgerechnet, wie vielen Obdachlosen Sie für das rausgeschmissene Geld hätten helfen können?
Aber, wissen Sie was? „Respect"!
Und das hier ist genau so ernst gemeint, wie diese ganze blamable Kampagne zu sehen ist: Ironie pur.
In diesem Sinne, Frau Reker Alaaf und Helau!

Tim K.

Realsatire für Erwachsene!

Liebe Politikerinnen und Politiker,
Genau Ihr, die Ihr jetzt alle wieder die Themen entdeckt, die für Euch über viele Jahre völlig unwichtig waren und um die Ihr Euch nicht im Geringsten gekümmert habt: Ihr hattet jahrelang sehr viel Zeit. Das Ergebnis ist niederschmetternd. Ergo habt Ihr auf ganzer Linie versagt! Da helfen auch keine sich stets wiederholenden hohlen Phrasen.

Wünsche einen schönen Sonntag!
Tim K.

Merkels Reich

Ich habe mich immer gefragt, wie Systeme funktionieren können, in dem die eigene Bevölkerung Grundlegendes weder entscheiden noch mitbestimmen kann?
Die Antwort ist schnell gefunden: Indem die Mächtigen sich mit der Zeit einen Apparat erschaffen, der ihnen die Kontrolle über alle Bereiche der Gesellschaft verschafft.

In diesem Apparat erzeugt man Abhängigkeiten.
Sobald die Basis steht, perfektioniert man sein Konstrukt. Bis zu dem Zeitpunkt, an dem es einen scheinbar unumstößlicher Zustand darstellt.
Dann braucht man sich nur noch, an die Macht zu klammern. Fertig!
Deutschland ist wieder genau an diesem Punkt angekommen. Ein Land auf den Knien.
Ich habe meinen ersten Roman "Kniefall" fertiggestellt, der diesen Zustand samt seinen Auswirkungen im Jahre 2021 beschreibt. Ihr könnt diesen entweder bei Amazon, oder wer ein signiertes Exemplar möchte, direkt per Privatnachricht über diese Seite bestellen.
Ich wünsche Euch einen schönen Abend.
Und nur, weil sie es als unumstößlich betrachten, so liegt die Macht letztendlich immer nur bei einem: Dem Volk.

Tim K.

Stasi 2.0!

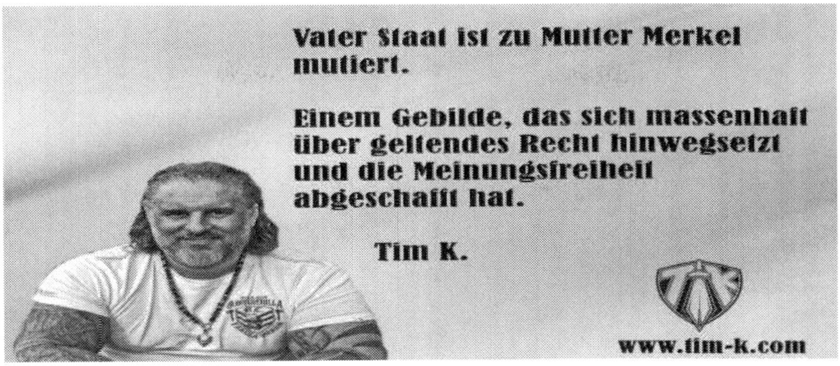

Meine Beiträge auf Facebook werden mittlerweile regelmäßig gelöscht, ohne dass ich jemanden beleidigt, verunglimpft oder gar zu Straftaten aufgerufen habe.
Ich poste keine gewaltverherrlichenden oder sexistischen Dinge, ich äußere nur meine vom Grundgesetz angeblich legitimierte freie Meinung. Diese zudem wohlüberlegt und gründlich geprüft.
Es nützt dennoch nichts. Heute wurden wieder zwei Beiträge entfernt.

Ich sage es jetzt hier ganz deutlich: Die Meinungsfreiheit in diesem Land existiert nicht mehr!
Ein Land auf Knien!

Ein einziger Offenbarungseid der Handlungsfähigkeit!

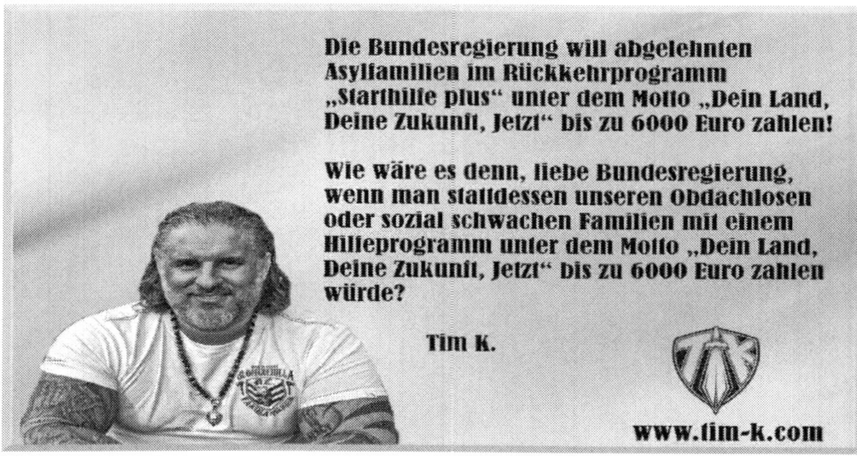

Eine freiwillige Rückkehr für abgelehnte Asylbewerber soll attraktiver gemacht werden???
Mit bis zu 6000 Euro pro Familie???

Ich fasse noch einmal zusammen:
Wenn ein Asylbewerber abgelehnt wird, ist das doch der absolute Beweis dafür, dass er sich bei uns nicht niederlassen darf, richtig?
Ergo hat er und seine Familie wieder das Land zu verlassen, richtig?
Und dies ist die Aufgabe des Staates, richtig?
Wieso soll das dann noch mit bis zu 6000 Euro pro Familie belohnt werden?
Bis dahin wurde doch auch schon alles komplett bezahlt?
Abgelehnte Asylfamilien könnten Sachleistungen zum Beispiel für Miete, Bau- und Renovierungsarbeiten oder die Grundausstattung für Küche oder Bad im Wert von bis zu 3000 Euro bekommen und dazu kommen nun noch einmal bis zu 3000 Euro.
Warum werden diese Gelder nicht dafür aufgewandt, Obdachlosen über den kalten Winter zu helfen, oder einheimische sozial schwache Familien zu unterstützen?

Tim K.

Die vorlichterliche Zeit hat begonnen!

Endlich wieder Lichtermärkte, Zipfelmänner, Jahresendfeiern, Vielfalt, Toleranz und Liebe.
Alles ein bisschen garniert mit „Betondeko“.

Im Angedenken an ein Land, das nie wieder dasselbe sein wird. Im Angedenken an eine Frau, die das alles zu verantworten hat. Im Angedenken an dieselbe Frau, die abgewählt wurde und krampfhaft versucht, die Macht weiter an sich zu reißen. Im Gedenken an ein Europa, das einst noch Europa war.
Frohe Lichterzeit!

Tim K.

Verhaltensempfehlung zum Umgang mit "Gutmenschen"

Wer hat sich nicht schon einmal über die sogenannten "Gutmenschen" geärgert oder Anstoß an ihnen genommen? Dabei ist dies weder erforderlich, noch von irgendeinem Nutzen.

Um dies zu begreifen, muss man sich allerdings erst einmal mit dem Wesen der sogenannten "Gutmenschen" auseinandersetzen, um sie besser zu verstehen und sie demnach angemessen behandeln zu können.

Der sogenannte "Gutmensch" entstammt aus der Spezies der "Unterwerflinge". Dies sind Personen, die aufgrund ihrer oft gleichgelagerten Psyche und Physis gerne von Natur aus die Opferrolle annehmen und sich symbolisch gesehen unterwürfig und rücklings auf den Boden legen, um jedwedem Aggressor ihre Kehle zusätzlich feilzubieten. Der Begriff ist eine Mixtur aus Unterwerfung, "Lemminge" und unterwürfig, was in diesem Fall sehr gut zusammen passt.

Dieses Verhalten rührt daher, dass man einerseits sehr gerne mit der Masse schwimmt, für jeglichen Widerstand zu schwach und zu leidenschaftslos ist und nicht zu vergessen, einfach nicht über die Fähigkeiten verfügt, die notwendig wären, um sich beispielsweise gegen eklatantes Unrecht aufzulehnen.

Mit den gleichgeschalteten Staatsmedien und der wohlwollenden Presse im

Rücken fühlt sich der "Unterwerfling" (männlicher und weiblicher Art) in seinem Tun bzw. Nichtstun bestärkt und lässt sich daraufhin zu albernen und erbärmlichen Aktionen, wie beispielsweise an einem Bahnhof stehen und klatschen oder Teddybären werfen, hinreißen.

Der "Unterwerfling" verwendet gerne Begriffe wie "Nazi", "rechts" und "Hetze" gegen politisch Andersdenkende. Dies sollte jedoch aus den Mündern dieser Konsorten nicht besonders ernst genommen werden.

Der "Unterwerfling" würde nämlich sogar die nordkoreanischen Truppen frenetisch mit den Armen schwenkend begrüßen, Hauptsache es geht gegen das eigene Land und kostet keinerlei Leidenschaft oder Anstrengung. Man geht nämlich stets den Weg des geringsten Widerstandes.

Alles in allem sollte man den oder die "Unterwerflinge" aber nicht als Opponenten oder gar Bedrohung sehen, denn diese agieren immer aus sicherer Entfernung und sollte es mal brenzlig werden, wird man derartige Gestalten ohnehin nicht zu Gesicht bekommen.

Verhaltensempfehlungen können daher kurz und bündig gegeben werden und lauten wie folgt:

Am besten ignoriert man diese Gestalten vollständig, denn jegliche Zuwendung oder Beachtung wertet den "Unterwerfling" nur unnötig auf.

Eine weitere Verfahrensweise ist jedoch auch ein bemitleidenswertes und leicht überhebliches Lächeln, welches den "Unterwerfling" auf den Platz der Unbedeutsamkeit zurück verweist, auf den er hingehört.

Anfeindungen und Unterstellungen sollten, insofern sie überhaupt beantwortet werden, kurzerhand mit einem "Stimmt genau!" oder "Aber das im doppelten Maße!" gewechselt werden, um dann aber kein weiteres Wort mehr mit dem Absender zu wechseln.

Und zum Abschluss noch ein kleiner Merksatz:

Seine Meinung frei zu äußern, sich für etwas einzusetzen, Kante zu zeigen, das sind alles Attribute, die nicht leicht sind, sich aber lohnen.

Unterwürfigkeit, Mutlosigkeit und ein Rückgrat aus Gummi sind Dinge für die man sich eigentlich schämen müsste, wenn man aus dem Haus tritt.

Ergo sind Distanz, die Vermeidung jeglicher Kommunikation und das Verweigern jeglichen Respekts für "Unterwerflinge" das adäquateste Mittel, um sich derartige Subjekte erfolgreich vom Hals zu halten.

Und derer gibt es leider noch viel zu viele.

Ich hoffe, ich konnte ein wenig dazu beitragen, gewisse Personen als das betrachten zu können, was sie tatsächlich sind.

Ich wünsche noch einen sonnigen Tag!

Tim K.

Printed in Poland
by Amazon Fulfillment
Poland Sp. z o.o., Wrocław

52800187R00153